被消失的中國史——開天闢地到亂世智者

白逸琦◎著

故事，正要開始；歷史，仍在延續

「學歷史有什麼用？」

經常被人抱著不同的眼光，以不同的方式提出這樣的問題。

我通常默不作聲，或許一笑置之。

歷史還沒學好，哪能回答這樣的問題？

可是，不回答卻又不甘心！

後來，我決定說故事。

五千年的故事，好沉重！

或許我們可以這麼認爲：爲了證明那終究無法證明的眞理，人們開始研究人們曾經作過的事，於是產生了歷史。

打打殺殺的歷史，嘗試錯誤的歷史，學習教訓的歷史，學習不到教訓的歷史，只要是人們曾經作過的事，就可以替它冠上這個沉重的名詞：「歷史」。

「人」是一種奇妙的動物，總喜歡自認為萬物之靈，喜歡主宰，喜歡操控，喜歡打打殺殺，這些行為說穿了，與其他動物實在沒什麼不同。有機會逛逛動物園的話，也許有幸能夠在長臂猿島與關猴子的柵欄裡，看見類似的情形。

不久之前終於成功破解的DNA密碼告訴我們，作為一種生物，人類與果蠅之間的差異，其實是微乎其微的。

生物學家大概不會高興吧！他們努力了幾輩子，結果只證明出，人類和所謂的「低等動物」，幾乎沒有什麼差別。

宗教家大概不會高興吧！人類是上帝的選民，是上帝照著祂自己的外型創造的，怎麼能與動物們相提並論？

財閥們大概會不高興吧！我擁有數也數不完的金錢，享受著無與倫比的物質生活，你竟然告訴我，我和一隻果蠅差不多？

政客大概會不高興吧！當他動員了無數支持的群眾，在他面前高喊著：「凍蒜、凍蒜！」的時候，他竟然必須思考，究竟他與動物園裡的猴子有什麼不同。

那麼人類究竟有什麼好驕傲的呢？

人類懂得把自己的行為記錄下來，分析自己到底幹過什麼蠢事，以後盡量不要再犯，這大概就是人類值得驕傲的地方吧！

果蠅永遠會鑽進爛水果裡，猴子永遠是力氣最大的稱王，人類卻有機會，證明自己懂得記取教訓，懂得從前人的錯誤中學習，懂得繼承過去的文化，開拓一個比較光明的未來，而非僅靠著本能生存。

正因為這個機會，讓人們被比喻為「笨豬」、「死狗」，甚至「豬狗不如」的時候，會有不高興的感覺。

所以，「學歷史有什麼用？」

我的回答是：「沒什麼用，只想給自己一個驕傲的機會。」

可是，現在的我，根本驕傲不起來呀！

於是，我決定說故事。

故事，正要開始；歷史，仍在延續。

CONTENTS

目錄

被消失的中國史：開天闢地到亂世智者

第三章 春秋爭霸

第四章 亂世的智者—孔子、老子、墨子

序幕：歷史長河的源頭

做為天地萬物的一員，人類，在漫漫長夜裡摸索了幾百萬年，隨著那第一個知道該如何用火的人出現，已註定了人類與其他生物迥然不同的特性。

黃河流域，中華文化的發祥地，一群原始的人類，為了生存，用最簡單的木頭、骨頭和石塊，開始了他們挑戰大自然的艱困歷程。

就這樣，部落形成了，語言、文字被發明了，各種制度與器物，在先人的智慧當中，逐一建立起來。

開天闢地

凡事總要有個開始，中國的歷史，是怎麼開始的呢？這無盡的蒼穹，遼闊的大地，是怎麼形成的呢？

從前，小孫子們問老爺爺這樣的問題，老爺爺便會告訴他們這樣的故事：

在最早最早的時候，天和地連成一片，渾沌不明，有個人名字叫做盤古，他生長在天地之間，頭頂著天，腳踏著地，每隔一日，便長高一丈，天就被他往上撐高了一丈，地也讓他往下踩厚了一丈，日復一日，過了一萬八千年，天變得極高，地變得極厚，頂天立地的盤古，成了一個大巨人，他呼吸的氣變成了風，他落下的淚變成了雨，匯成江河，他的聲音就是打雷，目光閃爍就是閃電，他生氣了，就是陰雨天，他高興了，就是晴天，後來，盤古去世，他的頭頂變成山嶽，眼睛變成日月，毛髮變成草木，血液變成大海，他就是人類的祖先。

這就是神話的由來。

後來，小孫子們漸漸長大，不再相信老爺爺的話，不再願意單純地接受老爺爺給他們的答案，他們寧可用自己的雙眼去觀察，用自己的大腦去思考，於是，有人懷著浪漫的幻想，創造了更新的神話，也有人上山下海，運用各種方法，尋找前人的著述，發掘前人的遺跡，找出了最接近事實的眞相。

只不過，所謂的事實眞相，往往只是後人經由多方考證所推算出來的結果，究竟是不是事實，已經沒有人能夠保證了。人類的早期歷史，往往就是夾雜在神話、想像與推論當中形成的，在有文字記錄以前的人類歷史是如此，有了文字記錄以後，更是如此。

傳說，不盡然完全不可相信，歷史，也是需要不斷的考證，才能更加趨近於眞實。

後代的人們為了敘述上的方便，將過去的歷史，劃分成若干段落，劃分的依據各有不同，有的依照器物的發明，有的根據文字的演進，有的則追尋統治者的足跡，因而有了石器時代、銅器時代、黃帝時代、史前時代等等名詞的出現，不過，遠古的歷史是經過極為漫長的演變，漸漸形成後來的樣貌的，每個時代之間，並沒有明確的斷線，從一個時代進步到另一個時代，並不是突如其來，而是逐步演進的結果。

眞正的人類歷史，是由前人的智慧，一點一點累積出來的。

帶來文明的第一把火

中國人的遠房老祖先們，和現代的人差異頗大，身上覆蓋著厚厚的毛髮，前額也比較扁平，他們的個子雖然不高，體力卻比現代人好，可是，面對當時隨處可見的野獸，在先天的體能條件上，仍處於極端劣勢，他們跑得不夠快，跳得不夠遠，爬得不夠高，遇見了猛虎、野狼，只有遭到吞噬的命運，因此，他們只好找尋河邊林木茂密之地，或者是天然形成的山洞，聚集起來相互扶持，靠著採集樹上的果子，捕捉一些小動物來維持生命。

在採集食物的過程中，他們漸漸地發現，自己擁有一雙遠較其他動物靈巧的手，可以折斷樹枝，也可以撿起石頭敲打成尖銳的利器，這些東西可以用來抵擋猛獸的攻擊，也可以用來砍伐樹木，切開食物，後來，有個人無意之間在一場戰鬥之中，用石刀殺死了一隻巨大凶猛的野獸，人們赫然發現，自己所作出來的工具，竟然讓自己變得比老虎的利爪、山豬的尖牙還要有威力，於是他們便聯合起來，走出森林，尋找獵物，捕捉更爲巨大的動物，同時，他們也利用他們所製造的石器，劈砍巨大的樹幹，構築他們的居住環境，剝下獸皮，披在身上禦寒。

更大的獵物帶來了更繁重的工作，他們必須分工，必須合作，否則不足以完成這樣艱困的工作，於是有人負責製造工具，有人負責設下陷阱，有人負責搬回獵物，更有人負責留守家園，建立更爲安穩舒適的環境，分工漸細，他們不得不以簡單的聲音和手勢，作爲聯繫彼此之間的管道，這些從喉嚨口腔裡迸出的咕嚕咕嚕聲響，被人們賦予了意義。「語言」，就在這種咕嚕咕嚕的聲響當中，逐漸被創造出來。

日子一天一天地過去，某一天，森林上空，雷聲隆隆作響，卻沒下雨，一陣驚天動地的巨響，閃電擊中樹梢，引發了大火。

火勢極爲猛烈，熾烈高熱的火焰燃燒了樹木、草原，也燒死了來不及逃竄的動物，更波及老祖先們聚居的地方，使得他們不得不放棄千辛萬苦建立的家園，逃竄到河濱之地躲避。

後來，大雨終於傾盆而下，澆熄了森林大火，留下焦黑一片的廢墟，老祖先們驚慌失措之餘，忍不住對家園的懷念，冒險回到原先居住的地方，只見煙霧瀰漫當中，橫陳著許多動物的屍體，老祖先們又冷又餓，只好撿拾這些焦黑的動物來吃，沒想到一吃之下，竟然發現，被火烤過的動物，除卻焦黑的部分之外，竟比當初的生呑活剝更香更美味，驚喜之下，逐漸忘卻了失去家園的痛苦。

家園可以輕易重建，隨手可得的石頭木材動物骨頭，只要再撿來敲打一番，他們就有了新的工具，可是森林大火卻是可遇不可求的，有一部份人，吃過烤熟的肉以後，再要他回去吃生肉，怎麼樣也吃不慣，於是便想盡了辦法生火，起初他們從森林大火的餘燼當中引來火種，在上面鋪上一枝枝的枯木，火生起來了，不但可以取暖，更可以驅趕凶猛的野獸靠近，只是，這樣的火一旦熄滅，他們就沒辦法再一次讓它燃燒，除非遇上下一次森林大火。因此就有人發明了用兩根乾木頭互相摩擦，使其產生高熱，最後生出火種的辦法，就是所謂的鑽木取火。

然而，每次火滅了，還得要重新鑽木取火，十分不便，歷經多年的努力，他們發現，用木屑或者是炭灰覆蓋在火苗上方，火焰就會被它們壓弱，只在灰燼下慢慢悶燒，可以燃燒很久也不熄滅，等到需要用火的時候，撥開木屑灰燼，堆上枯枝，火苗很快地又會再度竄起，到了這時，人類終於完全地掌握了操縱火的辦法。

競爭帶來的進步

學會使用火以後，野獸便已不再是人類的敵手，人們成群結隊地舉著火把，拿著石刀石斧，出外狩獵，有時雖難免有一兩位成員遭到意外，但是大都能帶回豐碩的獵物，他們圍繞在一起，生起了火，將獵物烤來吃，感到無比的快樂和滿足，吃到後來，在溫暖的火堆前，有人向留守的同伴炫耀自己狩獵時的英勇，一面表演他們追逐野獸時的身段架勢，表演到得意之處，口中還發出高亢嘹亮的呼喊聲音，那些年紀幼小還沒有能力出外狩獵的少年，便跟著他們學習這些姿勢與呼喊的聲音，久而久之，就演變出音樂與舞蹈。

能夠獵取更多的動物，使得他們的生活變得越來越富足，人口滋生，使得他們不得不擴張他們的居住範圍，天然的洞穴有限，搭建在樹木上的巢又難以遮風避雨，於是又有人開始動腦，他們用木頭搭建在地上，連結起來，覆上泥土，鋪上獸皮，造出了房屋，如此一來，他們的生活就不必侷限在森林山洞之中了。

現在，他們每一次打獵，就能獵來足夠他們吃好幾天的食物，空閒下來的時候多了，讓他們有更多時間想其他的事。他們發現，將砸出來的石塊加以打磨，可以把石器磨得更爲光滑銳利，同時也變得更爲輕巧好用，此外，在石斧上面鑽了孔，插上木棒之後再綁緊，可以讓石斧更爲堅固耐用，這是劃時代的發明，讓人類的文化得以持續躍升。

然而意外總是突然發生，就在他們拿著更爲銳利的武器向外擴張，尋找更多獵物之時，他們赫然發現，竟然還有別的陌生人類，同樣穿著獸皮，舉著火把，手裡拿著更爲精細的石器，在他們視之爲勢力範圍的地方追捕獵物。

佔有慾是人類的天性，兩群陌生的人們都將此地看成自己的地盤，也就沒什麼好商量的了，石刀、石斧不再用來追捕獵物，而是砍向陌生同類的身體，一番激烈的廝殺之後，當然是那群擁有更精細石器的人們佔了上風，他們將曾經不可一世的獵人們殘酷地殺害，只剩下幾個帶著傷的人，拖著狼狽不堪的身軀，逃回自己的聚落。

聚落裡，等著豐收的人們見到這種情況，驚訝無比，那些在他們眼中無比威風的獵人們，竟然遭遇這樣的下場，全身是傷，不停流著鮮血哀嚎著，他們不知如何是好，只好在同伴的傷口上隨手敷上一些爛泥草根。過了幾天，那些傷勢太過嚴重的，終究免不了一死，傷勢較輕的，傷口竟漸漸癒合，精神也慢慢恢復起來。

痊癒的獵人向同伴們描述當時的情況，並且比手畫腳地形容敵人的石器是多麼的精細。族中幾個年紀比較大，較有見識的人了解了情況，便知道他們必須製造出更精密的器具才行，如果不這樣做，那批敵人，遲早會把他們賴以維生的狩獵場所全部霸佔，於是，與同類之間的競爭，成了促使人類製作出更精密器具的原動力之一。

也有些人從這件事上看到了別的東西，他們發現，隨手敷在同伴傷口上的爛泥草根，對於傷口的癒合，竟然有著神奇的幫助，以前有人不小心受傷，總要流血好久才會停止，可是這些傷得這麼重的獵人，敷了爛泥草根之後，竟然好得比平常更快，這使他們對於如何治療傷口和疾病，產生興趣。

更有人認爲，如果狩獵場地被別人搶走了，我們還可以找其他的地方呀！那潺潺的溪流，滾滾的江水，裡面游著數不清的魚、蝦、螃蟹和貝類，以前抓來吃過，味道不比陸地上的動物差，只不過，人類不會游泳，想要捕到水裡的魚蝦，比起陸上的野獸更爲困難，反覆試過幾種方法之後，他們從蜘蛛結網捕食昆蟲的自然現象之中發現，用繩子編織成網子，可以撈到最多的魚蝦，比起之前他們試過的徒手、魚叉，甚至堵斷溪流，方便了不知道有多少。

有個人捕來一條魚，抓著牠想要烤來吃，魚身體滑溜，上了岸又跳個不停，想要弄死牠讓牠別再活蹦亂跳都很難，這個人索性用河邊的爛泥巴將魚裹起來扔進火堆裡，魚受了熱要掙扎，卻被包在泥巴裡面動彈不得，不久就被烤熟了。

那個人從火堆裡撿出被火烤得硬邦邦的泥巴包魚，正懷疑到底還能不能吃，用力一敲，沒想到香味撲鼻，魚肉不但沒有燒焦，滋味甚至比沒有包泥巴時更爲鮮美，他把這個方法傳授給其他同伴，同伴們還將這個辦法應用到其他的肉類上面，效果一樣好，從此他們再也不用忍受烤一會肉就得燒焦一半的痛苦了。

畜牧與農業

不過，所有的解決方案之中，最具突破性的，莫過於自己養動物的想法。

有個人覺得，三天兩頭出外狩獵，實在很麻煩，而且現在人類居住的範圍越來越大，野獸出沒的地方越來越少，難保哪一天再也獵不到動物，況且，又有別的人類部落會來和我們搶地盤，乾脆，我們一次抓一群動物來養著，平常餵牠們吃東西，等到我們需要的時候，再殺一隻兩隻來吃，這樣既省事，又安全。

大家都覺得這個提議可行，於是紛紛開始準備豢養動物的工作。

大型動物裡，牛、羊、豬的肉質最爲鮮美，而且牠們習慣群居，吃的又是植物，豢養起來應該比較不費事，而飛禽裡面，就屬雞的飛行能力最差，想要抓到最容易，老祖先們最早動腦筋想的就是這幾種動物，他們用火把，用弓箭，威嚇地呼叫著，將這些動物趕到他們居住的地方附近，用木頭做成的柵欄圍起來，牠們就跑不掉了，甚至還會在柵欄裡生下下一代。

此外，馬肉雖然不好吃，但是馴服之後，可以替人類搬運東西，腳程也快，載著人可以跑得更遠，因此馬也是人類最早馴養的動物之一。

比較特別的是狗。

最早的狗，和狼差不多，嗜食肉類，樣子也非常凶狠，本來不是人類想要豢養的動物，沒想到，偶爾留了一兩隻狗，養了一陣子之後，狗便和養牠的人處熟了，常常搖著尾巴向主人示好，每逢夜晚有什麼異常動靜，一定會大聲狂吠通知主人，和主人一同出獵，遇見了狐狸野兔，便奮不顧身追上前去咬死獵物，叼著回主人面前展現自己的功績，甚至遇上了猛獸，牠也毫不畏懼，這種忠心耿耿的表現，感動了人類，使得他們認爲必須飼養一隻狗來幫助自己狩獵、看家與看守牲畜。

所以，馬、牛、羊、豬、雞、狗這六種牲畜，成了最早被人類飼養的動物，後來，中國人經常說「六畜興旺」，指的就是這六種動物。養了這麼多動物，人們有著穿不完的獸皮可以禦寒，久而久之，原本覆蓋在人身上的那層毛髮，漸漸地消失，這時，人類的外型也變了，他們的手用來製作工具，就越來越少用來攀爬樹木，身體也站得越來越直，同時，不斷的思考，使得他們的腦容量一代比一代更大，現代人類的直系祖先，逐漸取代近似猿猴的早期人類。

他們還是用老方法烹調食物，用一堆泥巴，包起肉類烤食，有時烤的時間久了，外面包裹的那層泥巴變得極爲堅硬，得費很大的力氣才敲得碎，敲下來的碎片，泡了水也化不開，有人拿它去盛水也不會漏，於是，又過了一段時間，人們不再只因爲烤肉時才會去燒泥巴，他們用泥巴捏成想要的形狀，放進火堆裡烤，烤出來的，就成了陶器，從此，人們除了石頭、獸角、貝骨之類的器具之外，又增加了陶器可供使用。

畜牧的出現，器物的逐漸完備，雖然帶給人們極大的便利，可是對老祖先們來說，總還是有個缺憾。最早的人類，是只吃植物的，他們採集林野之間的天然水果和穀類果腹，即使到了畜牧日漸興起、烹調技術越來越高明的時代依舊不曾改變，每天如果只吃肉類，還是會覺得難受。他們記得哪裡有果樹可以摘取，哪裡有穀物可以收割，可是割完了，摘完了，就得到別處去尋覓，要不然就只好等到它們再長出來才行，不過大部分的情況還是，哪個地方的果子穀物被人類吃完了，青草被家畜啃光了，就一群人趕著一群家畜，遷居到其他水草豐美的地方去居住，另外建立一個聚落。

某一天，一個負責收割穀類的採集者，回到聚落之時，不慎掉了幾粒穀子，當時他並沒有發現，等注意到的時候，那裡已經長出許多的穀子來了，於是大家便商量，將附近的野草拔乾淨，再撒下一把穀子試試看，到了第二年秋天，果然又長出了新的穀子。這讓一些人更具信心，開闢出更大的空地，開始大規模的栽種穀類和果樹，他們花了很久的時間，觀察出穀類最適合生長在怎樣的環境，又研究出耕種的方法，用石頭製成鋤犁，以便翻鬆土壤，還挖掘溝渠，引水灌溉，從此在這片大地之上，就出現了農業。

農業的出現，比畜牧更爲重要，因爲灌溉田地、犁田翻土乃至播種收割，都需要更精密的器具與更細緻的分工，文化與制度便在這種情形下得以繼續開展。此外，農地的出現，使得人們不再搬遷，他們辛勤耕種的土地，當然比以前更不願意被別人佔據，勢力範圍的觀念此刻完全形成，同時，它們再劃定了自己的勢力範圍之後，又想要佔領更多的土地，便開始覬覦別人的勢力範圍，爲此，他們結成更大的部落，衍生出更爲分明的階級觀念，更爲頻繁的戰鬥與掠奪行爲因而產生。

第一章：史前到夏商的發展

先民憑藉著智慧，發明器械與制度，憑著韜略，征服四鄰，建立政權，在政權的庇佑下，人民的智慧得以沉澱，昇華，進而併發出更為燦爛的文化。

中國以農立國，一切的起源與傳説，總是和農業脱不了關係，炎帝神農氏如此，黃帝軒轅氏也是如此。

從原始時代進入歷史時代之時，總是充滿了似真似假的傳説。

於是，三皇五帝，堯舜禹湯，一幕幕的故事，就在這片蒼茫的大地，上演。

黃帝與蚩尤

農業的發明，帶來不少便利，使人們的生活更爲富足，部落更爲強大，只要部落的領袖具有相當的能力，人民就能安居樂業，衣食無虞。因爲耕作，需要許多人力共同配合，誰能整合這樣的人力，達成共同生產的條件，就有資格成爲政治上的領導者。

相傳在距今五千餘年以前，中國大地上出現了三個主要的部落群，一是位於黃河中游渭水洛水流域附近的華夏部落群，一是分布在山東半島與黃淮平原沿海一帶的東夷部落群，另一則是散居在長江流域的苗蠻部落群，這三個部落群裡，文化最發達，農業最進步的就是華夏部落群。

華夏部落群裡，先後出現了兩個較爲強大的部落，神農氏與有熊氏。

據說，發明農業的那位先民，就出現在神農氏部落，他們將這項技術，傳授給附近的部落，使得各部落都十分感念神農氏的恩德，此外，神農氏部落對於藥草的應用也最爲先進，曾經有人嘗試過不下百種的植物，了解各種植物的特性，哪些有毒，哪些有益，哪些可以療傷治病，哪些可以烹飪出可口的料理。這些，都是神農氏部落得以強大的基礎。後來到了炎帝的時代，神農氏部落的強盛，已經讓炎帝儼然有著天下共主的態勢。

只不過在這時，東方沿海一帶的東夷部落群裡，出現了一個驍勇善戰的部落，他們發現了銅礦，並且研發出煉銅的技術，部落領袖名叫蚩尤，天生勇猛無敵，頭戴雙角銅盔，身穿斑斕虎皮戰裙，手中揮舞著閃閃發亮的銅刀，率領部隊，向西拓展勢力，侵入了神農氏的地盤。

爲了保衛他們辛勤耕種的土地，炎帝起來號召神農氏各部落，共同抵抗蚩尤一族的入侵。只不過，神農氏部落裡大都只是一些農夫，所用的武器只是石頭木棒，怎能和金屬武器相抗衡？果然，一經交戰的結果，神農氏軍隊大敗，各部落紛紛逃散，甚至連炎帝都被迫放棄自己的根據地，一路逃亡到北方的涿鹿（今河北涿鹿縣）去了。

意氣風發的蚩尤，指揮帳下大將夸父，揮軍繼續掠奪神農氏的部落，夸父身型高大魁梧，每次出戰，總是站在隊伍的最前面，威風凜凜，如同凶神惡煞，讓神農氏的部落居民聞風喪膽，根本不敢和他交戰，就落荒而逃。

炎帝不忍心自己的子民遭受荼毒，卻又無力與蚩尤對抗，於是想到了同屬華夏部落的有熊氏，便放下自己天下共主的身段，親自前往有熊氏部落，拜會有熊氏首領。

有熊氏的領袖姓公孫，名軒轅，是個英武挺拔的年輕人，據說，他在出生幾十天之後就會說話，才思敏捷，聰明能幹，性格敦厚堅毅。看見炎帝年邁體衰卻仍為人民憂心忡忡，他心中十分感動，便以微笑安慰炎帝，並且說道：「當初，我們中原各部族，要不是承蒙神農氏授與農耕技術，恐怕現在我們還活在顛沛流離裡，如今，神農氏有難，我們有熊氏怎可坐視不理？」

就這樣，兩位上古時代的英雄人物握起了手，神農氏和有熊氏結成了更緊密的同盟。

只不過，勢如破竹的蚩尤軍隊，那狂風掃落葉一般的進軍、掠奪，即使連公孫軒轅的軍隊加入協助，亦無法抵擋他的鋒芒，三年裡，有熊、神農氏的聯軍和蚩尤戰鬥了九次，每一次都讓蚩尤的氣焰更為囂張，到後來，中原大地的黎民百姓只要聽見蚩尤的名號，就會嚇破了膽，他們以訛傳訛，將蚩尤形容成頭上長角，眼冒金光的怪物。

「人怎能和怪物打？」一個流離失所的老農民這樣對公孫軒轅說道：「我親眼見過的！蚩尤和他帶的兵，全身上下刀槍不入，砍不死，殺不掉，你要我去和他對抗？我寧可躲起來找別的地方種田！」說完，顫顫巍巍地轉身離去。

民心一潰散，公孫軒轅想要號召群眾繼續對抗蚩尤，就更加困難了。

年輕的軒轅並不想就此放棄，一籌莫展的他，難免感到灰心，回到帳前，看見自己的兵士，外出打獵歸來，打了些野豬、野兔，也趕了一些熊、虎等等猛獸，靈機一動，心想：「人會怕蚩尤是怪物，老虎可不會怕呀！既然人不敢和蚩尤打，我就讓猛獸去和蚩尤打！」

他命令士兵，到處去搜捕猛獸，只准活逮，不許獵殺，士兵得令，駕著馬車要出去追趕，又被軒轅給叫了回來：「你們駕的這種車，快給我多造幾輛，不！幾十輛，幾百輛！」

士兵覺得奇怪，覺得現在的車輛要捕捉動物已經夠了啊，爲什麼還要再造？軒轅笑而不答，只說：「你們只管照辦便是。」

士兵們眞的捕捉了一大群凶猛的野獸，分別關在不同的柵欄裡，有老虎、犀牛、大象、熊、羆、豹等等，每一隻張牙舞爪的模樣非常嚇人，公孫軒轅巡視了一遍，滿意地點頭：「想要打敗蚩尤，就靠你們了。」

一旁隨行的大將應龍，立刻心領神會，自告奮勇道：「末將願接下這項任務。」

「很好！」軒轅說道：「不過，我們只有三個月左右的時間，蚩尤的部隊，還在到處劫掠，最慢三個多月，他就要打到涿鹿了。」

應龍便率領士兵民眾一同訓練這些猛獸。

猛獸雖然野性十足，但訓練多時，牠們竟然已能進退如意，三個月後，這些猛獸都已知道，何時該進，何時該咬，什麼樣的人該殺。

這時，蚩尤的軍隊已經開始往涿鹿進發，公孫軒轅命猛獸部隊繞道而行，埋伏在涿鹿附近的阪泉之野。

蚩尤從來沒有打過敗仗，公孫軒轅對他來說，只不過是個手下敗將，一點也不放在眼裡，如今敢來向他挑戰，根本是找死，對夸父說：「這小子想要戰，我們就和他戰！」也將大軍調往阪泉之野，自己則親率精兵，向蚩尤挑戰。

這是公孫軒轅第一次親眼看見蚩尤的模樣，他終於了解到為什麼一般百姓會把蚩尤形容成怪物一般，銅做的刀，連他自己都是第一次見過，更何況是一般老百姓，包裹在那一身鎧甲之下的，雖然樣貌凶惡猙獰，但確實還是個人，只要是人，軒轅就不再畏懼了。

不過公孫軒轅看得出這一點，一般的兵卒卻看不出來，敵軍的詭異裝束，讓他們都畏懼三分，才一和蚩尤交手，便紛紛向後退卻。軒轅趁著這個勢子，詐敗逃亡，引得蚩尤乘勝追擊，一路逃到猛獸埋伏之所，軒轅一聲令下，應龍率領的猛獸大軍 蜂擁而出，直撲向蚩尤的部隊。

蚩尤一生在戰場上渡過，卻也從來沒看過這種陣勢，兵士們更是驚駭莫名，聽得懂人話的猛獸，別說看了，連聽都沒聽過。一排排的兵士遭到猛獸的撲殺撕咬而死，有人被尖牙咬去了手臂大腿，有的被利爪劃破了肚皮，大腸小腸流一地，更有的被截斷了下半身，卻還拖著上半身血淋淋地掙扎哀嚎，景況萬分淒慘，活著的士兵也沒有膽子再戰了，丟下武器，紛紛逃亡，自相踐踏，蚩尤鎮壓不住，只能和部下一同飛奔逃亡。

這一邊，公孫軒轅的軍隊，看見蚩尤的部隊一樣害怕猛獸，膽子也壯了起來，軒轅下令追擊，全軍跟在猛獸後面，一陣衝殺，大獲全勝。

軒轅正準備下令繼續追殺，除掉蚩尤以絕後患，不料，這時突然天色昏暗，陰風四起，雲霧瀰漫，驟雨傾盆而下，連對面也看不見人。這是自然現象，午後雷陣雨，可是卻有人以爲那是蚩尤施行妖法，操控雲霧。

軒轅知道若這次不除去蚩尤，以後他重整旗鼓，又知道了自己的戰術，必將後患無窮，便對全體將士朗聲說道：「就算是妖法，我也有辦法將它破除，現在，全軍坐上戰車，朝蚩尤敗退的方向衝鋒！不要怕，我們製造的車子，能夠替我們指明方向，就算蚩尤逃到天涯海角，我們一樣能夠把他給找出來！」

戰車衝出了雲雨帶，很快地看見敗逃的蚩尤殘部。軒轅命令左右將軍風后、力牧分兵包抄，此時，兵士們對軒轅的信賴已經遠遠超過對蚩尤的恐懼，知道蚩尤根本只是平常人類，不是怪物也不是戰神，自己的領袖軒轅比他更勝一籌，自然勇氣倍增，無畏前進，一時之間，喊殺呼嘯之聲，震動了天地。風后、力牧先將夸父斬於馬下，繼續包圍蚩尤本陣，蚩尤看見大將夸父陣亡，無心戀戰，同時軍心渙散，根本無從指揮，只好帶了幾個隨從突圍。

突圍並沒有成功，只讓蚩尤逃了一段路，風后、力牧追趕到中冀地方，終於追上蚩尤。蚩尤見無路可退，回頭迎敵，被一刀砍死，這叱吒風雲的一代戰將，終於還是落得兵敗身死的下場。

公孫軒轅大獲全勝的消息，很快的傳遍了整個中原地區，曾經飽受蚩尤荼毒的各部氏族，聽說蚩尤已死，對公孫軒轅佩服得五體投地，此時，軒轅的威望，已經遠遠地超過了炎帝，部落酋長們一致擁戴軒轅爲天下的共主，各部族都願意臣服於他，聽他的號令。

只是這個時候，東夷地區又出現了騷亂，他們相信蚩尤並沒有死，只是暫時躲了起來，軒轅知道蚩尤的聲威尙存，爲了安撫人心，他不得不演一齣戲，於是率軍進入東夷部落群的九黎地區，號召天下各部落的領袖，一同登上泰山的山頂，祭祀天地，舉行封禪儀式，宣佈自己爲天子，冊封已經死去的蚩尤爲戰神，據說當時，天有異象，祭祀官告訴軒轅那代表他將以土德爲帝，色尙黃，因此軒轅便自稱爲黃帝。

這讓東夷部落的騷亂平息下來，他們了解到，雖然蚩尤是個令人景仰的領袖，而且是戰神轉生，然而，現在出現的這位黃帝，卻比蚩尤更高一等，直接受命於上天，戰神，終究沒辦法和天子相比！後來這些部落紛紛向黃帝歸順，過了一段時間之後，東夷地區的文化便和華夏文化融合在一起了。

炎帝死後，神農氏領袖的繼任者，不滿黃帝搶奪了他本來應得的天下共主地位，終於忍不住向黃帝挑戰，起兵反抗，黃帝雖然不願意攻擊故人之後，卻還是不得已地派兵平亂，經過了三場惡戰，黃帝獲得了最後的勝利，自此，他的統治基礎更加穩固。

黃帝時代，是一個一切制度和器物趨向完備的時代，他任命羲和、常儀與臾區負責觀測日月星辰，大撓創造天干地支，將天干地支應用到年月的計算之上，中國便有了正確的曆法。伶倫創制律呂，制定出音階，此後音樂有了發展的格式，不再是酒足飯飽之後的恣意吟唱。

黃帝的元配夫人名叫嫘祖，她是西陵氏族長的女兒，西陵氏懂得一種特殊的技藝，那就是飼養一種白色會吐絲名叫蠶的蟲，等牠吐絲結繭，再取其絲紡織成綢緞，這種綢緞，光滑細潤，織成衣裳輕盈舒適。當時，還沒有多少人知道蠶的好處，大都身上還是披著粗麻布縫成的衣服，嫘祖派自己娘家的族人，到天下各地去，教導人們養蠶抽絲的辦法，讓這種高貴的布料，逐漸流傳開來，只不過，蠶絲所織出來的絹帛雖然人人喜愛，但由於太費工夫，所以始終屬於昂貴高級的布料，並非每個人都能享用得起，這種情況，一直到現代，還是如此。

那時，各地的人們，已經開始有一種習慣，他們喜歡將眼睛看見的事物，心中所想的事情，用各種不同的符號記錄下來，黃帝命倉頡將各地的這類符號彙整統一，並且加以增添修改，以後，人們的事蹟，就有文字可以記錄下來了。

東夷的煉銅技術也傳進了華夏地區，有了鑄銅的技術，就能有更爲細緻的兵器、食具，銅鑄造的錢幣也開始出現，不過眞正的銅器時代還沒有來臨，一般人民的生活，還是以石器、陶器爲主。

多年以後，黃帝再一次召集天下各部落，大會於釜山，當時，有一萬多個部落酋長參與這次聚會，再一次確定了黃帝的天下共主地位。

文治、武功皆十分炫赫，使得黃帝，成爲日後中國人心目中的共同始祖。

傳說中的聖王

黃帝死後，傳位給顓頊，顓頊在位期間，重新制定曆法，定一年爲三百六十五又四分之一天，和現代的曆法，已經極爲接近。

顓頊之後有帝嚳，嚳之後有堯，堯之後有舜。

中國自古以來，講到上古的聖明君主，首推三皇五帝。五帝就是黃帝、顓頊、嚳、堯、舜，《史記》這部中國歷史上第一部史學專門著作，便是從黃帝開始記載的。

五帝之前，尚有三皇，分別是燧人氏、伏羲氏和神農氏。

燧人氏教導人民學會用火，伏羲氏傳授人們畜牧和造網捕魚的辦法，神農氏則親嚐百草，帶領中原大地的先民進入農業時代。

這些都是很久以後才出現的說法，其實不論是三皇還是五帝，都還是屬於傳說當中的人物，三皇是一種象徵，代表了人類從蒙昧到開化的過程，從考古資料當中可以發現，中原大地上曾經出現的人類，早在一百多萬年以前，就已經知道用火了，那時的人類，還只是一種半人半猿的動物，忙著生存都來不及，某一「位」較爲身強體壯的猿人，佔山爲王，贏得眾多「女」猿人的青睞，其他的「男」猿人不敢來向他挑戰，那就算不錯了，又怎會有什麼「皇」的觀念?

至於五帝，則是中國士人階級（知識份子）對於理想統治者的一種具體描寫，也許確有其人，但不保證確有其事。根據《史記》裡的敘述，黃帝活了一百一十歲，顓頊比較短命，只活了九十八歲，帝嚳一百零五歲，堯和舜分別是一百一十八歲和一百零一歲，這樣的壽命，即使在今天，也是頗爲嚇人的，不過，與其羡慕上古時代的醫療科學先進，倒不如將五帝也看作是某個統治權力影響所及的時代範圍，比較貼近事實。

傳說當中的堯舜，都是品德崇高的聖賢君王，堯的生性仁厚，凡事均以人民需要爲考量的出發點，平日的吃飯穿衣，全與百姓無異，居住的房舍破損了，也不願意耗費人力去修整。在他擔任共主的期間，爲了讓當時遍布天下的農人，知道何時應該播種，何時插秧，何時收割，便命人觀測日月運行，制定了春夏秋冬四季以及閏月的制度，還有四時的節令，這樣，就可以讓當時的農民種田的時候，有所依循，這就是後來農曆的由來。

此外，他還是一個虛心受教的謙卑之人，他在官府設立「敢諫之鼓」，任何人對堯的施政不滿，便可以擊鼓鳴冤，並且又設立「誹謗之木」，無論誰認爲堯犯了什麼錯誤，就可以站在木柱旁邊，大聲說出堯犯下哪些錯誤，堯聽了，只要認爲有道理，一定馬上更改。

有一次堯出外視察，看見天下百姓，都能安居樂業，一群老人，歡樂地聚在一起，拿著兩塊木板，相互敲擊，並且吟唱道：

「日出而作，日入而息，鑿井而飲，耕田而食，帝力何有於我哉！」

隨行的侍從原以爲堯會生氣，因爲這歌詞的內容，完全沒有把堯的德政看在眼裡，想不到堯卻高興地拊掌大笑：「唱得好，唱得好！人人都能安居樂業，豐衣足食，又何必去管天子作了些什麼事？好一個帝力何有於我哉！」說著，便和那群老人一同合唱，老人們本來不知道他就是當今天子，開心地與他合唱，後來知道了堯的身分，起先還有些驚慌，後來看見堯一點架子也沒有，便又與他親近起來。

他就是這麼一位愛護百姓、與民同樂的君主。

只不過在堯執政的期間，黃河的河水經常氾濫，滔滔的洪水，淹沒了百姓的家園，爲此，堯焦急萬分，召集了各地的領袖，共同商量治理水災的對策。

其中一個領袖對堯說道：「崇伯地區，有個名叫鯀的，對於治理水患，很有心得，不如就請他來主持治水工作吧！」

所有的人全都點頭稱是，並且積極向堯推薦此人。

堯並不是沒有考慮過鯀，鯀這個人他也認識，他是崇伯的領袖之一，堯曾與他有過數面之緣，覺得鯀這個人，有點言過其實，沒什麼眞正的能力，卻又自信過度，恐怕並非最好人選，只不過，各方領袖都對鯀十分信任，再三誇獎鯀的好處，一時之間，堯也想不出什麼人才了，便聽了他們的話，起用鯀來主持治水的大業。

鯀的治水方法也沒有不對，哪裡的河流氾濫，他便興建兩道長長的堤防，將河水阻絕在堤防之間，這種築堤防洪的方法，後來被軍事專家拿去延伸利用，成了日後城郭建築的起源，而鯀的防洪方式，也被人一直沿用到今日。只可惜，鯀的時運也太不濟，偏偏讓他遇上的，是亙古以來從未見過的大洪水，他將堤防越築越高，洪水也跟著越漲越高，如此一來，堤防成了水壩，河道成了水庫，潰堤則變成無預警的洩洪，居住在河岸兩邊的民眾，就成了河神的祭品。

有人對鯀說：「你這樣築堤下去，恐怕不是辦法。」

鯀回答說：「大水總是會退的，在水退之前，總不能放任洪水到處肆虐呀！」

他的出發點是善意的，所使用的方法也無可厚非，只可惜他生不逢時。

就這麼經過了許多年，鯀和洪水之間的搏鬥，始終沒有結果。

這時堯已經老了，他把自己的女婿舜叫到自己跟前，與他討論洪水的問題。

舜說：「我認為，鯀治水多年無功，應該對他有所懲罰才對。」

堯嘆了一口氣，搖搖頭說道：「這我怎麼忍心呢？鯀這個人，原本我不大瞧得起他，後來，看他治水這些年以來，每天工作到天黑，一心一意，只為了天下蒼生的福祉，就算沒有功勞，也有苦勞啊！」

舜是個才能和實力兼備的人，他也是某個強大部落的領袖，只不過在他取得部落領袖的地位之前，曾經有段不快樂的遭遇，他的母親，喜歡另外一個巧言令色的兒子象，不喜歡舜，他的父親，又頗為愚昧無知，差點聽了妻子的意思，把地位傳給象不傳給舜，甚至一度想置舜於死地，幸好部落裡群眾們支持舜，才讓他順利接班。

少年時期的慘痛遭遇養成了舜堅忍不拔的性格，以及待人處世的明快果決。堯請舜來替他辦事，舜總能將一切事務處理得完美妥當，因此，堯深深的信賴舜，甚至把兩個女兒都嫁給了他。

舜並不認爲鯀値得同情，他總覺得，事情要辦妥了，才叫成功，哪來什麼苦勞可言？

到了堯去世以後，舜理所當然的成了天下的共主，他上任之後的第一件事，就是將鯀撤職查辦。

原本，他很想把鯀一刀給砍了，只是這時，他的心中，卻迴響起蒼老的堯，在他耳邊的諄諄叮嚀：「沒有功勞，也有苦勞啊！」眼睛望向跪在他面前，五花大綁的鯀，只見他滿臉盡是歲月與辛勞刻劃的痕跡，心中一軟，便下令將鯀放逐到極爲偏遠的蠻荒之地羽山。

其實這和殺了他沒什麼兩樣，當時，人跡罕至之地，就是野獸出沒之地，一個手無寸鐵之人，被放逐到那種地方，除非他有超人的意志，否則只有等死一途。於是後人也有傳說鯀是被舜所殺的，其實，如果舜眞的如後世所描述的那樣聖德仁厚，那麼他應該不會狠心把鯀這個辛勤治水多年的人給殺了才是。

舜即位以後，延續了堯的施政措施，凡事以民爲本，不過擺在眼前的第一件大事，還是治水，現在各部領袖所推薦的鯀已經被他放逐，他就必須爲天下找來另一個能夠撫平水患的人才，否則難以服眾。尋訪各地的結果，卻沒想到，遠在天邊，近在眼前，這個人才，就是鯀的兒子禹。

治水英雄

禹的體型高大，肩膀寬闊，聲音宏亮，壯碩得就像是一頭熊，雖然他有著粗獷的外型，卻有著一副靈敏的頭腦和細密的心思。他從小就跟著父親治水，跋山涉水，翻山越嶺，走遍了窮鄉僻壤，對中原大地的地形地勢，有著極為深刻的認識，看著父親辛勤工作，卻毫無成效，早就知道那是因為父親用錯了方法。

「爹爹，水勢這麼凶猛，您老用築堤的辦法，恐怕並非長久之計。」禹曾經鼓起勇氣對父親說：「依我看，水往低處流，這是永遠不變的道理，只要我們多開鑿幾條向東方地勢較低之處延伸的水道，就能把無處宣泄的洪水，導向大海了。」

鯀不但不接受，反而責備兒子：「你這個笨蛋！知不知道這樣做會耗費多少人力？當今天子堯帝最愛護百姓，用你的辦法，豈不是讓天子生氣嗎？」

禹在當時並沒有繼續辯解，他知道辯解也沒有用，在他心中有把尺，早已衡量出問題的答案。

後來堯死了，父親也被放逐了，天下的共主成了舜，禹治水的才能也傳進了舜的耳朵。原本舜不大好意思請禹出來治水，畢竟自己曾經放逐了他的父親，不過，當他見過禹，和他詳談，聽完他對整個治水工程的規劃之後，立刻便決定將這項偉大的工作交到禹的手裡。

所謂的愛惜民力不應該表現在這個時候，治水是爲了給天下百姓尋找一條長治久安的道路，不論多麼困難，都應該盡最大的力量，將這項工作完成，這樣，才叫做愛護人民！在舜和禹的眼裡，當初的堯，視野實在太小了。

禹親自對中原地區的山脈、水文進行實地的測量，然後，發動天下各部族的百姓，參加他疏導河流的工作。他深切了解這麼做的危險，那時的社會結構還不算穩定，一下子投入了這麼多人在一項工程之上，一旦失敗，他禹個人的聲譽性命事小，整個華夏文明辛勤耕耘了這麼多年所建立的文化，恐怕將毀於一旦，人們的生活都倒退回茹毛飲血的蠻荒時代。

因此，他必須成功！他對參與工程的全體百姓說道：「大水淹沒了我們的家園，我們已經沒什麼好失去的了！現在我們唯一能做的，就是用我們的雙手，把河水趕回它應該流動的地方，不要再來打擾我們子孫後代居住的地方！」

他的表現，比誰都賣力，除了規劃整個工程的進度和方法之外，他還像個身先士卒的將領，親自拿著刀斧鋤頭，挖出溝渠、劈開山壁，帶領著他徵召而來的百姓一同工作，櫛風沐雨，餐風露宿，常常忙得忘了回家，「三過家門而不入」的美談，就是在這時候傳開來的。那些應召而來的百姓，開始的時候，或許有些不情願，但和禹相處久了，被他的宵旰勤勞所深深感動，漸漸變得發自內心的願意爲他、爲這項工程拚命。

禹爲了完成治水的工作，奮不顧身，連自己的健康都已不在乎，情況越來越糟，左右勸他應當適時休息，他卻搖頭拒絕，說道：「這件工作，能早一天，就是一天，能早一時，就是一時，我哪能有時間休息啊！」十幾年下來，禹的頭髮花白掉落，身體消瘦了，背脊痀僂了，到後來連路都走不穩，早已不復當初那個壯碩魁梧的男子漢。

終於，在這種不顧一切的奮鬥之下，禹克服了一切萬難。他疏導了九條主要河流，讓河水通順暢達、毫無阻礙地流向大海，並且整治了無數支流，讓洪水退卻，不再氾濫。在此同時，他的得力助手棄，又教導人們在大水退去的肥沃土地上耕種，使用新的農耕技術，頓時讓這些曾經是水鄉澤國的土地長滿了豐碩的穀物桑麻。另一位助手益，則教導人民掘井取水的辦法，讓那些遠離河川的居民，也能有清潔的井水可用。

此時，禹已經成了全天下最具聲望的人，那些曾經和禹共事之人，回到了自己的部落，向族人訴說起禹的功業，越傳越神奇，甚至有人說禹是一隻熊化身而成，每當治水之時，便現出原形，推開巨石，劈裂山壑，人們爲了感念他的德澤，尊稱他爲「大禹」或者「神禹」，那聲勢甚至已經凌駕了當時的天子舜，後來，在舜死去之前，想當然爾的將地位傳給了禹。

大禹和之前的堯舜一樣，是中國歷史上少有的聖君之一，就任天下共主以後，將根據地建立在今天山西地方的安邑，國號爲夏。他成了天子，可是日常的生活，就像他當初治水之時一樣節儉，對於民眾生命攸關的農田水利事業，特別關心，經常在各地巡視田地溝渠的建築。有一次，當他在視察的時候，看見一個人，神色驚恐地被一群人推擁著走，心中覺得奇怪，便親自前去詢問。

擁簇的眾人都是農民，其中有人對禹說：「這個傢伙，不肯好好耕田，看見別人的田豐收了，就偷割別人的稻，您說可不可惡？我們正要將他扭去定罪哩！」

大禹將眼光移到小偷身上，問他：「他們說的都是眞的嗎？爲什麼自己不好好耕種呢？」

那小偷一見竟是當今天子，立時滿臉愧色，羞慚萬分地低下頭，囁嚅著道出原委：「我自己是有在耕田的，只不過，最近娶了媳婦，想讓家裡過得更好一點，這才……」一面說時，頭更低了。

大禹聽完並不動怒，反而用心勸說：「如果娶了媳婦，想讓她有個依靠，就應該更努力的工作，怎麼可以把腦筋動到別人的田地上去呢？人人都是有父母，有子女的啊！」說著，自己竟然掉下淚來。

旁人都覺得奇怪，連小偷自己都訝異了，用眼睛偷偷瞄著淚流滿面的禹，終於有人鼓起勇氣問道：「這傢伙行爲不端，理應受到重懲，怎麼您還要對他涕泣，這樣不是婦人之仁嗎？」

禹深深吐了一口氣，舒緩情緒，悠悠然說道：「從前，堯舜爲天子，人民都和堯舜同心，絕不會做出自私自利的事情，現在，我當了領袖，卻有老百姓存著自私的心，作出損人利己之事，這是我的疏失，我的過錯啊！要我怎能不傷心流淚呢？」

小偷聽了這話，慚愧得放聲大哭，一旁的人們看了，皆盡動容。

禹以治水的功績受到萬民愛戴，如今他的仁愛之名，也隨著這件事廣爲流傳。

回到居住的地方，禹接見一個部落領袖名叫儀狄的，說是有寶物進貢，原來，這個儀狄，偶然之間發現了一種特別適合用來釀酒的穀物，釀出了芳香甘醇的美酒，特地拿來獻給他所景仰的禹。禹只淺嚐一口，便愛上了這芳香甘冽的佳釀，越喝越愛喝，不知不覺地便將一大壺美酒全部喝完了，只覺得全身軟綿綿懶洋洋的，說不出的舒適快意，不久之後就倒在床上呼呼睡去。

儀狄聽說此事，自己也覺得十分有面子，對旁人說道：「大禹終生爲國事辛勞，也該享受享受，休息休息了！」滿心以爲此舉必有重賞，便回府安心等待。孰料第二天，大禹將他叫了去，第一句話便是對他說：「從今天起，不許你再釀這種酒！」

儀狄一聽，大出意料之外，趕忙問清緣由。

大禹說道：「越好喝的酒，越容易吸引人多喝，你想想看，如果每個人都迷上這種酒，整天喝得醉醺醺的，那還要辦什麼正經工作呢？所以，你釀造的雖然是美酒，卻是害人的東西，如果我不趕快禁止，遲早有一天會有人爲了喝酒而誤事。」

自律甚嚴的大禹，從此斷絕了喝酒的習慣。

大禹的時代，一切都在進步，更先進的耕作技術，更典雅的音樂，更考究的衣冠，更完備的制度均出現在當時，禹個人雖然簡樸，不過，當他召集天下諸部落大會的時候，那排場卻一點也不含糊，會場佈置得美輪美奐，臣子們依照禮節，引導各地的領袖進入會場，大部落的領袖，手裡捧著玉，小部落的領袖，手裡捧著絲帛，等著奉獻給天子，笙管鐘磬各種樂器，演奏著悠揚的韶樂，熟練的舞者，穿著特製的彩衣，整齊劃一的表演著曼妙的舞蹈。

這時，天下共主大禹在侍從護衛的擁簇下，緩步進入會場，他的身上穿著考究的絲質禮服，頭上帶著冠冕，冕上裝飾著珠玉，襯托出天子的高貴和威嚴。

這樣的各國大會，在禹的統治時代，曾經舉行過好幾回，曾經有個南方部落防風氏，仗著自己的部落勢力強大，對鄰邦多所侵略，大禹一直想要找機會除掉他們的領袖，便趁著諸侯大會的時候，以防風氏與會遲到，不尊敬天子為理由，將那部落的領袖殺掉。這是史上第一次出現的天子殺害諸侯的事件，這象徵著，天下在這位治水英雄的統治下，已經更進一步地趨向一個完整的組織，天子的地位，和過去相較之下，已經具備了實質的地位和權力。

從禪讓到家天下

正因為禹建立了更具權威的天子制度，使得禹的兒子啓，得以在父親死後，繼續競爭天下共主的地位，原本，禹並沒有想到要把地位傳給兒子，起先他想要把位子讓給皋陶，因為皋陶替大禹處理刑法方面的事務，幫助極大，也頗具人望，只可惜，皋陶比禹還要早死，因此，禹只好將地位讓給他的另外一位得力助手益。

益又叫伯益，當初幫助禹一同治水，雖然很有能力，只可惜聲望遠遠不及皋陶，也完全沒辦法取代大禹在諸侯百姓心目中的地位，因此讓禹的兒子啓有了奪取地位的機會。

啓利用父親留下來的資源，建立了龐大的勢力，同時以夏的名義作爲號召，希望各國前來歸順。各地依舊懷念夏的聲威和大禹的仁厚，如今他的兒子依舊沿用夏的國號，自然而然勾起了他們的懷念情緒。

他們不再向伯益伏首稱臣，轉而投向啓的勢力之下，他們心中所希望的，是再一次見到一個大禹時代的治世，並且能在「夏」的保護之下，繼續過著安居樂業的生活。

啓奪取權力十分成功，到後來，連伯益也不得不承認啓的地位。

於是，中國史上第一個王朝就此誕生。

堯傳位給舜，舜讓位給禹，後世的史家和學者，將其溢美爲所謂禪讓制度，「傳賢不傳子」，那是只有在上古的大同之世才會出現的理想皇位繼承制度，並且不斷的追尋這種理想，演變的結果是，權臣篡奪某個王朝，往往都以禪讓作爲名正言順的依據。

從我們現代人的角度來看，不如將所謂的禪讓轉變爲世襲，看作是古代中央權力集中的一種象徵，也許比較接近事實。堯舜時代，天子是名義上的共主，需要處理各部落之間的糾紛，解決天下人民各種生活上的問題，工作特別辛苦，卻沒有什麼實際上的好處，日常生活就像一般的百姓一樣簡單，他們的子孫，不見得有這麼偉大的情操，願意在父親死後，接下這項繁重的苦差事，甚至連所謂的「讓位」之說，都有可能只是後人的依託，實際上應該是各部落舉行一次會議，共同推舉下一任的領袖，至於原本的共主，也許只是影響力較大，推薦的人才獲得擁戴的機率較高，如此而已。

可是到了禹執政的時候，情況已經不一樣了，天子是有權威的，不但掌握了諸侯和百姓的生殺大權，各方的進貢，也讓天子能夠過著比一般部落領袖更爲豪華的生活。基於這個理由，啓當然不願意在父親過世之後，放棄成爲天下共主的機會。

不過，世襲制度的建立，並非一蹴可及，當啓即位了以後，有個叫有扈氏的部落表示不服，他們認爲，以前一向都是各部落聯盟共同推選領袖，大禹也在生前授意由伯益來繼任，爲什麼偏偏啓不聽父命，不肯讓賢？

啓爲了展現自己的實力，立即號召各族，派兵前來支援，自己則親自領軍，討伐有扈氏。

在出發前，啓命人設壇祭天，並且對全體將士說道：「我爲當今天子，此乃天命難違，有扈氏逆天命而行，罪無可恕，所有跟隨我的人，都必須聽從號令行事，能夠立下戰功的，必有重重獎賞，不遵守命令的，一律誅殺，決不寬待！」

各部族前來支援的將士，看見啓這麼大的威風，這麼大的陣仗，無不心下凜然，果然在重賞和重罰的恩威並施之下，他們深怕自己表現得不夠勇敢，個個奮勇爭先，大軍毫無阻礙地進入了有扈氏的根據地，一舉擒殺有扈氏的族長，消滅了全國。

這次事件，是一項重要的指標，從此，終啓之世，沒有任何一個部落領袖，膽敢再來挑戰啓的地位。

啓死了以後，將他的地位讓給了兒子太康，仍然沿用夏的國號，自此開始，夏王朝才算正式的成立，然而在當時的人們心目中，畢竟還是無法全盤接受這種「家天下」的觀念，再加上太康又是個昏庸的君主，沒什麼領導國家的能力，因此，才讓原本屬於東夷部落的有窮氏領袖后羿，興起了奪取領導權的念頭。

太康從不過問國事，自從繼位以後，整天只知道出外打獵遊玩。原本，打獵是上古先民賴以維生的方式之一，到了這時，領導階級已經將這種活動視之爲娛樂。太康特別喜歡打獵，帶著隨從，常常一出獵，便好幾個月不回國都，如果他生在更早以前，他將是個受人尊敬的獵人，只可惜他生錯了時代，並且得到了他所不應該得到的地位。

后羿，領導著一個善於射箭的部落有窮氏，天生神力驚人，是神箭手當中的神箭手，當初啓爲天子的時候，后羿曾參加兩次諸侯大會，親眼目睹了夏的華麗富貴，心中十分覬覦這個「天子」的地位，奈何夏啓勢力強大，各國擁戴，以致后羿無機可乘。現在，好不容易等到了太康這個無能的君主，怎能不好好把握機會？於是，趁著太康外出打獵許久不歸之際，點齊了軍隊，由他親自率領，進駐了無人防守的國都，同時派兵前去堵截在太康返回都城的道路上。

后羿早已經知道太康何時返回，因此，過了不久，太康的車隊便出現在道路的另一端。太康的臉上，掛滿了田獵豐收的喜悅歡心，突然看見后羿的軍隊橫亙在路前攔截，還以爲是都城派人來迎接，便遣人前去詢問，一問之下，太康高掛的笑容凝結爲一臉的錯愕，他怎麼也不敢相信，后羿竟然叛變了。

后羿派來的使者，對太康一點也不尊重，他大剌剌地對太康說道：「你呀！成天只知道玩樂，哪有作天子的資格？我勸你還是快快退位，讓有能力的人來做天子比較好。」說著順手往國都一指：「那兒是給有資格的人住的，我看你就別回去了，多找幾個地方打獵，玩它一輩子，不是挺愜意的嗎？」

太康聽得七竅生煙，奈何兵力不敵，只好暫時在城外紮營居住，堂堂天子，落得有家歸不得的下場。他派了人到處尋求援助，誰知道各部族早就看太康不順眼，認爲他侮蔑了父親與祖父，不配當天子，根本不願意出手幫助太康，無依無靠的太康，只能四處漂泊，最後尋到了一處名爲陽夏的地方，築城居住，多年後，病死在陽夏。

太康死去的消息傳回國內，夏的宗族推選太康的弟弟仲康繼位爲王。這時的后羿，還只是一個權臣，雖然掌握了極大的權力，然而卻並沒有辦法讓天下部族皆盡順服，進而建立奪取共主地位的聲望，以致仲康繼任的時候，他只能眼睜睜的看著自己垂涎已久的地位，依然落入夏的手裡，不過對后羿而言，這並不是太大的問題，他只要等待時機，樹立威名，共主的地位，絕對跑不掉。

仲康在后羿的淫威之下，王位坐得並不安穩，再加上他的年紀也大，身體又不好，過了沒幾年就生病死了，后羿趁著這個時候，派兵討伐東方始終不願歸順的有仍氏族長伯封，一戰立威，讓其他的部落不敢不聽話，隨即揮兵返回國都，進逼宮室，將剛剛即位，年少無知的夏王相給趕了出去，自己則公然稱王，完成了長久以來的宿願。

志得意滿的后羿，當初就是因爲羨慕天子的豪華生活，才下定決心一定要奪取這個地位，如今，他終於如願以償，怎能不好好享福一番？因此，他比當年的太康更恣意田獵玩樂，全然不以國事爲意，完全沒有想到當年太康之所以被他奪取地位，就是因爲這個原因。

臣子之中，有個叫寒浞的，是個來自東夷伯明氏的不肖弟子，被族人趕出來以後，投奔了后羿，由於懂得收買人心，逢迎諂媚，看上去頗爲機靈乖巧，深得后羿的信任，到後來，后羿自己不處理政事，全部交給寒浞辦理。掌握了大權之後，寒浞就趁著后羿經常外出遊樂的機會，在國都內部部署自己的勢力，並且買通了后羿親自傳授射箭絕技的弟子逢蒙。

這逢蒙，在后羿的教導指點下成了神箭手，可是他非但不知道感恩，反而一直希望后羿早點死去，好讓他成爲天下第一的神射手，與寒浞密會之後，一拍即合，約定事成之後，由寒浞掌國政，逢蒙掌軍事。

一切佈置妥當，就等后羿上鉤。

某日，逢蒙邀后羿一同出獵，師徒二人並肩而行，忽然，一頭豹子迅雷不及掩耳地從他二人面前竄出，逢蒙搭上了箭，「颼」地一聲射出，箭羽直沒入豹子身旁的樹根。

后羿大笑，說道：「怎麼啦？平常我不是教你射箭的時候要氣定神閒嗎！看我的吧。」口中一面說的時候，手自囊中抽出一箭，搭上了弓，那豹子怎能容許二人對牠如此戲弄？怒不可抑地吼叫著向二人撲了過來，后羿看也不看，隨手一箭就把豹子給射穿了。

「唉呀！」后羿一箭得手，還不忘補上兩句刺激逢蒙：「眞是的，出手太急，這張漂亮的豹皮給我糟蹋了！」

逢蒙臉上一陣青一陣白，心中更堅定了除掉后羿的想法。

兩人後來又打了不少獵物，后羿覺得逢蒙的臉色一直不大對，以爲他還在爲了豹子的事情耿耿於懷，並不以爲意。

回到宮中，寒浞親自前來迎接，對后羿道：「大王，這次您又豐收而回啦？」

后羿心裡正高興，指著獵來的野鹿野兔山豬說：「這些？小意思！你趕快派人把這些東西拿去烹了，咱們吃個痛快。」

寒浞向逢蒙使了個眼色，逢蒙說道：「師父今日大展雄威，値得好好慶祝一番，這些獵物，不如拿來當作慶功宴上的下酒菜吧！」

后羿點頭稱是。

酒宴上，珍饈美饌堆積如山，寒浞不斷勸后羿進酒，同時歌功頌德：「大王神射，眞乃蓋世英雄，天下無雙，來，微臣敬您一杯。」

后羿酒到杯乾，敬酒的卻別有心思，不消多時，便將后羿灌得酩酊大醉。寒浞趁機離席，臨走前，與逢蒙偷偷對望一眼，逢蒙點了點頭。

「來啊……來啊，徒兒，咱們再喝……」后羿醉得厲害，話也說不清楚了。

「師父啊！」逢蒙對后羿說：「您知不知道，當初嫦娥娘娘爲什麼要離您而去呢？就是因爲您無才無德卻又想要霸佔王位啊！」

嫦娥是后羿的妻子，當初由於不喜歡丈夫的野心熾烈，趁著丈夫去打獵，偷偷地逃出宮去，再也不回來了，底下人爲了怕后羿生氣，便將責任一律推給嫦娥，說她偷吃了大王的長生不老藥，一不小心吃得太多，結果飛到月亮上去了。

后羿當然不會相信這番胡說八道，反正嫦娥以外，他還有著數不清的美女，因此他從來沒將這件事放在心上。這時逢蒙忽然向他提起，他醉得腦筋混成一團，哪裡聽得懂？口中嗯嗯啊啊了一陣，只說：「喝酒，喝酒！」

想不到醉眼惺忪之間，后羿竟然看見自己的愛徒，左手提弓，右手拉弦，做出準備射箭的姿勢。這個姿勢，后羿不知道見過逢蒙擺過多少次，只不過，這次的獵物，是他自己。

一旁不知何時湧入一群衛士，每個人手中，都提著弓箭，那是他們有窮氏賴以強大的象徵，但這時，所有的箭鏃，全都指著他。逢蒙一聲令下：「放箭！」后羿還沒有會意過來，便已遭到亂箭射死。

寒浞奪得權力，霸佔了后羿所有的財產和妻子，開始大舉擴張勢力，當時，夏的國君相，避居在商邱地方，還有少部分的部族奉其號令，寒浞命令自己的兒子澆率兵攻打相，相自知無力與其相爭，一路逃亡，先逃到了斟灌，又逃到斟尋，結果這兩個部族都被澆給攻滅了，無處可逃的相，被逮捕殺死。

相的妻子趁亂逃出，沒被澆的軍隊捕獲，逃回了自己的娘家有仍氏，當時她已懷孕，便在有仍氏生下了相的兒子少康。

少康從小在母親的諄諄教誨下成長，胸懷大志，一心想要恢復夏朝的霸業，長大以後，受族長委託，擔任有仍氏的「牧正」，管理畜牧，後來，澆不知道從哪裡聽說了相竟然還有子嗣留在人間，於是派人去追殺少康。少康向西逃亡，一直逃到了有虞氏，才暫時居住下來。有虞氏的君主十分賞識少康，同時也一心嚮往夏朝的民生樂利，很願意支持少康的復國大業，不但仿效當初堯舜事蹟，將兩個女兒嫁給少康，還贈與少康一塊封地。

少康辛勤建設封地，在那裡號召夏的遺民，後來，他聽說有個叫伯靡的，是夏的忠臣，當初曾經輔佐父親相，如今則努力收羅斟灌、斟尋的殘餘勢力，積極準備推翻寒浞，便派人與他聯絡。

伯靡一聽到相的遺腹子，如今竟已長大成人，不禁老淚縱橫，當下決定與少康聯合。兩造商議的結果，欲滅寒浞，必先翦其羽翼，何爲寒浞羽翼？那就是寒浞的兩個兒子澆和豷，只要消滅了澆和殪，攻佔舊都，討伐寒浞，那便易如反掌了。

少康派出自己的兒子率兵引誘殪的軍隊，自己則親自領軍攻打澆，王者之師，打著夏的旗號，讓各地飽受寒浞荼毒的氏族望風來歸，而澆和殪的部隊，則陷入了孤立無援的境地，很快就被少康給消滅了。在此同時，伯靡的斟灌、斟尋之師，也已經揮兵攻陷了夏邑，寒浞敗亡。伯靡迎接少康回國即位，恢復了夏朝的統治。

後人將這段史事，稱作「少康中興」。

夏代自啓死後，隔了三代四王，才又重新奪回天子地位，從此夏的統治基礎，進入了相對之下較爲穩定的時期，「王朝」的觀念，也才逐漸的爲人所接受。

而少康在復國之後，則因爲年輕時代歷盡了艱辛，了解人民疾苦，因而一切政治皆能以百姓爲念，對於各地部落，也能講信修睦，因而獲得擁戴，成爲一代賢君。他的繼任者，也多半能堅守一個作爲君主所應有的德行，讓夏代得以持續的強盛。

從石器到陶器

夏代發展到政權穩固以後，天下百姓的生活就逐漸多樣化起來，除了發達的農業之外，由農業引發的各項器具、制度，也益發趨向多元化的發展，用石頭、骨頭製作成的各種工具，已經發揮到這種材料所能達到的極限，値得注意的是，這個時代，人們對於陶製品的技術掌握也已經十分的成熟，不但知道如何燒製出最美觀的陶器，同時也知道在陶罐、陶杯上施以釉彩，增加器具的美觀。有些製陶的工匠，不再單純以實用爲目的燒製陶器，他們自己做一些自己覺得有趣的小玩意兒，想不到卻得到意料之外的效果，讓大眾都覺得十分喜歡，致使工匠們有了更進一步的動力，設計出更爲精緻的器具，讓手工業更加的發達。

爲了養活日益滋生的人口，必須要有更多的收穫，畜牧和農耕趨向於專業化，當初，少康寄居在有仍氏部落時，擔任的就是專業的牧場管理。水溝、渠道與水井歷經了多年的興建，在當時已經很普及了，夏代的始祖禹就是治水出身，因此他的子孫後代們對於水利建設就更爲重視。

進步的工具，再加上發達的灌溉，有時候，生產出來的穀物超過了需求，於是就有人用穀物來釀酒。雖然大禹在世的時候曾經禁止人們釀酒飲酒，不過，這項禁令並沒有延續到他身後。少康本身就善於釀酒，曾經用某種高粱一類的穀物，釀造出十分甘醇的美酒。

此外，在當時，商業行爲已經是一種相當平常的活動，從最早的以物易物，互通有無，到了夏代，已經有了海貝或者寶石琢磨而成的基本貨幣。那時東方有一個部落，特別善於駕車，經常運送貨物，到各地去和人交易，這支部落的名稱叫做「商」，發展得十分興盛，到後來甚至取代了夏的地位，成爲天下共主，因此，人們因爲商的強盛，而把做這種職業的人，稱爲商人。

傳子不傳賢的世襲制度一直延續著，這使得夏朝失去了繼續進取的動力，四方絡繹不絕的進貢，使得夏王室的宮廷變得越發華美，天子的生活變得益爲豪奢，在這種養尊處優的環境下，漸漸讓那些名義上是天子的人們，失去了對自己所處地位應有的自覺。

在天子地位傳到孔甲的時候，夏朝已經處於岌岌可危的態勢，北方的昆吾和豕韋兩個部族日漸強盛，併吞了不少部落，也使其四周部族歸順，大有取夏而代之的態勢，不過在東方各部落的支持下，夏還能維持一個基本上的共主地位，然而傳到了孔甲的曾孫履癸的時候，情況便不再是那麼回事了。

履癸還有一個名字叫做桀，天生孔武有力，大概是遺傳到他的祖先大禹的體型吧，桀生得又高又壯，能夠用一隻手輕易捏碎石斧。他是個十分愛面子的人，重視排場，一切生活作息，都愛端出天子的架子，他將宮殿裝飾得美輪美奐，飲食起居，全都有專人伺候，在他即位以後，不甘心坐視昆吾、豕韋的強大，自己卻一點作爲也沒有，因此，隨便找了個理由，就派兵攻打東方的有施氏。

有施氏的族長知道自己根本沒有能力和夏對抗，於是準備了大批財物珍寶，進獻給桀，請求投降。這批珍寶之中，有一項十分的特別，那是一個美麗的女人，名字叫做妹喜。

妹喜十分受到桀的寵愛，有次她看著桀的宮殿，蹙起眉頭，淡淡說道：「臣妾還以爲，大王身爲天子，會有多麼巍峨壯麗的宮殿呢，想不到，不過如此而已！」

桀一想也對，如今他居住的宮殿，已經傳了好幾代，不論陳設或者規模，都已經算不上豪華，現在，這種宮殿，哪能配得上妹喜？於是立刻下令，召集民夫，修建更大更華麗的宮殿。這個宮殿，必須有瓊室瑤台，白玉床榻，用象牙鑲嵌在走廊的扶手上，用寶石裝飾在大殿的天頂上，完工之後，這座宮殿，取名爲傾宮，形容它高大得幾乎要倒下來的樣子。

宮殿之中，不乏伴隨著歌舞表演的豪華酒宴，妹喜卻對桀說：「這些舞者，穿得那麼簡陋，長得也不好看，實在配不上作爲天子宮廷表演的身分，應該找些能歌善舞的少女，穿上五彩繽紛的漂亮衣服，好幾千人一同表演，那樣的場面，才叫好看！」

桀馬上命人去各地挑選美貌少女，並且發動各國的工匠，製作華麗的絲質舞衣。他派了去執行這兩項工作的人，都是個性殘暴，貪污諂媚之人，得到這樣的良機，豈能不大肆搜刮？他們的執行方式，讓人民叫苦連天，哀鴻遍野，這些，都是長年在宮中享樂的桀所看不到的景象。

等到民女挑選齊全，派遣樂師訓練歌舞，桀已經快要等不及了，他深怕妹喜覺得不耐煩，於是不斷派人催促，好不容易將舞女全都訓練妥當，桀才興沖沖地拉著妹喜前往觀賞，只見數千名美貌歌女，身上穿著各式各樣五彩繽紛的繡衣，依循著絲竹之音的節拍，踩著曼妙的舞步，臉上掛著嬌豔欲滴的笑容，貌美如芙蓉，腰細似楊柳，載歌載舞。

桀連連拍手叫好，並且不時偷偷觀看妹喜的臉色，只要妹喜露出滿意的神情，桀的叫好聲就更爲響亮。等到表演完畢，桀興高采烈地命令左右：「來，每個舞女，賞賜美酒一杯，讓她們潤潤嗓子。」

妹喜卻有別的意見，她說：「大王，眼前有這麼多美女，一個一個賜酒，那要花多久時間啊？不如這樣吧，以後要是再有這樣的場合，就在宮殿四周，準備各式各樣的美酒美食，最好多到吃不完，讓歌女舞罷，可以自行前往取食，參加宴會的大臣們，也可以一同享樂呀！」

桀一聽完，大喜撫掌道：「你呀！眞是古靈精怪，這麼好的主意，我怎麼沒想到？」於是吩咐下去，以後在舉行酒宴之時，必須準備多到喝不完的美酒，吃不完的珍饈，放置在會場兩邊，那些需要熱食的，就用微火保溫，才能讓參加宴會的人們，隨時吃到最美味的食物。

爲了維持這樣的排場，桀必須不斷地向各地的諸侯勒索，命令他們進貢婦女奴隸、珍寶財物，諸侯們對於無道的桀，心中早就不服，然而震懾於桀的威勢，敢怒不敢言。

當桀帶著妺喜和其他的美女在那豪華巨大的傾宮當中追逐嬉戲時，偶然之間，一名宮女不愼被象牙的欄杆勾破了身上的衣服。

宮女十分害怕，她知道身上穿的衣服，是桀派人到處去追討的蠶絲所織成，得來不易，只怕桀會生氣。妺喜卻替她說話：「大王，妾身覺得，撕裂布帛的聲音，清脆得很，我很愛聽啊！」

桀找到其他可以討好妺喜的方法，眼睛登時亮了起來：「你喜歡聽？那好，以後我就叫人每天撕裂一百匹布帛來給你聽！」

這樣的窮奢極侈、荒淫無道，已經到了駭人聽聞的地步，有些部落的族長聽說了桀的諸多行爲事蹟，再也不願意將自己部落人民辛勤生產的食物布料拿去讓桀揮霍，於是，不再向夏稱臣，轉而投靠東方那個以作小買賣起家，如今已經極爲興盛強大的商。

桀的用度開銷極爲沉重，可是四方的貢品卻又有一大半被昆吾、豕韋還有商給分了去，他當然無法滿足，便派人去威脅那些還願意進貢的部族，讓他們增加進貢的數量，而那些受到威脅的部族，受不了這樣予取予求的剝削，不再奉夏的號令，這樣惡性循環的狀況之下，夏朝的聲勢就越來越薄弱了。

有個叫做關龍逢的臣子，對桀的作爲實在看不下去了，便捧了一幅繪著歷朝歷代聖賢君王事蹟的黃圖，進入宮中，求見天子。

那桀若是知道關龍逢是來勸諫的，一定不肯接見，不過左右稟報，說關龍逢手上捧了一張不知道畫著什麼東西的絲帛，桀還以爲那裡有什麼好東西，就命左右宣關龍逢晉見。

關龍逢拿著黃圖，見了桀，批頭便說道：「從前的君主，都是愛民如子，節儉勤勞，才能享國長久的。請看！」他展開了黃圖，指著上面所繪的歷代君王，一一解說道：「當初，我朝始祖大禹，櫛風沐雨，受盡了各種艱辛，爲天下完成了治水大業，才讓我們這些後輩子孫能夠安居樂業，他當了天子，還是一樣省吃儉用，愛惜民力，才能得到萬民愛戴，建立我朝萬世之基業。如今大王繼承了先王累積的財富，卻一味的浪費鋪張，總有一天會揮霍完的啊！如今，東方商人勢強，大王不能不小心提防啊。」

桀一把將黃圖奪了過來，扔進旁邊的爐火當中，燒成了灰燼，他既生氣，又不耐煩，說道：「從前是從前，現在是現在，我幹嘛非得學那些死了幾百年的老頭呢？」

「我王不肯學習先王的榜樣，現在弄得百姓生靈塗炭，諸侯離心離德，只怕到時候，成了亡國之君，那時候後悔也來不及了啊！」

關龍逢本是好意相勸，奈何實在太不會說話，這番直言直語，聽得桀勃然大怒，他豁然站起，指著關龍逢罵道：「我身為天子，就像是天上應該有個太陽一樣，怎麼跑也跑不掉！除非哪天太陽不再升起，那才是我滅亡之日。如今你這般妖言惑眾，造謠生事，詛咒我亡國，如果不對你加以處置，到時候一大堆人都跑到我面前來聒噪，我還受得了嗎？來人！」他大手一揮：「推出去砍了。」

關龍逢這樣的忠臣，落得如此下場，日後便沒有人膽敢再來進諫，留在桀身邊的，只剩下那些阿諛奉承的小人，幫著他四處搜刮財物，讓人民的生活更為困苦。當桀自比為太陽的話語，傳進人們的耳朵之時，人們便指著太陽大罵：「你這個太陽啊，還是快點滅亡吧！我們寧可和你同歸於盡，也不要再受到這樣的荼毒啦！」

在遠古的時代，太陽經常被先民拿來當作神一樣的崇拜，如今，飽受摧殘的人民，寧可與太陽一同滅亡，也不希望桀繼續擔任天子下去，這樣的離心離德，給了東方那個依靠做生意起家的民族，一個絕佳的機會。

商湯革命

商在這個時候，已經非常興盛了，其影響所及的範圍，北至今日的遼東地區，南到河南地區，是東方最大的國家。

商部族的起源甚早，他們的始祖契，曾經幫助大禹治水，立下很高的功勞，舜將他封在西方的商地（今陝西省商縣），後來漸漸向東方遷徙，來到黃河下游附近，歷經十四代，傳到了成湯，一共遷居了八次之多。

頻繁的遷居似乎證明了商的游牧性質十分強烈，他們旅居各地，經營商業，建立出一個生產力發達的大國，兼併了許多小國，擄獲了無數的戰俘，這些戰俘，商人並不將其處死，而是叫他們去做生產方面的工作，割草畜牧，製造器具，建築屋宇，後來還漸漸讓他們去做開墾種植的工作，形成了奴隸的制度。

商人們就靠著各式各樣的奴隸，逐漸兼併其他小國，構築出足以威脅夏的勢力。

成湯是個英明有爲的君主，只要周圍小邦主動來朝，他一定對小邦的百姓秋毫無犯，對於無道之君，他一定興兵翦除，決不寬待。百姓只要固定繳納十分之一的收成，就能在他的保護之下安居樂業，這種政策，使得商的國庫特別充實，百姓也特別願意接受商的統治。

那時，在一個名叫有莘的地方（今山東曹縣附近），住著一位賢人，他的名字叫做伊尹，從小是個棄嬰，被養母在伊水之濱發現，便以水爲名。伊尹長得身材矮小，面貌黝黑，聲音低沉，可是卻聰明異常，心中長存遠大的志向。他覺得夏桀暴虐無道，氣數已盡，反觀商國，卻在成湯治理下，能夠修德圖治，因此，他決心輔佐成湯，以成霸業。

有莘氏將女兒嫁給成湯作爲妃子，伊尹自願成爲陪嫁的奴隸，來到了成湯的宮殿之中。從小在山林之間成長的伊尹，特別懂得烹調的技術，婚宴之上，成湯吃了伊尹所做的菜，覺得滋味十分鮮美，便問道：「今天的廚子是誰呀？煮的菜特別好吃，讓我見見他吧！」

伊尹終於有機會見到成湯。

成湯對伊尹說：「你這一手好廚藝，眞不知道是哪裡學來的呀？」

伊尹說：「只要材料用得妥當，燒出鮮美的食物，並非難事。其實，我還能燒出更加美味的料理。」

「哦？」成湯笑道：「那麼，以後就要多麻煩你囉！」

伊尹搖了搖頭，說道：「沒辦法，你的國家太小了，根本找不到合適的材料，只有當了天子，才能嚐遍天下的美味。」

成湯默不作聲，心中卻暗暗覺得，此人必非等閒之輩。

等到宴會結束，成湯又派人去把伊尹找來，對他說：「你今天說的天子什麼的話，是你隨口說說，還是另有所指？」

「那就要看主公是只想要嚐盡美食，還是成就王業了。」

成湯此時更加確定伊尹是個大才之人，連忙正色道：「先生請坐！請問，應當如何成就王業？如何……成爲天子？」

伊尹道：「天子是順天應人而成，不可強求，必須先了解天道，然而，成事在天，謀事在人，只要自己能夠成就聖德，就能夠成爲天子。」

「說得好，說得好！」成湯連連點頭，只覺與伊尹相見恨晚，一問之下，才知伊尹竟是個奴僕，大嘆：「我眞是埋沒人才呀！」連忙起身，對伊尹躬身一揖：「請先生教我！」當下任命伊尹擔任阿衡之官，協助他處理國事。

成湯對伊尹十分禮遇，對他的意見，多半能夠採納，有一次，伊尹忽然告訴成湯：「請主公將我推薦給桀吧！」

成湯嚇了一跳，忙說：「是寡人什麼地方失了禮數麼？怎麼愛卿竟然要棄寡人而去？」

「非也。」伊尹微笑著說：「如今夏桀雖然無道，可是還有不少的擁護者支持，我們商國雖然近年來勵精圖治，要和夏競爭，尚有難處，不如讓我到夏桀身旁，看他是否還能輔佐，如果可以輔佐，成就當年大禹的德治，那是黎民之福，如果不能輔佐，至少也能讓我去探探夏的虛實。」

成湯嘆了口氣：「愛卿說的有理，就讓我來替你引薦吧。」

在桀的身旁，伊尹只看見了沉迷於酒色的君主和官員，看不到任何一絲希望，他的治國理想，桀完全聽不進去，如何能夠輔佐？伊尹待了幾年，只覺得夏已經無藥可救，搖了搖頭，辭別他在夏都認識的朋友們，回到了商。

「愛卿覺得如何？」成湯問道：「桀可是個能夠輔佐的人才嗎？」

「除了禹的身高體型以外，桀的身上找不到一點聖王的氣息呀！」伊尹苦笑，隨即說道：「爲今之計，只有更加勵精圖治，先將夏的羽翼翦除，然後再徐圖大業！」

成湯點頭稱是。

商國一天比一天強大，對夏來說，是個比北方昆吾、南方豕韋更具威脅的對手，桀也不禁感到不安了起來。

有個臣子趙梁獻計，說道：「如今成湯表面上還臣服於我們，不如請大王找個理由，召見成湯，然後趁機將他囚禁起來，這樣，一定會讓商國自己亂起來的。」

桀一聽有理，便派出使者，召見成湯。

「其中必定有詐！」伊尹私下對成湯說：「我看這次桀召見主公，必然不懷好意。」

「那你說我去還是不去？」

「去。」

「爲什麼？」成湯有些疑慮：「你明知桀不懷好意，爲何我還是得奉召覲見呢？」

「如果主公不去的話，就算是徹底和夏決裂了。以目前商的實力來看，還不足以和夏硬拚，就算能夠成功，耗盡了國力擊敗夏，恐怕也會讓昆吾、豕韋有可乘之機。所以，這次主公必須奉召覲見。」

「好吧！既然愛卿如此說，寡人這就準備動身了。」成湯嘆了一口氣，對伊尹說：「如果這次去，遇到了什麼不測，這商國的基業，就要靠愛卿你來維持了！」說罷，就要召喚左右來宣佈他的裁決。

伊尹連忙制止：「主公萬萬不可如此，此舉只會動搖人心，況且……」他彎下了腰，拱手作揖：「伊尹已決心輔佐聖君，絕無取而代之的意思，這點請主公明察！」

「我並非疑心於你，只是……」即將身涉險境，連成湯這樣的英主，都有些膽怯了。

伊尹對成湯一笑，臉上的表情極有自信：「主公放心，我不會讓他們在主公身上動一根汗毛的！」

成湯來到夏都，果然不出所料，被桀囚禁在夏臺。

而伊尹的佈局，早已展開。

他先在國庫當中，搜索各種珍寶，青銅器皿，白玉杯盤，綾羅綢緞，等到一聽見成湯遭到囚禁的消息之後，立刻派人將這些珍寶送去給夏桀，表示商國的忠心臣服。

同時，當初那個建議桀囚禁湯的臣子趙梁，伊尹也是認識的，知道他只是個會逢迎拍馬的小人，之所以提出此計，只是爲了討好夏桀，恐怕並不是爲了夏的安危著想，因此命令使者，對趙梁也應多加賄賂，以便求見夏桀。

趙梁見到了大筆金銀珠寶，樂得眉開眼笑，滿口答應使者，替他引見。

使者見了夏桀，對他分析利害：「如今商國勢力雖強，卻是夏的忠臣，大王若囚禁我主，恐怕會讓商國人民離心，不如放回我主，藉以收買人心，讓商國在東方，年年入貢，歲歲來朝，永世作為夏的屏障。」這個使者，名叫仲虺，是個口才便捷，足智多謀的人，他生在向來以武勇為尚的南方蠻苗部落，聰明機靈根本用不上，懷才不遇的他，投奔了商湯，此時終於有了他發揮才能的機會。

桀一聽覺得有理，並且看見那麼多的財寶，如果每年都能入貢，他就能一輩子吃喝不盡了，於是答應將成湯放了回去。

一些小國，看見夏桀無緣無故囚禁成湯，等到收了人家這麼多禮物，才肯放人回去，那種貪婪實在令人厭惡，他們替湯打抱不平，紛紛歸順，使得商的國勢更為強盛，同時，成湯對伊尹也更加信任，立下救主之功的仲虺，也讓成湯發覺了他的才幹，他們經常在一起討論情況，分析對策，將商的勢力漸漸推向南方，最後終於決定興兵去攻打南方霸主豕韋。

豕韋強大很多年了，此時豕韋的國君，和夏桀一個鼻子出氣，同樣的只顧自己享樂，不管百姓死活，商的軍隊一到，豕韋國君便要發兵迎敵，不料他作惡已久，人民怨聲載道，哪裡願意替他打仗？聽說賢德的商湯派兵來攻打，高興地用竹簍子盛了飯，陶壺裝滿了水，迎接商的軍隊，豕韋輕易地被湯平定，如入無人之境。對於豕韋的百姓，商湯採取一貫的寬大策略，讓人民照樣耕作休息，只徵收十分之一的稅率。

隔年，商湯又整頓軍隊，去攻打東方的顧國，顧國的人們早就說了商湯的寬大，開啓城門，迎接商的軍隊。和豕韋一樣，不費吹灰之力，商湯就將顧國給消滅了。

時機似乎已經成熟了，商湯決定討伐夏桀，他和伊尹商量，伊尹說：「我認爲，先觀望一下，比較妥當，不如先不去朝貢，看看桀會如何處置。」

桀的奢侈浮華，就指望著各國的朝貢，這其中，來自於商的朝貢是最爲豐富的，如今商的朝貢一停，桀的收入，一下子少了一大半，這讓他憤怒異常，立即號召九夷軍隊，前去攻打商國。

伊尹聽說此事，對成湯道：「主公請看，桀如今還有能力號召九夷之兵，可見尚有勢力，我們應該趕快向他謝罪。」便命人趕快將貢品送去給桀。

桀看見商的貢品送來了，自然就收兵而回。

第二年，伊尹重施故技，準備好了貢品，卻不送出，惹得夏桀又發兵來攻，這一次，九夷部落還是出兵協助夏桀，只是數量少得多了。到了第三年，又遇上同樣的情況，桀還想號召九夷起兵，九夷的部落長們，認爲夏桀反覆無常，忽然起兵忽然罷兵，把他們當猴子那樣戲耍，覺得很不高興，便不再起兵協助。

伊尹聞訊大喜，他對成湯說：「這下子，夏桀的最後一點威望也沒了，今年，這批貢品就留下來吧！我們可以擬定攻滅夏的作戰計劃了。」

成湯便和伊尹、仲虺一起討論。

成湯道：「如今，夏桀還剩下一個北方的昆吾，願意與他同進退，你們覺得，應該先伐昆吾，還是先伐夏桀？」

伊尹道：「應該先伐昆吾。要是直接攻打桀，北方昆吾一定會揮兵救援，如此，將使我軍陷入腹背受敵的窘境。」

成湯道：「可是，萬一我們去打昆吾的時候，夏桀也派兵來救，豈不照樣腹背受敵？」

伊尹搖搖頭道：「當初我軍攻打顧國、豕韋的時候，可曾見到夏桀派兵救援？由此可見夏桀自恃天子的身分，不肯輕易發兵，不會爲了昆吾千里跋涉。」

仲虺道：「只不過，昆吾和南方的豕韋不一樣，他們有著強大的軍隊，而且對他們附近的小國，約束力也夠，只怕不會那麼容易就被擊敗。」

成湯道：「外強中乾罷了。昆吾一向以剝削小國爲樂，養尊處優，雖然軍馬的數量很多，可是久未臨敵，戰力並不強盛。」

伊尹道：「不錯，這樣的國家，只要我們能讓他們稍稍挫敗，他們就會自行瓦解的，只不過，要如何挫敗他們，就得請教仲虺了。」

仲虺說到：「這倒容易，昆吾一向將本陣置於中軍，左右兩翼則是那些小國的軍隊，他們受到脅迫而來，哪裡肯拚死作戰？只要先將兩翼挫敗，中軍士氣，必定大受影響。」

戰略擬定完成，成湯調遣兵馬，由伊尹率領右軍，仲虺率領左軍，攻打昆吾兩翼，自己則親率本陣，與昆吾中軍對決。

商的軍隊，使用的是他們所熟悉的馬車，手中的武器，則是當時最爲先進的青銅器，裝備老舊的昆吾，怎麼可能是商的對手？伊尹、仲虺對昆吾兩側的小國聯軍發動猛攻，小國聯軍一哄而散，逃亡的逃亡，投降的投降，怎麼鎮壓都沒有用，而昆吾的中軍看見這種情況，連忙向前迎敵，與商湯本陣大戰，不料中軍的士兵遙遙望見小國軍隊紛紛逃避，心情大受影響，只想跟了他們一起逃亡，就在這時，伊尹、仲虺已將左右兩軍徹底瓦解，他們並不追趕敗逃的敵軍，回軍包抄，三面夾擊之下，商湯軍隊大獲全勝。

得勝之後，商湯並不班師，一鼓作氣，攻向夏的都城。

臨戰之際，有些將領還不大願意跟隨，因爲他們畢竟覺得，就這麼消滅了當初大禹所創立的夏，於情於理，都有些說不過去，夏王朝乃是眞命天子，如果消滅了天子，恐怕會遭到上天的責罰。

於是，成湯將全體將士召集到帳前，對他們發表了一篇慷慨激昂的誓詞，他說：「各位聽著，我今日所爲，並非叛亂，實乃夏桀犯下諸多罪行，現在，你們當中有人認爲，你們的君主不愛惜民力，要你們放下農事，討伐夏國，夏的罪行到底在哪裡呢？讓我告訴你們吧！夏桀大興徭役，耗盡人民的力量，使得天下百姓，如居於水火，對夏桀的措施極爲不滿，離心離德，指著太陽咒罵夏桀，只願和他同歸於盡，因此，我的行爲，並非逆天而行，乃是弔民伐罪，順天應人，你們必須全力輔佐我，執行上天對夏的懲罰，只要事成，我絕對重重賞賜各位，絕不食言，可是，如果有人違背我的誓言，我必定嚴厲懲罰，絕無寬赦。」

這篇誓詞，被人記錄了下來，收錄進《尚書》，就是有名的〈湯誓篇〉，興兵討伐無道昏君，乃弔民伐罪的「革命」思想，就是從這篇誓詞當中衍生出來的觀念。

確認了自身行爲的正當性，各路將領，恢復了信心，商湯便和伊尹、仲虺發動軍隊，直撲夏朝都邑。

那夏桀仍在宮殿內飲酒作樂，忽然聽見快馬來報，說是昆吾軍隊已被商湯攻破，商軍正開往都城，不由得大爲吃驚，連忙點齊兵馬，親自率領將士去和商湯作戰。

當年的夏桀，曾經是個勇猛的領袖，可是多年來沉迷於酒色之間，早已將他的豪氣消磨殆盡，頂著一身的腦滿腸肥，費盡全力將身軀塞入戰甲之中，帶兵打仗，對他來說變成了一件苦不堪言的差事。

兩軍相接之際，突然雷聲大作，大雨傾盆而下，狂風大作，夾帶著飛沙走石。商國軍隊終究久歷戰陣，對於這點辛苦，根本不放在眼裡，夏朝軍隊，卻對這樣惡劣的天候，感到有些難以招架。夏桀的本陣，駐守在一座小丘陵上，原本以爲取得了居高臨下的優勢，可以穩操勝算，不料狂風暴雨之時，小丘陵上的風雨聲勢更爲驚人，夏桀一身華美的衣裳、閃亮的戰甲，被大雨淋得溼透了，狼狽不堪，左右護衛拚命替夏桀撐傘，奈何風勢太強，根本撐不住。

桀說：「我看，還是先避一避吧！」

不避還好，一避就糟，久未上戰場的夏桀，竟然忘記了要和將士們一同吃苦的戰場鐵則，看見夏桀向後退卻，丘陵之下與商軍鏖戰的夏軍，立刻士氣低落，無心戀戰，場面一下子變得混亂起來。

商湯趁著敵軍混亂的機會，揮軍前進，一舉突破了夏的戰線，夏軍無從抵禦，紛紛敗退，擁簇著夏桀逃回都邑。

「這下子大勢已去了！」桀倉皇狼狽，哪還有個天子的樣子？他喃喃說道：「如果我一直待在這裡，遲早有一天，會被商湯給抓到，不！我不能被抓……」連忙叫了幾個親信隨從，準備了幾輛大車，載上四處搜刮來的金銀珠寶，拋棄國都，逃了出去。

商湯的軍隊進入了空蕩蕩的夏都，知道夏桀逃走，立即派兵追趕。桀被商湯的軍隊，在南巢地方（今安徽省巢縣）給追上，當場活逮，商湯聞聽此一消息，說道：「他失了天下，比失去性命難受，我也就不用取他性命了，就把他安置在南巢吧！」

夏桀在南巢，鬱鬱寡歡，經常對看守他的兵士們說：「要不是我當初一念之仁，放走了成湯，我又怎麼會有今天哪！」

士兵則對他說：「你知道就好，你之所以會有今天，根本就是你自己一手造成的。」

三年之後，桀就病死了。

成湯則建都在亳（今河南商邱），國號爲商。

伊尹爲右相，仲虺爲左相，共同輔佐成湯，治理天下。

在這三位賢德之人的齊心協力之下，商的開國，氣象便十分宏偉，不但疆域比夏朝大得多，各項器物制度，也比夏朝更爲進步。

鬼神與天命

商人由於先祖們經常往來各地，經常見到許多奇奇怪怪的事情，因此他們十分的迷信，對於祭祀鬼神之事，特別重視，湯即位天子之後，首先便將年改稱爲祀，以後一年就叫做一祀。

就連商湯本人，亦是如此。

他以武功取得天下，爲了向世人展現他的德治，他特別表現出仁慈的一面，他深切的知道，武力取得的天下，只能維持一時，唯有修德澤人，才能享國長久。某日，他外出巡訪，看見一個獵人，在樹上掛了四面網子，口中喃喃禱祝：「四面八方的鳥兒啊！全部飛進我的網子裡吧！」

商湯聽了不以爲然，上前對那獵人說：「你這人未免也太貪心，哪有這樣趕盡殺絕的道理？」他叫獵人取下三面網子，只留下一面，並且替獵人祈禱，說道：「東邊的鳥兒向東飛，西邊的鳥兒向西飛，只有不聽我話的鳥兒，才可以飛進網子裡！」獵人聽了深感慚愧，同時心中十分感佩商湯的仁慈。

這件事傳進了諸侯的耳朵，他們都認爲，商湯其實只是在表演給百姓看而已，不過，能夠這樣做，那也不容易了啊，至少展現出商湯願意以德治天下的誠意，於是，大家都願意奉其號令，並將此一寬大政策，稱之爲「網開三面」。

以德治民，勤於政事，並不表示就能天下昇平，商湯即位之後不久，即面臨了前所未見的大乾旱，這場乾旱，持續了七年之久，商湯與伊尹、仲虺等人想盡了各種辦法，來幫助人民奈何乾旱實在太過嚴重，河水乾了，井水枯了，草木焦黃一片，農田連連欠收，大批的牲畜口渴而死，人們叫苦連連，商湯別無他法，只好請求鬼神幫助。他派人到各地，請來許多巫師，不斷的禱告，卻也沒有奏效，一個巫師說：「鬼神需要貢品，必須以牲畜祭祀！」

商湯便想盡辦法弄來了許多牛羊，舉行祭祀的典禮。商代祭祀的辦法十分特別，由巫師取來許多龜的腹甲，打磨光滑之後，用鑿子在上面鑽洞，然後放進火中燒灼，龜甲受熱，形成裂紋，狀如卜字，再由巫師根據裂紋所顯現出來的意義，判斷鬼神的想法，直接用刀刻記錄在龜甲之上，這就是甲骨文的由來。

「怎麼樣？」商湯問巫師：「鬼神們怎麼說？」

巫師沉吟半天沒說話，商湯一再追問，巫師才說：「沒錯！要舉行祭祀，並且，得由大王親自主持！」

商湯立即照辦，穿上五彩繡花的衣服，親自主持祭祀典禮，並且以歌舞娛神，然而，天空依舊豔陽高照，絲毫沒有要下雨的意思。

「這是怎麼回事？」

巫師說：「天下從來沒有乾旱得這麼厲害，一定是旱鬼作怪，爲今之計，只有打扮成旱鬼的樣子，曝曬在太陽底下，用火燒他，讓他害怕了，就一定會下雨。」商湯照辦，仍然沒有下雨。

「天要亡我嗎？」商湯氣餒了，他長嘆一聲，跑到都城外面的野地裡去，把自己當作犧牲，對著天空大喊：「如果是因爲我做錯了什麼的話，那就懲罰我吧！不要將我的過錯，加諸百姓身上。是我不該消滅暴虐的夏朝嗎？還是我的政治沒有節制法度？是人民流離失所嗎？是因爲宮殿造得太華麗嗎？是因爲寵愛女人疏忽了政治，還是有官員貪污行賄呢？小人的讒言，是不是影響到我了呢？」

他不斷的檢討自己，責備自己，讓左右隨從都覺得於心不忍，勸說他道：「大王，天降災害，那是天意，對大王，對天下，都是一種試煉，大王責備自己的那些事，沒有一樣發生在大王身上哪！」

天子把自己當作犧牲的事情，不論是諸侯還是百姓，全都沒有聽說過，他們都被商湯的盡心盡力給深深的感動了，對於天災，只歸因於天命使然，並不怨恨商湯，過了幾年，雨水終於再度落下，人們都認爲，那是商湯的誠心，感動了上天的緣故。

商湯在位二十九年，因病而終。統治期間，對四方的控制和管理，遠遠超越了夏代，使得中原諸國，更進一步密切聯繫了起來，當時，天下有著三千多個小邦，還是一個多國並立的時代，不過，比起大禹當初大會諸侯之時的「萬邦來朝」，部落的數量變少了，每個部落都變大了，那是數百年來不斷兼併的結果。當時，流傳著一首歌，稱頌商湯的霸業：

昔有成湯，
自彼氐羌，
莫敢不來享，
莫敢不來王，
曰商是常！

這時，商湯的長子太丁已經病故，伊尹和仲虺便立商湯次子外丙為天子，但不過兩年，外丙就病死了，只好再立外丙的弟弟仲壬為王，但不過四年，仲壬也死去，此時，太丁的長子，商湯的長孫太甲已經長大成人，於是伊尹便扶立太甲為王。

這時，仲虺也已死去，伊尹成了元老重臣，掌握極大的權柄。平日，他不斷對年輕的太甲諄諄教誨，告誡他要以祖父為榜樣，無非是希望輔助太甲，使他成為一個商湯那樣的賢君，然而太甲年輕氣盛，每天只想著遊玩享樂，過著舒適的生活，看在伊尹眼裡，說不盡的心痛，這不是活脫脫的又一個夏桀嗎？不行，他不能讓有恩於他的商湯，出現這樣的不肖子孫。

於是，伊尹毅然決然的，將太甲放逐到桐（今山西省萬榮縣境），自己攝政當國，行天子事，同時，派人去看管太甲。這麼做，讓伊尹背負了極大的罪名，有耳語流傳出來：「原來伊尹表面上是個忠臣，骨子裡根本想取天子而代之！我看哪，又一個后羿、寒浞之輩出現了！」

伊尹不顧這些流言蜚語的紛擾，專心治國，同時作了〈伊訓〉、〈肆命〉、〈徂后〉等等訓詞，講述為政之道，拿去給太甲閱讀。太甲讀完，深受感動，重新回想起伊尹的教誨，發覺了自己的過錯，從此改過向善，整個人的氣質也變得和從前完全不同。

整整過了三年，伊尹耳中所聽到的太甲，已經從一個玩世不恭的敗家子，成為一個風華內斂的有為青年，於是親自前往桐宮，迎接太甲復位。太甲的地位失而復得，加倍的珍惜，聽從伊尹的教導，延續商湯的德治，將國家治理得井井有條。

伊尹在世的時間很長，一直到太甲的兒子沃丁即位，他才死去。沃丁以天子之禮，將這個締造商代霸業的老臣，葬在國都亳的附近，永遠懷念。

沃丁之後，又傳了幾代，到雍己在位，商朝國勢，曾經一度衰落，然而當雍己的弟弟太戊繼位，得到賢臣輔佐，國勢再度強盛。

然而，從太戊之子仲丁開始，商代進入了為期百餘年的中衰時期，諸侯們漸漸不願前來朝貢，商王朝的勢力大為衰退，這段時間裡，歷經了四代十王，每隔二十年左右，商的國都便遷徙一次，一共遷了五次之多，直到盤庚遷都於殷，才又再度穩定下來。

這段時期，王權之所以衰落，主要的原因來自於王室的內部，其一是由於王位繼承制度未定，第二則是因為貴族勢力的膨脹。商代前期的王位，大致採取「兄終弟及」的模式，某個天子死去，便由其弟接任，這本來是個不錯的辦法，天子的弟弟，由於年紀相仿，繼位之前，往往已經協助兄長處理國事多時，一旦繼位，經驗豐富，比較容易將政治帶上軌道，然而，等到所有的兄弟都死光了，必須尋覓下一代繼承之時，問題便產生了，該讓哪一個天子的子嗣繼位呢？之前的慣例，是讓長子的兒子繼承，但這並不是定制，只是約定俗成，時間一久，那些不是嫡傳的子嗣，覺得不甘心，往往起而爭奪王位，引發動亂。

還有貴族勢力的膨脹。王室的後人越來越多，王位卻只有一個，只好封給他們貴族的稱號，原本，這些人也許有機會成為天子，只是運氣不好，讓家族之中的其他人繼位為王，和天子比較起來，他們這些貴族，可一點也不會輸到哪裡去啊！驕奢之氣日盛，天子就越來越難以掌控這些貴族了。

盤庚遷殷，就是針對貴族的驕奢。

他覺得，宮廷王室的奢侈，造成社會風氣的腐敗，人心貪婪華靡，長此以往，終有一天會趨向滅亡。於是，他以河水氾濫成災為藉口，將國都從東邊的奄（今山東曲阜），越過黃河，遷移到殷（今河南省安陽）。一切用度，盡力節省，那些過慣舒適生活的貴族們，免不了口出怨言，被盤庚叫來臭罵一頓，說：「你們願意看著國家滅亡嗎？一味追求自己的享樂，置百姓於何地？你們如果眞的只願意享樂的話，就回到以前的國都吧！自立爲王也沒關係，到時候，咱們在戰場上相見，就別怪我心狠！」

貴族們聽了這麼重的話，便老實了下來，他們只是一群貪圖享樂的人，哪來什麼治國經驗？必須要依附在天子腳下，才有辦法生存的。時間久了，他們也逐漸習慣了節約的生活，商代又逐漸開始復興起來，自豪的商人們，從此自稱自己所建立的朝代爲「大邑商」，意思就是天下最爲強大的邦國。

青銅器時代

盤庚遷都後，商的國勢開始上升，到了他的姪孫武丁即位後，政治、經濟和文化都得到了空前發展，甚至比商湯伊尹在世之時，還要興盛。

武丁幼年之時，父親曾經讓他到田野之間居住，多親近人民，了解民間疾苦與耕種時的艱辛。武丁走訪各地，看見了許多社會上的眞實面貌，覺得當今貴族驕奢，百姓刻苦，奴隸則更過著不像個人的生活，這樣的政治，實在需要大大改革。

他偶然之間來到一個叫做虞山的地方，遇上了一群修建山路的工人，便和他們攀談起來，其中有個工人名叫傅說，對百姓刻苦的生活特別有意見，也最能夠切中時弊，武丁與他漸漸地談到了朝廷政治，哪裡該改革，哪裡該加強，傅說也能夠一一剖析，對國家大事瞭如指掌。武丁大爲欣賞，嘆道：「這樣的人才，竟然埋沒在板築工人當中，實在太可惜了啊！」可惜的事還不止於此，武丁目前還不是天子，沒有擅自提拔人才的權力，就算他成了天子，想要提拔這麼一個身分低賤的板築工人，恐怕也將遭到極大的阻力。

到了武丁繼位爲王以後，他便積極開始籌畫這件事。

即位之初三年，他以替父王守喪爲由，一切政令，全都交給臣下處理，臣子們有事稟奏，他也置之不理。三年期限一過，臣子們都以爲大王終將親政，誰知，武丁仍舊一句話也不肯說。

終於等到有人看不下去了，鼓起勇氣進諫武丁，說道：「大王貴爲天子，一切號令，應由天子的口中說出，可是如今大王把什麼事都交給臣下處置，恐怕不能讓諸侯心服口服。」

武丁說：「寡人又何嘗不知此事？奈何，當今天下之大，以寡人一己之力，實在難以掌握所有事務，況且，上天曾經告知寡人，必有一聖人出世，協助寡人治理天下，然而，此一聖人尚未出世，寡人情非得已，只好不理政事。」

大臣們問道：「大王可知那聖人，生得什麼模樣，不如派人四處尋找，請求聖人出世！」

武丁於是將傳說的樣貌敘述了，由畫工繪製出他的形象，隨即派人四處尋找，不多時，終於在虞山找來了板築工人傅說。

那傳說雖然出身低微，可是，武丁之前所言，全是當時人們最信任的鬼神之說，大臣和貴族們看見武丁一口咬定，傳說就是上天口中的聖人，心下雖然還是覺得懷疑，表面上仍舊不得不向武丁道賀：「恭喜大王，能得聖人相助，此乃大邑商之福，也是天下之福！」武丁遂拜傳說為相。

武丁得傳說，就如同當年商湯得伊尹一樣，凡是皆和傳說商量，從此國家大治，不論文治、武功均有表現。當時，人們已經懂得利用銅、錫和鉛的合金，煉製出堅固的青銅，可以製造出樂器、食器，當然，也能造出武器，據說，商代在遷殷之前，之所以會頻繁遷都，最主要的原因，就是為了要尋找銅礦的礦脈，掌握銅礦與煉製青銅的技術，是商人賴以強大的根本原因。

武丁時代的軍械十分完備，鑄造軍械的冶鍊場，就設置在殷的附近，熟練的工匠，日夜打造各式各樣的戈、矛、刀、箭，讓商的武功，遠遠超過了四周圍的諸侯。

在當時，商的四周分散著許多少數民族，被稱作方國，較為強大的，是北邊以游牧為生的鬼方和土方，他們經常騷擾北方的商民，劫掠財貨和俘虜，武丁派大將震率領軍隊討伐鬼方，經過三年才得以平定。

此外還有西北方的羌族，他們經常與商人爭戰，叛服無常，武丁發動了一萬人以上的大軍，準備親自帶兵征伐，大軍之中，以婦好一族的兵力最多，婦好族的女兒妣辛，是武丁的妃子之一，她從小在山林田野之間成長，身強體健，頗具謀略，知道丈夫要出兵攻打羌族，自請為將，在戰爭當中，英勇無敵，比起男性將領，絲毫不遜色。

對於南方的荊楚地區，武丁也曾派兵平服，將商朝的勢力，拓展到長江流域。

武丁在位時間很長，超過了五十年以上，在他死後，他的後代感念他替商代建立了前所未有的廣大疆域，又將商人的文化推向頂峰，於是爲他興建廟宇祭祀，廟號高宗。

武丁之後，繼位的君主沒有像他那樣的雄才大略，同時，國家的政治，又陷入了王權與巫權的紛爭，那些卜巫之人，由於掌握了與鬼神溝通聯繫的方式，經常以此要脅君王，迷信的商人，對此又極爲相信，以致於天子想要伸展權力之時，往往會受到鬼神之說的阻礙，在這種情況下，商朝對於四方部落的控制和聯繫，又開始逐漸的衰退，願意向「大邑商」朝貢的邦國，越來越少，偏偏這時，商繼任的天子，又大多不具備成湯、武丁那樣的才略，於是，變革的時代，即將再度來臨。

西伯姬昌勵精圖治

推動變革的動力，來自西方歧山下的一支民族，他們的宗室姓姬，國號叫做周。

周人的始祖棄，曾經幫助大禹治水，也十分懂得耕種的辦法，曾經在大洪水退去以後，教導人民在那肥沃的土地上耕種，因功受封於邰（今陝西武功縣西南），他的後代，歷經了夏、商兩代，始終都是按時入貢的忠心臣子，傳到古公亶父之時，因爲受不了北方葷粥族的侵擾，率領著族人，遷居到歧山南邊的周原（今陝西省歧山縣），遂自稱為周。

古公亶父有三個兒子，長子太伯，次子虞仲，三子季歷，季歷的妻子太任，生下了兒子昌，古公亶父特別喜歡這個小孫子，因為他友愛兄弟，孝順父母，生性仁慈，虛心向學，古公亶父經常摸著這個小孫子的頭說：「以後，周人要興旺，就得靠這個孩子啦！」

太伯和仲虞聽了父親的話，知道他有意將王位傳給小兒子季歷，只因為長子繼承制度的關係，只要有他們兩個在，季歷就不能繼位，古公亶父也不願明說而已。明理的兩個兄長，就一同相約，躲避到南方的荒野去居住，讓古公亶父，可以名正言順地傳位給季歷。

季歷即位以後，修行道義，發展農業，驅逐四周的蠻夷，使得國勢蒸蒸日上，力量更為強大，因而惹來了商王文丁的警戒，派人將季歷騙來國都殺死，季歷的兒子姬昌，於是繼位。

此時的周，已是西方的大國，姬昌則成為西方一個重要的領袖，有著西伯之稱，他力行先賢的事業，仁民愛物，敬老扶幼，禮賢下士，歷經多年的努力，將周治理得比父親在位之時更加興盛，從而建立了極高的聲望，許多各地的名士，皆來投奔，太顛、閎夭、散宜生、鬻子等人，紛紛前來西伯姬昌的帳下。那鬻子據說投奔周的時候，已經很老很老了，姬昌覺得，這位仁兄已經這樣蒼老，還能幫助他什麼呢？於是笑著問他：「先生，您的年齡有多大啊？」

鬻子回答：「已經九十歲啦！」

西伯笑了笑：「您這麼大的年紀，應該在家好好休養才是啊！」

鬻子搖搖頭：「您這麼說可就不對了，我這把年紀，要我撲熊捕鹿，行軍打仗，可能算老，可是讓我坐著出謀策劃，我還年輕得很哪！」

姬昌覺得有道理，連忙對自己先前輕視的態度道歉，將他分封到楚，予以重用。

就在姬昌勵精圖治之際，商的君主帝乙死去，帝辛即位，人稱紂王，此君聰明過人，能言善道，又天生孔武有力，能以赤手和猛獸搏鬥，他即位之初，曾經一度有著重振商朝聲勢的幾番作爲，訓練了強大的軍隊，征伐了幾個不聽話的小部落，然而時間一長，驕奢荒淫的本性便顯露了出來，在國都殷附近的朝歌大興土木，，建造了美輪美奐的宮殿，並且居住在那裡，日常生活的用度開銷越來越爲龐大，對於各國入貢日漸減少的情況，非常不滿，於是大會諸侯於黎，制定十分嚴苛的入貢規定。

西方的周人也在諸侯之列，西伯姬昌代表族人，前往朝歌入貢，那時各方皆有諸侯聚集在朝歌，由於西伯姬昌的聲望很高，受到了各方諸侯的仰慕，紛紛前來問候。這讓紂王覺得很不是味道，悄悄地詢問左右：「那個被一群人圍著的老傢伙是什麼來歷？」

左右答道：「那是西伯姬昌，西歧周人的首領，據說十分的賢德。」

「賢德？」紂王冷哼一聲：「就算再賢德，能比得上天子麼？」

這時，有個崇地的領袖名叫虎，人稱崇侯虎的，素來與周人有著地界上的糾紛，對紂王說道：「大王千萬不可大意，現在這個姬昌，積善累德，以仁愛治國，同時富有謀略，四周的諸侯對他都十分擁護，而且他的世子伯邑考，聰明而有德，將來他繼位以後，對於大王將十分不利呀！」說著往那群圍著姬昌寒暄的諸侯當中一指，接著道：「您瞧，那裡頭的九侯和鄂侯，就是擁護姬昌的死忠派，將來難保哪一天不會……」他放低了音量：「大王，不如趁此時機，翦滅敵人，才是我大邑商的長遠之計呀！」

紂王左思右想，臉上神情陰晴不定，最後，他拍了拍崇侯虎的肩膀，稱許地說道：「不錯，你很好，是寡人的忠臣，如果臣下個個像你這樣忠心耿耿，倒省了寡人不少精神！」叫左右靠近，交代了幾件事情。

朝見完畢，貢品均已奉上，姬昌等人，正準備打道回府，突然，一群手持利刃的侍衛，湧上前來，將他團團圍住，對他說道：「大王有令，察西伯姬昌圖謀不軌，予以暫時囚禁！」

姬昌轉念一想，便料到大概出了什麼事情，點了點頭，隨衛士走去。

紂王將九侯、鄂侯全都殺了，只這西伯，因為勢力龐大，不敢對他太過處置，於是，命人將他囚禁在羑里（今河南省湯陰縣），嚴加看管。

當初，姬昌的父親季歷，也曾面臨同樣的窘境，然而，季歷的個性太過剛直，被當時的天子文丁以一個不敬的罪名給誅殺，因此，姬昌知道，他必須忍耐，忍過一時，才能成就大業。

這時，遠在西歧周人部族的世子伯邑考，聽見了父親遭到囚禁的消息。他本是個至仁至孝的個性，得知此事，立時憂心如焚，連忙兼程趕赴朝歌，希望能夠搭救父親。

紂王一聽伯邑考前來，心中大喜，說道：「我正擔心他會有什麼不利我朝的舉動，想不到他竟自己送上門來了！」一個極爲殘忍的計劃，在他心中浮現，並且付諸實行。

可憐的伯邑考，還沒見著父親，就被紂王的銅甲衛士給抓住，不由分說的處死，死後，他的屍首被大卸八塊，丟進鍋子裡煮，煮成一鍋肉湯，送到羑里去給西伯，對他說道：「這是大王賞賜的肉羹，你如果識相的話，就乖乖的把它給吃了吧！」

姬昌看見衛士臉色有異，知道這碗肉湯絕非平常，可是又想不出紂王會拿什麼法子對付他，心一橫，大不了下毒，將我毒死也就算了，反正到時候，我兒伯邑考繼位，也能將周治理得更加興旺！頭一仰，將一整碗肉羹，囫圇吞下肚裡。

衛士回朝歌向紂王稟報此事，紂王樂得不可開交，對左右大臣們說道：「你們說這個西伯有多賢德？虎毒還不食子呢，這傢伙卻連自己兒子的肉都吃，我看他根本是浪得虛名。」於是漸漸放鬆了對姬昌的戒心。

周的臣子散宜生，當初曾蒙姬昌賞識，才作了高官，決心要報恩，於是準備了大量的財寶，準備趕赴朝歌，買通人在紂王面前說好話，搭救姬昌，可是轉念一想，紂王的宮殿裡，什麼樣的金銀珠寶沒有？拿著這些東西去，頂多讓他瞧上兩眼，就送進庫房裡去了，不如帶一些比較容易吸引紂王注意的東西去，更容易成功。

他訪求西方犬戎氏，尋得全身純白的駿馬三十六匹，又到荒山野領的野蠻部落之間，買來了雪白的千年老狐，其他像珍貴的珠玉，絢麗的寶石，繽紛的貝殼，不一而足，更挑選了十位美女，打扮得漂漂亮亮，隨著珍寶異獸，一同獻上。這些奇珍異寶，送到了朝歌，果然讓紂王大開眼界，頻頻把玩，愛不釋手，又把美女叫來跟前，細細打量，樂得眉開眼笑。

散宜生一見時機成熟，上前拜見：「這些東西，大王還滿意嗎？」

紂王瞄了散宜生一眼，問道：「你是誰呀？」

「我是送這些寶貝來的人呀！」散宜生假裝十分謙卑順服的模樣，說道：「這些都是周人的一點小小敬意，只希望大王回心轉意，放了西伯一馬，以後，還有數不盡的珍寶美女奉上呢！」

紂王開心地笑了起來：「不錯，不錯！姬昌果然沒有異心，當初看來是崇侯虎多心了，光是這些寶貝怪獸的，就可以贖姬昌的罪了，更何況……」他的眼睛色迷迷的，嘻嘻笑道：「還外帶了這十個如花似玉的美人！」

「那麼……」散宜生問道：「西伯姬昌，是不是可以把他給放了？」

「放，放！」紂王下令：「快傳！赦免姬昌的罪過，讓他回國，仍任西伯之職。」

姬昌歷劫歸來，本來可以鬆一口氣，可是當他一回國，就聽見伯邑考遇害的消息，不禁老淚縱橫，痛哭失聲，回想起當時那碗來路不明的肉羹，心下料到了十之六七，更是難過得幾天都吃不下東西。

散宜生勸道：「主公節哀！如今世子雖死，但是，主公尚有其他賢德子嗣，可以繼承主公大業。」

「沒人啦，沒人啦！」姬昌哭著道：「其他幾個兒子，沒有一個比得上伯邑考，周人的命運世道，只怕在我這一代，就要衰微啦！」

散宜生說：「不然，其實，微臣此番散金救主，全是主公之子發的意思。」

姬昌透過哭得紅腫的雙眼，往眾子嗣的方向望去，但見次子姬發，似乎偷偷地看了他一眼，隨即又低下了頭，可是神情之中，卻絲毫不掩堅毅之色。

年老的西伯點了點頭，沒再多說什麼，只對眾臣說道：「如今天子暴虐無道，我周人欲求生存，只有一個字：忍。」

他獻了不少土地給紂王，博得紂王歡心，自然就不再對周太過苛求，讓周人得以在安定之中發展，經過許多年的努力，將周治理得更爲井井有條。

姜太公釣魚

伯邑考之死，帶給姬昌極大的打擊，他的健康情況一天不如一天，卻仍終日爲著政事奔忙，同時，散宜生的一席話，讓他開始注意起他的二兒子姬發。

姬昌本來不是很喜歡這個兒子，覺得他的性情太過嚴苛寡恩，不如長子伯邑考的仁愛慈孝，和他的個性也不大相合，不過，當他開始積極培養姬發，與姬發的接觸趨於頻繁以後，他漸漸有了不同體認：如果伯邑考繼位的話，將會是個完美的守成之君，延續他治理邦國的方法，使周人安居樂業，順服在商的統治下；如果是姬發繼位的話，他會是個創業之王，他將率領著周人，席捲天下。

姬昌思前顧後，輾轉反側，琢磨著自己的想法：「掌握天下？與大邑商相爭？那不是和當初商湯弔民伐罪一樣嗎？我的兒子裡，能夠出現這樣的人物？」想著想著，臉上不由得莞爾，「想那麼多又有何用？不如一切順其自然吧！兒孫自有兒孫福。」

第二天，他一大早就把姬發叫來，對他說：「今天，我要帶你出外狩獵，順便讓你和我一同巡視領地。」

出發之前，姬昌不能免俗地，請卜筮之人，對他們此去安危，先行占卜一番。

負責占卜的巫師，裝模作樣了半天，最後說道：「主公，您這次與世子出獵，恐怕無法捕到什麼獵物，不過，奇怪呀，奇怪！」

「什麼事？快說！」姬昌有點不耐煩地道。

「龜甲上裂紋告訴我，主公此行，將迎回眞龍！」

那占卜之道，本是商的傳統，姬昌本就不大相信，況且，當初他被囚羑里之時，曾經對伏羲八卦，仔細推敲，最後甚至推算出六十四卦，要說占卜，說不定他比那巫師還要更行，於是笑了笑：「那好，我今天就出去逮條龍回來，讓大家看看龍生得什麼模樣。」

出了宮殿，姬發問道：「父親，那龍本是傳說之物，相傳當年，皇帝有應龍相助，應龍驅趕猛獸助戰，方才戰勝蚩尤，此非人力之所能爲，所以後來，才有應龍爲天上神龍轉世之說，這都是神話，父親爲何不說明白呢？」

姬發道：「這些爲父當然知道，那些巫師卜筮之人，本想假借怪力亂神，擾亂人心，商國就是這樣，才會趨向沒落，這點你千萬要記住。」周人遠不像商人那般迷信，由此可見一般。

父子二人，帶了輕車簡從出獵，果然沒有什麼斬獲，畢竟考察風土民情，藉機教導姬發治國之道，才是姬昌此行主要目的。行至渭水之濱，但見山水秀麗，讓人心神暢快，忽然看見一個老人，坐在江邊垂釣，這本不奇怪，奇怪的是，那老人的釣線之上，掛的不是魚鉤魚餌，只綁著一根針，而且也沒有放進水裡，距離水面還隔著一段距離。

眾人面面相覷，心想怎會有如此怪異的釣者，姬發乃上前詢問，那白髮釣者，紋風不動，只微微一笑，說道：「我釣江中魚，絕不強求，只求願者上鉤。」

左右掩嘴而笑，姬昌父子二人亦不覺莞爾，心想這人大概是釣魚一無所獲，一氣之下，精神錯亂了，便不再理他，繼續前進。

走到前面不遠的一個村莊，和人談起那個怪異釣客，村民說道：「那位老先生名叫姜尙，據說是個修道之人，上知天文，下知地理，有著經世奇才，對天下大勢，特別有一套！至於釣魚嘛？嘿嘿……」

姬昌父子聽了，對望一眼，二話不說，立即折返，回到江邊，看見那名叫姜尙的老人還在用他的直鉤垂釣，便上前攀談，短短幾句話，就讓西伯姬昌驚嘆不已，大爲折服，對姬發說道：「我當初找來的那些人才，不論太顚、閎夭，甚至於我有恩的散宜生，都是能夠替我治國的人才，可是，若論平定天下，可就沒人能夠比得上眼前這位了。」頓了頓，又道：「當初我的先祖，就曾說過，將有一位聖人，來到周國，周因有他，得以大大的興盛，看來，今天終於給我遇上了。」說罷長嘆一聲：「眞龍，降生啦！」

姬昌一面說，一面與那老者的眼光，同時投向年輕的姬發。

老者不再多言，緩緩的收起那絕對釣不到魚的釣竿。

這名老者，就是後來赫赫有名的姜子牙，本名姜尙，人稱姜太公，因爲他的協助，武王姬發，才能順利興兵伐紂，建立周朝的基業。

不過，面對立國六百餘年的商朝，等待在武王和姜子牙面前的，是一段艱辛的未來。

第二章：周朝建立與封建制度

武王興兵伐紂，周人滅商，造就了無數的神話故事，中國傳統章回小説《封神演義》便是這些神話的集大成者，把姜子牙塑造成一個無所不能的傳奇人物。

不過，周的制度，一直到周公當國的時代，才算完全確立。

封建制度，讓全天下的諸侯，全奉周天子的號令，與夏商時代的部落政治，全然不同，每一個周朝的臣民，都是這個制度下的一份子。

此時的華夏文明，進入了一個嶄新的時代。

武王伐紂

荒淫無道的紂王，其殘暴的程度更勝從前那個使得夏朝滅亡的暴君夏桀，這在他即位之初，就已能夠看出端倪，當時他曾經因爲覺得竹筷子不好看，便請工匠替他作了雙漂亮的象牙筷子，他感到十分高興。這本是小事，可是看在他的叔父箕子的眼裡，卻覺得憂心無比，他說：「現在大王用象牙作筷子，以後就會要玉做的杯子，有了玉做的杯子，就不會願意用陶土器皿吃飯，不會願意穿短衣褐衫，更不會願意住茅草矮房，這樣下去，他的慾望深坑永遠無法塡滿，一定會叫人到天下各地去尋訪奇珍異寶，壓榨金錢！」

旁邊的人聽了，只覺得箕子未免太過憂慮，只有微子啓、王子比干和老臣商容認爲箕子的話有道理。

後來的事實證明箕子的話並沒有說錯，他甚至說得太過保守了。紂王爲了討好自己最寵愛的妃子妲己，不但興建了雄偉無比的宮殿，還在朝歌大興土木，費時七年，修建了一座周圍長達三里、高達千尺的建築，以玉石裝飾大門，以珠寶鑲嵌室內，雕梁畫棟，美不勝收，取名爲鹿臺，又在鹿臺附近，興建一個廣大可行船的池子，在裡面注入美酒，池子周圍，放置各種烹調得香噴噴的肉類，稱作酒池肉林，整天與妲己和一干貴族宮女，在酒池肉林中追逐嬉戲，渴了就趴在池邊喝酒，喝得醉醺醺的，一些生性殘忍的貴族，藉著酒興，把平常從不被他們當人看的那些奴僕婢女，用繩子綁了，對他們嘿然笑道：「來呀，來呀！請你們喝酒，酒很多，喝不完啦！」然後把他們推進酒池裡淹死。

整個朝歌，甚至整個商朝，上行下效，政令所能及之處，全都瀰漫著這股靡爛的氣氛，少數的忠臣賢士，對此亂象，敢怒不敢言。

反觀周人，則有著一番全然不同於朝歌的氣象。

得到姜子牙的姬昌，利用原本已累積得十分雄厚的實力，開始了他與商朝對抗的事業。原本，他還不大願意這麼做，認爲商王雖然暴虐，可是當初成湯伊尹建立的氣數，應當不至於就此衰微呀！可是姜子牙、散宜生，以及從紂王那兒投奔過來的辛甲大夫等人一再勸說，道：「商朝傳了六百多年，就算眞的有什麼氣數運勢之說，那也早就在武丁的時候用完了，別忘了，當今天子的祖父，正是主公您的殺父仇人呢！」姬昌終於願意仔細思考這個問題。

除了姜子牙等人的勸說之外，一而再，再而三的從四方各地前來依附的小國君主，也是讓姬昌決定和商朝翻臉的原因之一。那些原本各據一方的小國君主們，驚惶的神情當中帶著一股恨意，哽咽著對姬昌說道：「我們的祖先，一向都是商王忠誠的附庸，依照著成湯所制定的什一稅率按時繳納，與世無爭，可是自從紂王即位以後，每年收成的一大半，都被他給要了去，他還不滿足，要我們到處搜羅奇珍異寶進獻，連我們的女兒，都被他搶了去當作歌伶婢女，西伯啊！現在我們的領地裡，莫說是百姓沒飯吃，就連宗氏，都給餓死了一大半，您一定要替我們主持公道！」

姬昌聽得嘆氣連連，口中忙著道：「嗯……你們這麼說，其實不是很對，應該先讓百姓吃飽了，才想到宗氏呀……」這話說得連他自己都覺得實在很沒個性，於是深深吐一口氣，向小國君主們保證，他一定會讓王道振興。

「既然如此，」一個小國君主對姬昌說道：「西伯爲振興王道，受命於天，應當即位爲王，以與商成分庭抗禮之勢！」其餘眾人亦紛紛拱手請命。

姬昌待要推辭，心想周人滅商，已是必然的趨勢，犯不著那麼急著稱王，惹來商紂的疑心，且與禮法不合。

這時，姜子牙卻在一旁悄聲說道：「成大事者，不拘小節。」

姬昌立刻了解了姜子牙的意思，如果此時稱王，將可號召更多諸侯來歸，何爲禮法？有道者就是禮法。於是，姬昌就在西方各國諸侯的擁戴下即位，號稱周文王。

遠在朝歌的紂王，聽見這個消息，置若罔聞，仍舊鎮日喝酒玩樂，微子向紂王上諫：「大王如果再這麼玩樂下去，只怕讓整個社稷，毀於一旦啊！」

紂王很不服氣，說道：「寡人受命於天，難道天神還不會來保佑我麼？要你在那裡造謠生事！」隨即對左右衛士說道：「轟出去，轟出去！」

微子一面被衛士推著出了宮門，一面心裡想道：「想當初，夏桀還不是自比爲太陽，還不是照樣成了亡國之君？你受命於天，只怕也不會有好下場！」越想越灰心，當晚，就收拾家中細軟，逃出了朝歌。

沒有人知道他究竟逃去了哪裡。

紂王被人上諫得心煩，對愛妃妲己說道：「寡人乃眞命天子，可是偏偏有人懷疑寡人，成天拿那些老生常談在寡人耳邊囉唆，總有一天，要讓他們看看寡人的厲害！」

妲己道：「大王要用什麼辦法呢？」

「第一個辦法很簡單，只不過必須勞師動眾，你倒是猜猜看！」

妲己微微一笑，豔光四射，柔聲道：「想必是大王決定向那些不聽話的諸侯們，顯顯自己的

有？」

威風吧？」

紂王附掌大笑：「你眞聰明！東方有群蠻夷部落，要他們稱臣，他們答應了，要他們納貢，卻推三阻四，寡人決定給他們一點顏色瞧瞧！」他頓了頓，又問：「那第二件呢？猜出來沒有？」

妲己搖搖頭：「臣妾猜不出來。」

紂王笑容未斂，卻已顯出一絲殘忍的神色：「一些不識相的老傢伙，整天在寡人耳邊嘀嘀咕咕，爲什麼？就是因爲寡人制定的刑法不夠嚴格。昨天夜裡，不是有婢女在替你燙衣服嗎？寡人瞧著，有隻螞蟻，爬上了熨斗，結果，滋……」

妲己一拍掌，恍然大悟：「大王是想用熨斗去燙那些愛亂說話的傢伙！」

紂王輕輕地在妲己的粉嫩臉蛋上捏了一把，愛憐地笑道：「你這個小聰明！一猜就猜中寡人的心思，只不過，我可不會對那些傢伙這麼客氣！今天早上，寡人已命令工匠，鑄造空心大銅柱，和大殿上的柱子那麼粗，裡面可以生上炭火，烤得通紅，這時候，再把那些傢伙的衣服扒光，要他們往銅柱子上一抱，嘿嘿，嘿嘿……」

妲己陪著大笑，嬌喘著說道：「那不是和烤肉一樣嗎？好玩，好玩！臣妾想看！」

紂王滿心歡喜地牽起妲己的手，來到正殿，大殿之上，已然豎立起一根比大樹還粗的銅柱，隱隱泛著紅光，顯然已經烤得熾熱異常，工匠在銅柱之前，仔細檢查著那銅柱的火候。

「寡人要你辦的事辦妥了沒有？」紂王劈頭就問那工匠。

工匠面有難色，說道：「大王要小的在一天之內鑄造這麼大的銅柱，又要能耐得住火烤，小的盡力趕工，柱子是鑄好了，就怕耐不久……」

紂王繞著柱子轉了兩圈：「挺好的嘛！」隨即瞄了工匠一眼，說道：「你，自己上去試試！」

工匠陪著笑，以為那是句玩笑話：「大王，這……這可是會出人命的！」

紂王板起了臉：「怎麼？你以為寡人會隨便說說嗎？」

工匠大驚失色，跪了下來，哭喊著道：「大王，冤枉啊！小的犯了何罪？」

「你剛才自己都說了啊，這柱子沒法一直用火烤，耐不久。寡人先前的命令怎麼說的？一日之內，造出一只可以耐得住火烤的銅柱，你沒辦到，這就是欺騙寡人！欺騙寡人，當然是死罪一條！」紂王自己胡謅了一篇大道理，越說越覺得理直氣壯，大聲喝道：「來人，上刑！」

左右衛士不知這種刑罰如何處理，楞了一會，紂王立時道：「笨蛋，讓他去抱這柱子不就得了？」

衛士得令，架著已經失了魂的工匠，往那銅柱上推過去，只聽見一陣哀嚎夾雜著吱吱作響的聲音，空氣裡瀰漫一股焦味，那可憐的工匠，登時被自己鑄造的銅柱給活活燙成一團焦炭。

那美豔的妲己，在一旁看著，臉上露出不以為然的神色，這大出紂王的意料，連忙問道：

「怎麼，你覺得太慘麼？」

妲己搖搖頭，道：「大王，臣妾只是覺得，大王這法子，可以再改一改。」

「怎麼改？」

妲己道：「柱子容易燒壞，因爲它是空心的，如果鑄個實心的柱子，在周圍生上火，一樣能把柱子燒燙啊！咱們先讓人在柱子上抹了油，這時候，再叫犯人往柱子上爬，那樣，一定會比就這麼『滋』一聲好玩得多！」

「但是，怎麼讓那些犯人乖乖往柱子上爬呢？」

「您可以叫底下人用鞭子打他們哪！他們痛得受不了，自然就會去爬柱子了。」

紂王一聽，樂得眉開眼笑：「對對對！我竟然沒想到這一點，愛妃，還是你聰明啊！」

他們二人共同發明的這種刑罰，名爲炮烙，自此之後，數不清的直諫忠臣與無辜百姓，死在這種幾近變態的刑法之下，直到姬昌自願獻出洛水以西的領土，請求廢除炮烙，這種刑罰才得以去除。

對這時的周文王姬昌而言，這一點小小的土地，已經不足爲道了，幾年的時間裡，他指揮著周人的大軍，已經先後驅逐了西方的蠻族犬戎，接著消滅了東方的密須以及黎國兩個殷商的屏障，他已不再將商朝尊稱爲「大邑商」，而以其首都之名，稱之爲殷，目的是爲了將商朝降低爲一個普通的諸侯國地位，使周取得對等的態勢。

這時，阻擋在周人與殷人之間的，只剩下崇國而已，崇國的勢力強大，且始終和殷商關係良好，如果貿然進攻，只怕殷人前來援助，寡難敵眾。後來，文王聽說了紂王親自率軍攻打東夷的消息，這才決定興兵討伐崇國。

崇國的國君崇侯虎，當年曾在紂王耳邊嚼舌，使得周文王差點命喪朝歌，此仇若是不報，姬昌無論如何嚥不下這口氣，奈何崇侯一向自恃紂王寵幸，四處搜刮民力，替自己建築了高大堅固的城郭，周人大軍一來，他將城門一閉，周人便難以進攻。

於是，周文王便召來了世子發、周公旦、召公奭、畢公高等人，與姜子牙一同討論攻城之法。

文王道：「我軍多次催戰，崇侯虎卻始終閉城不出，這對我軍極為不利，不知各位有何見解。」

畢公高說道：「這城外附近樹木茂密，可以為用！我看，不如砍了來，將大樹的樹幹削尖了，造成衝撞車，衝破城門。」

周公旦說：「此法雖妙，可是，我軍在衝撞城門之時，他們如果在城上投石射箭，將造成我軍極大損傷。依我看，不如將車造得極高，造得比城牆還高，車上勇士，手執利刃弓箭，沿車而上，攀上城牆，與守城敵兵廝殺。」

姜子牙說：「我認為還可以在車上裝兩個鉤子，車一到城邊，便將城牆鉤住，這樣，就更穩當了。」

文王沒說話，看了世子發一眼，姬發點點頭，說道：「第二個辦法好。」隨即下令，依據周公的辦法，建造樓車，由世子姬發擔任監督。

那崇侯虎，與朝歌的王宮貴族一般驕奢淫逸，指揮作戰對他來說十分的痛苦難熬，拖著疲累的身軀，在城中四處巡查，只覺周人軍勢雖大，卻一連好幾天都沒有動靜，料想是懼怕了城垣高大，便鬆懈下來，好不容易到了夜裡，決定回宮中休息，卻突然聽見殺聲大作，趕往城頭一看，大驚失色，周人軍隊，手持火把，如從天而降一般，跳上城來，揮舞著刀劍砍殺，在火光閃耀下，一個個猶如鬼魅，不多時，便將守城軍隊殲滅殆盡，崇侯虎也死在亂軍之中。

文王率大軍進城，安頓已定，次日，巡視全城，覺得此地形勢險要，城郭宮室都建築得堅固完備，於是下令將國都搬遷至此，並改地名為豐，據地利之便，可以直接與商人對決。

消滅崇國，等於翦除了殷商的羽翼，周人實力，已經遠遠超越殷人，更多的小國前來投靠，周人版圖，已形成三分天下有其二之勢，只不過，這時文王的身體狀況已經漸漸不行了，他把兒子姬發叫來跟前，對他說：「如今我周人勢力雖強，不過將來你繼了位，還得要再觀望個幾年，才能伺機而動。」

「父王身體強健，說什麼兒臣繼位之事，未免言之過早。」

文王淡淡地一笑，說道：「我都已經這把年紀了，還說什麼身體強健呢！你只要記住，我替你網羅的那些人才，你一定要善加利用，還有你的那幾個兄弟，也都是安邦定國的人才，將來你成就大業，不能不依賴他們。」

「是！」

文王長嘆一聲：「就盼著這一次，紂王東征，能夠消耗殷人的國力！」

紂王在東方的戰爭十分順利，讓他大爲驕傲，他終於向那些以爲他只知道玩樂的老臣們，證明了自己統兵作戰的能力，同時，也如同向世人宣稱，立國六百餘年的商朝，並不是那麼容易就被擊敗的。

班師回朝後，紂王先後接獲了崇國被周人所滅，以及西伯姬昌病故的消息。前一個消息，讓他的心往下一沉，可是後一個消息，卻讓他一掃所有的不快，他放聲大笑：「這老傢伙，早就該死了，整天弄得我心神不寧！」

回到後宮，他又整天和妲己以及眾多美女廝混在一起，他們的花樣越玩越多，炮烙之刑已經廢除，對他們而言並無所謂，反正早已經看膩了，某個初春的早晨，天氣嚴寒，妲己在城樓上向遠方眺望，看見一老一少兩個涉水而過的農人，老的那個挑著一擔柴，涉水之時毫不猶豫，如履平地，可是年輕的那個，看似強健，到了水邊，卻只敢慢慢伸足下水，不住顫抖著緩緩而行，好不容易到了對岸，仍顫慄許久，才敢繼續前進。妲己便和紂王打賭，說爲什麼同樣赤足涉水，老的人反而不怕冷，那是因爲老人的腿骨當中充滿血髓的緣故。紂王不信，派人將那兩個農人都抓了來，砍斷了他們的腿，一看之下，果然正如妲己所言，老的那個腿骨之中的血髓眞的比年輕的那個多。

老臣比干聽說此事，連忙入宮求見，他咄咄逼人地質問紂王：「方才聽說大王砍下兩個百姓的腳脛，不知他們犯了什麼罪過？」

紂王沒有說話。

比干見狀，立時知道那兩個百姓根本是無辜受害，於是勸諫道：「天子，是上天派了來爲黎民百姓做主的，應該一切以百姓需要爲依歸，現在，大王不但放任費仲、雷開之流的小人對百姓橫征暴斂，讓國家危如累卵，現在，大王又胡亂殺害百姓，這起不是要讓人心盡失嗎？想當初成湯、太甲、盤庚、武丁，費了多少精力才造就大邑商的局面，如今就要被大王葬送了，大王不覺得愧對祖先嗎？」

紂王不耐煩地說道：「你說完了沒？說完了就滾，少在那裡妖言惑眾！」

「不！我不走！」比干一拱手，堅定地說道：「大王不肯納諫，商必滅亡，老臣不能坐視！」說罷，站在宮廷正中，任憑奴僕再三催促，說什麼也不肯走。

紂王的怒氣越來越盛，他瞪著比干，沉聲說道：「寡人被你這麼一說，成了個無可救藥的昏君，只有你是聖人是吧？我從前聽說，聖人的心有七竅，今天我就把你的心剖出來，看看是不是有七竅，看看你是不是聖人！」他大喝一聲：「來人！把這老傢伙拖出去，挖出他的心，再給我呈上來！」

箕子在家中聽見有人向他報告此事，連忙趕赴宮中，然而爲時已晚，比干已經屍橫於地，胸口被刨了一個血淋淋的窟窿。箕子幾乎難過得快要哭出來，比干這一死，朝中只剩他孤身一人了，就在悲嘆之時，又有幾個奴僕拖了具婦人屍首出來，那婦人衣衫光鮮，卻是肚破腸流，箕子掩住了臉，悄聲問奴僕：「這是何人？」

奴僕偷偷往宮殿的方向瞄了一眼，確定沒有別人，這才壓低了嗓子回答：「此人乃比干之妻，聽見大王要殺比干，趕了來要請求饒恕的，想不到，大王和和妲己那妖……那王妃看見她腹部隆起，知她有孕，兩個人便打賭，猜這腹中是男是女，便讓人把胎兒給挖了出來……唉！」

箕子聽完，又悲又怒，只覺眼前一片黑茫茫的，差點昏倒，等好不容易站穩了，顫聲對宮中奴僕們說道：「快！快給我通報去！今天，就算拚了我這條命，我也要罵一罵這個昏君！」

奴僕們面面相覷，其中一人勸道：「大人，這……恐怕不是明智之舉，大王今天殺人已經殺出興致了，您這一去，只怕惹禍……」

「你別管！給我通報去！」

奴僕們知道攔不住了，只得進宮通報。

紂王此時正和妲己飲酒，聽見箕子要來，冷哼一聲，對妲己道：「才殺了比干，又來個箕子，這些鬼傢伙，非得證明自己是聖人不可嗎？」揮了揮手，吩咐道：「別讓那老小子進來了，把他給我關起來，讓他當個奴隸！」

箕子聞聽此訊，連話也說不出來了，他的臉上，只帶著一抹失望到了極點的微笑。

奴僕嘆了口氣：「大人，主命難違，您就跟我們去了吧！」

箕子縱聲狂笑：「哈哈哈！國之將亡，必有妖孽，你們看，那是什麼？」奴僕們順著箕子所指的方向望去，什麼也沒瞧見，箕子又哭了起來：「沒有，什麼也沒有！」說著將頭髮披散下來，衣服也扯破，還沒被押解到拘禁奴隸的處所，已經成了一個徹頭徹尾的瘋子。

奴僕們將此事回報紂王，紂王喜道：「瘋了嗎？那可太好了，以後，寡人的耳根子終於可以落個清靜！」

其實箕子並沒有瘋，他的一切作爲，全都只是表演，原本已不想活的他，轉念細思，認爲自己實在沒必要爲了這樣的昏君枉送性命，索性裝瘋賣傻，讓紂王對他不再提防，以便日後另作打算。

他知道，目前聲勢如日中天的周人，必定會將這個昏聵無道的君主剷除。

文王死後，姬發繼位，是爲周武王，即位之後的第一件事，就是派出大批密探，前往殷商刺探情報。他謹尊父訓，並沒有立刻對殷商發動攻擊，表面上對殷商仍舊順服，聽從殷商的敕令，受封爲西伯，實際上已將全天下絕大部分的諸侯國，納入自己的版圖。周人治國方式與夏、商皆有不同，所有諸侯，均須經由冊封，地位才得以確立，因此，主從之間的關係，較夏商更爲明確，統治範圍也更加嚴密。

密探來報：「朝歌局面，已混亂不堪，忠臣賢人被殺的被殺，被關的被關，朝中善類已空，一切事務，顛三倒四，是非不明，烏煙瘴氣，人民怨聲載道。」

畢公高說：「這還得了？我們應當趕快出兵，爲民除害！」

武王卻只是笑了笑說：「還不到時候呢！再等一等吧。」

過了一陣，密探再度來報，說道：「朝歌情況已經更糟了，章法制度，全被破壞，連那些貪官污吏，也人人自危，賺飽了一票以後，就攜家帶眷的逃亡，可是還來不及逃出朝歌，就被憤怒的百姓拿著石塊鋤頭給活活打死了。」

周公旦說：「兄長，是時候了吧？殷商國勢，靡爛衰微，不可讓它存於世間了！」

誰知周武王仍然搖了搖頭：「還不到時候，再等個幾年。」

又過了一段時間，密探回報：「最近，朝歌方面的情況似乎平靜了許多，自從比干被殺，箕子遭囚，朝中沒人敢向紂王上諫，就連老百姓也都不說話了，他們只管種自己的田，做自己的事，看起來似乎挺安靜的。」

畢公、周公與召公都沒再說話，他們的表情似乎有些責怪武王不曉得趁機行事，才使得殷商有了休養生息的契機。姜子牙也是一語不發，不過他面帶微笑，似乎正等著武王有什麼指示。

武王說：「這下，時機總算成熟了。老百姓連話都不敢說，豈不是到了滅亡的時候了嗎？」

姜尙頻頻點頭，對武王的看法深表贊同。

武王隨即進行分撥調度。多年來，在幾個賢能的弟弟與姜尙這等奇才的協助下，武王已將周人的版圖治理得有條有理，上下之間的關係制定得非常清晰，人民也有著一套可以依循的制度，一旦需要發兵出征，誰該出征，哪家哪戶該派多少人，大家都知道得清清楚楚。依附在周之下的諸侯國聽說周武王終於決定興兵伐商，自願派遣軍隊參與，讓周人的聲勢更爲浩大。

武王自己率領中軍本陣，由三千虎賁壯士嚴加守護，左翼爲周公旦，右翼爲畢公高，分頭進發，直指朝歌。姜子牙擔任元帥之職，統領先鋒部隊，此外，各路兵馬，皆奉元帥號令，以便事權統一。武王之所以這麼決定，有他的理由，因爲他知道，自己雖爲國君，且有賢能兄弟輔佐，但論起行軍打仗，終究應當託付能人，姜子牙曾著兵書一冊，名曰《太公兵法》，書中所論的各種陣法佈局，可說是變化萬千，神妙難測，因而此役雖名爲武王親征，實際上的指揮者，仍爲姜太公。

周人本部大軍，共有兵車三百乘，甲士四萬五千人，集結於豐城，旌旗飄揚，連綿不絕，浩浩蕩蕩，向東進發，國內政務，悉交由老臣辛甲、太顚等人掌管，沿途所經過的小國，眼見周軍聲勢鼎盛，紛紛率眾前來投靠，姜太公將他們編入陣中，隨時聽候調度。

時值隆冬，寒風刺骨，可是眾將士的內心卻是火熱的，大軍在孟津會師，準備一舉攻向朝歌。這時有兩個白髮蒼蒼的老人，來到軍中，對領軍軍官說道：「伯夷、叔齊求見，煩請通報。」

軍官見這兩人衣著雖然樸實，儀表卻著實不凡，不敢怠慢，連忙通報。

武王一聽大喜，說道：「此二人爲從前孤竹國國君的兩個兒子，年高德劭，耿介剛直，先前請他們來爲我效力，卻怎麼都請不動，這回二人主動前來，必有要事見教。」

誰知兩人一見到武王，便猛潑武王冷水，說道：「周是商的屬下，你是紂王的臣子，臣子怎麼可以去攻打君主？當初你父親爲何遲遲不發兵？就是心中還存了個忠字，如今你即位爲王，便要改變父親的作風，不忠不孝，不忠不孝啊！」

左右聞聽，憤怒異常，怒道：「紂王無道，人人得而誅之，他已經失去了天子的資格，所以我們要爲民除害！你們兩個老頭子，跑來說這種話，動搖軍心麼？」說著便要動手打人。

武王揮手制止，對伯夷叔齊道：「先父未曾發兵，那是忠於殷商，我討伐紂王，那是忠於人民，兩位老人家會來指責我，只不過是和我看待世事的方法不同而已。」便要人客客氣氣地將伯夷叔齊給請了出去。

爲了更加堅定自己的想法，武王在孟津發布檄文，陳列了紂王的所有罪狀，並且重申自己弔民伐罪的正當性，誓師完畢，率軍渡過黃河，直指朝歌。

紂王還在宮中花天酒地，武王出兵的消息，一直被底下人瞞著，沒有人敢來向他稟報，直到周師渡過黃河，才有人冒死進諫。

「有這種事嗎？」紂王還醉得有點糊裡糊塗，說話時舌頭都短了：「西……西伯姬昌不是死了嗎？」

「大王，現在的西伯，是姬發！」左右不敢告知西伯早已稱王的消息。

「把費仲、雷開給我找來！」

那費仲、雷開都是紂王的親信，平日仗著紂王寵幸，爲非作歹，到處搜刮民脂民膏，聽見周人大軍鋪天蓋地而來，根本不敢告訴紂王，本想收拾細軟，一走了之，偏在這節骨眼上，紂王召見，只得硬著頭皮進宮，將詳情全部照實稟報。

紂王一聽，嚇得一身冷汗，醉意全消，「快！」他大聲吼道：「即刻傳令，調撥所有兵馬，上次打東夷擄來的十幾萬奴隸，要他們全部上陣，我要親自督戰！」

費仲等人領命，連忙召集軍隊，把朝歌所有的工匠奴隸，連同東夷俘虜，全都拼湊上陣，囤積許久未用的兵器，也全分發下去，雖是烏合之眾，倒也聲勢驚人，竟比周人以及西方各國的聯軍人數更多，爲壯聲勢，雷開虛報人數，說已集結了七十萬大軍，等候紂王指揮。

紂王十分滿意，點頭道：「七十萬嗎？姬發那裡最多不過五六萬，這下總可立於不敗了！」其實他並不知道，號稱七十萬的大軍裡，眞正還有一點戰力的，只有保護他中軍本陣的那幾千甲士而已。

大軍從朝歌城正門出發，推進至牧野，爲了顯出雄壯的軍威，紂王命全軍一字排開，綿延數里之遙。

這一路周人前鋒也已行至牧野西邊，探子來報，說紂王親自領兵，殷人大軍聲勢浩大。姜子牙問明白了紂王布陣的方法，拍掌大笑：「那紂王故意擺出這種壯觀場面，以爲這樣可以嚇倒我軍，其實這樣根本只讓他的陣型變得薄弱，不堪一擊。」他下令全軍密集排列，不得分散，以兵車爲先發部隊，弓箭手緊跟在後，直接攻向敵軍本陣。

左右之中有懂得兵法的，擔心敵人圈套，說道：「萬一我軍直接攻擊紂王本陣，紂王一退，左右翼上前夾擊，豈不是讓我軍陷入包圍嗎？」

姜子牙微笑搖頭：「我料定殷人大軍，不過是烏合之眾，只要略挫其鋒，必可使之全軍潰散！」

兩軍交鋒，姜子牙命弓箭手朝敵中軍放箭，登時萬箭齊發，如雨點一般直撲商軍，紂王衛士連忙舉盾牌保護，紂王也大驚失色，連忙詢問左右敵軍是誰領軍，左右回答是周的元帥，姓姜名尚字子牙，紂王怒道：「這是從哪個山裡蹦出來的老野猴？膽敢如此羞辱本王，先鋒部隊快上！逮住那個老匹夫。」

姜子牙並不急於求戰，讓部隊先往後退，商人領軍惡來見狀，連忙催動戰鼓，派出一路精銳追擊，誰知這時卻突然從左右兩側衝出數百輛戰車，將這支部隊一舉殲滅，惡來也因此陣亡。

那惡來是紂王大將，一經交鋒便遭擊殺，對商軍士氣打擊甚大，紂王怒道：「兩翼的大軍，就這麼看著嗎？為何不來馳援？」

左右道：「是……屬下這就去傳令！」

誰知那些奴隸組成的部隊，遠遠看見周人不過眨眼功夫，就將本陣精銳消滅殆盡，心中本無戰意的他們，恐懼之心大起，紛紛說道：「我們只是些務農百姓，被強拉來當奴隸就算了，還要上戰場送死，不幹，不幹，不幹了！」說著丟下手裡的戈矛刀槍，轉身逃亡。

姜子牙集中兵力，率軍向紂王中軍猛烈攻擊，紂王敵不過，只好暫時退走，不退還好，一退之下，全軍大亂，棄械逃亡的更多，還有人倒戈向後，企圖從友軍之中殺出一條血路，以便逃走，也有人向周軍投降。

「機不可失，全軍進發！」姜子牙下令：「逮到紂的人，必有高官厚祿賞賜！」

周軍全力進攻，將商軍殺得如同潮水般潰散，紂王身陷重圍，憑著自己孔武有力，單槍匹馬，殺了出去，也不知殺的是敵人還是自己人，逃回朝歌，躲進那美輪美奐的鹿臺。

城外的喊殺之聲漸漸小了，紂王知道，大勢已去，只是他萬萬沒有想到，自己貴為天子，錦衣玉食，縱情聲色，最後竟然落了個這種下場，他一陣昏眩，頹然坐倒在地，不知自己身在何方。

妲己驚惶的聲音喚醒了他，即使那充滿了驚恐的聲音，聽起來仍然如此悅耳，紂王摟著妲己的細腰，輕聲問道：「怎麼了？那麼害怕？有什麼事對寡人說，寡人一定能有法子。」

妲己哭了起來：「大王，外頭的百姓，起來造反了，他們說，要殺臣妾，還要……還要殺大王。」

紂王嘆了一口氣：「這些，其實都是我們自找的啊！」他拉著妲己站了起來，說道：「事已至此，沒別的辦法，只有自殺一途了，如果落進姬發或是那些刁民的手裡，只有更慘。」他仰起頭，看著鹿臺的雕梁畫棟，緩緩道：「我雖爲亡國之君，可終究是個天子，要死，也得有個豪華的葬禮。」

朝歌城的衛士已經全數倒戈，他們和怒氣沖沖的百姓，早已將王宮給翻了過來，能夠帶走的金銀財寶全部帶走，不能帶走的就放火燒了，他們還想找出紂王和妲己，殺了他們洩憤，只是到處都找不到二人的蹤跡，這時有人指著鹿臺大聲叫道：「你們看！」

鹿臺底下，已經燃起了熊熊的火焰，很快地往上竄燒，紂王擁著妲己，站在臺上，狂傲地笑道：「你們這些無知百姓，就等著讓姬發那小子來收拾吧！我永遠是大邑商的天子！」語音未了，滾滾黑煙已將兩人的身影吞沒，一座翠玉環繞，耗費無數人民血汗築成的鹿臺，就這麼被大火所吞噬。

成湯以來，立國六百四十四年的商朝，就在這場大火之中，宣告終結。

分封天下

姜子牙擊垮了殘餘敵軍，鳴金收兵，集合各路軍隊兵馬，整頓妥當，將戰果呈報武王。

「尚父辛苦了。」武王延續著世子以來的稱呼，姜子牙不但是他的忠臣、益友，更是良師。

武王率領著三千衛士與一班重臣，進入朝歌，城內仍是一片混亂，武王道：「傳我命令，凡趁機滋事者，不論貴族平民，一律嚴懲。」他還命人將鹿臺的大火撲滅，衛士稟奏，說是瓦礫堆當中找出三具屍首，一男二女，都被重重珠玉環繞。

「想必這就是紂王了，另外那兩個女的，其中一人，必是妲己，但究竟哪一個才是呢？」武王不暇細思，命人將屍首拖了出來，當著殷商百姓的面，親自朝紂王射了三箭，再將三人頭顱割下，懸掛旌旗之上示眾，替平日飽受荼毒的百姓出了一口惡氣。

鹿臺大火之中尚有許多財寶未被燒毀，武亡命人將這些財寶全數發給百姓，並且開放糧倉，讓貧窮百姓與奴隸都有飯吃，人民歡聲雷動，對這個新天子的恩德感念萬分。

武王還派老臣閎夭主持祭祀殷商忠臣比干，重新整理了他的墳墓，並請召公奭到奴隸的大牢當中放出了箕子。武王對箕子的賢才仰慕已久，親自去訪問他，請教治國之道，箕子雖然不願成爲周朝臣民，然而，眼見武王如此誠懇，箕子仍將生平所學傾囊相授，讓武王大感佩服，對他深深作揖，請他相助。

箕子搖了搖頭：「我是商朝的臣子，現在，商朝敗亡了，我只想當個自由的平民。」

武王雖然失望，卻也不便強求。

箕子離開朝歌，一路往東，沿路上，仰慕他的商朝臣民，都自願跟隨，到了海邊之時，已有五千多隨從，箕子說：「如今天下已屬周人，我不願久居，寧可到海上漂流，尋找立足之地。」後來，他們越過了黃海，抵達了朝鮮，在那裡定居下來，並且教化當地土著，開墾種田，養蠶織衣，漸漸讓當時尙屬蠻荒之地的朝鮮，有了文明的蹤影，箕子也成了朝鮮第一任國君。

除了箕子，那伯夷叔齊，也不願作周朝臣民，他兩兄弟聽說周人滅商，氣得躲到了山上，不肯吃周人的糧食，只依靠著蕨類植物維生，鄰人笑他們：「現在天下都是周人的，你們吃的蕨類，不也是周人的嗎？」

伯夷叔齊聽了這話，覺得很有道理，便連蕨類也不再吃，活活餓死。

從這些例子可以看出，武王雖然取得了天下，雖然從商王宮中，將象徵至高無上權力地位的九鼎，搬進了周的王宮，可是想要順利統治商朝故地，還是必須費一番心思。

首先他必須做的，就是安撫人心。

朝歌一帶的百姓，雖然對紂王的暴行憤恨不已，可是他們畢竟已經接受商朝六百多年的統治，對商朝仍有著仰慕之情，商地的諸侯，也是這種情形，於是，武王便封紂的兒子武庚爲殷侯，留在商地，繼續奉祀商人祖先，管理殷商的遺民。不過這麼做畢竟無法讓武王完全放心，因此他又分封了自己的三個胞弟，管叔鮮、蔡叔度與霍叔處，包圍在殷的旁邊，監視武庚的行動，號稱三監。

所有功臣當中，姜子牙的功勞最大，武王將他封在齊國地方（今山東省榮昌縣），第二是周公旦，獲封於魯國（今山東曲阜），第三爲召公奭，封於燕國（今北京市），其餘宗室功臣、小國君長，皆有封賞，並且將國都遷於鎬京（今陝西省西安市），設立宗廟，祭祀周人歷代祖先，從太王古公亶父，到季歷、文王，皆受奉祀。同時召見天下諸侯，舉行祭祀天地的封禪典禮。

封禪典禮結束後，趁著諸侯尚未返國，武王當眾宣佈：「我受命於天，故取殷而代之，當今天下已定，各國之間，不應再動干戈！」便立刻下令將牛馬都遣散到野外去，兵器全都用皮革包裹妥當，甲冑塗上了油，全部收進庫房裡去，已是不願再看到戰爭的心意。各國諸侯見狀，覺得既然天子如此，臣民理應仿效，回國之後，也紛紛照辦。

鎬京城外，周公旦親自來替姜太公送行。姜太公年事已高，受封齊國，準備就國安享晚年，而周公旦則被兄長留了下來幫他治理國家，並且教導太子，作太子的師傅。

「太公！」周公說道：「您這一去，不知何時才能再得一見啊！」

姜太公笑了笑：「我這個河邊釣叟，如今也成了一方諸侯囉！對了，講到治理國家，你的經驗比我豐富，你打算怎麼治理你的國家？」

周公想了片刻，道：「以禮讓仁愛相待國人，尊敬賢德有才能的人，這大概是我準備治國的方法吧！」

姜太公說：「你這麼做是不錯，可是只怕國家強不起來，我倒有個法子，尊敬賢德有才能的人，並且重用有功勞的臣下，如此，國家必定強盛。」

周公表面沒說話，心裡卻覺得，如果真的這樣做的話，遲早有一天，國家一定會被權臣所篡奪。

送走了姜太公，回到鎬京城內，周公萬萬沒料到，第一個聽見的消息，竟然是武王生病了。

周公東征

武王即天子位後，整日勤於政事，從伐紂滅殷、分封諸侯、封禪即位一直到建都鎬京，一刻也沒停過，有時候忙到連飯也忘了吃，覺也忘了睡，如此下去，幾年下來，怎能不生病？周公之前就勸過他好幾次，武王卻只是微笑以對，說道：「我繼承父志，取得天下，若不能好好治理，只怕愧對祖先。」

此時，殷商方滅，天下未定，武王一生了病，只怕又要出亂子，周公進宮探視，眼見短短幾年之間，一個英姿風發的開國雄主，已經病成一個瘦骨嶙峋的乾癟老頭，心中雖不勝唏噓，卻也不便當面直說。

「王弟，你來啦？」武王虛弱地舉起手，召喚周公來到榻前：「你看我這樣子，是不是沒救啦？」

「大王春秋鼎盛，何作此言？」

「別說啦！我知道，我這身子骨，再撐也撐不過幾年了，到時候，國家就要靠你來維持了！」武王說：「太子年幼，在他成年之前，你一定要好好教導他成爲一位賢德的君主，使我大周國祚，得以長存！」

周公對國家之事了然於胸，他知道，値此天下方定之際，武王的性命，萬萬不可有什麼差池，否則那些剛剛才歸順的各方諸侯，恐怕會有不肯順服的舉動，現在見武王竟像是在交代後事，周公深怕武王已無求生意志，連忙招來巫卜，替武王卜了三卦，然後對眾臣宣佈：「我王只是身體微恙，卦象說得很清楚，大王命勢正値興盛，最少還有四十年壽命。」

武王這時六十多歲，看起來卻比當初年過九十的文王還要蒼老，誰也不相信武王眞能活得那麼久，不過，對於卦象上所言，大臣們卻又半信半疑。周人不像商人那般凡事皆要求神問卜，不過對於巫卜之說，仍然抱著寧可信其有的態度。

彷彿受到了上天的庇佑，武王的病果然好了一些，他又勉強自己起身料理國政，將周朝的政局徹底的穩固。

然而，他並沒有像周公所說的那般長壽，四年之後，武王終於一病不起，無法醫治，與世長辭。

武王辭世之前即已宣佈，日後由太子誦繼位，並由周公旦作爲輔政之臣。

太子即位之後，是爲成王，當時才只有十三歲，在周公的教導下，已是一個彬彬有禮的少年，然而畢竟年紀幼小，諸多國事並無法獨立裁決。周公接下了輔政的重責大任，絲毫不敢怠慢，比起當初武王當政之時，還要勤奮，國內大小事務，多半經由周公之手決定。

當初召公奭便和周公一同輔佐武王，如今周公當國，也請召公來幫助他一起輔佐成王，然而，周公萬萬想不到，這個素來與自己感情甚篤的兄弟，竟然一口回絕了他的邀請，同時向他提出要求，希望能回到自己的封地燕國去。

「兄弟為何如此？」周公大感不解，連忙問道：「如今正值多事之秋，你我二人就算全力配合，恐怕也很難讓大周天下繼續維持強盛，如今你卻要拋下這一切回到封國，這將置我於何種地位呢？」

召公搖了搖頭嘆氣道：「兄長，您的心思我了解，可是，我不像您這般心胸寬大，被人家閒言閒語，卻還能全心為國！」

「閒言閒語？」周公疑惑了，急著追問：「說清楚，到底是怎麼回事？」

「兄長有所不知！現在外頭鬧得沸沸揚揚，說你現在做的是天子的事，將來不久便要眞的當天子，把現在的天子一腳踢開，這些……這些流言早已傳開了，兄長的從未聞聽麼？」

周公聽完，只覺得腦門子一陣轟然，思緒亂成一團，不知如何作答，他從未有竄國之心，卻被人當作有竊國之意，這樣的冤枉，讓他感到無比灰心，幾乎快要哭了出來，滿是皺紋的臉上，全是茫然神色。

召公見兄長如此難過，心有不忍，便提醒道：「要不要請太公一起來商量對策？」

「對，對！姜太公！」此時的周公，如汪洋大海中抓住一片浮木，立即對左右下令：「快，快去齊國替我去請姜太公來。」沉吟片刻，又對召公說：「如果只派這些下人去，顯得對太公太不尊重，如果你眞的不願意替我處理國事，那就請你替我走這一趟吧，就算兄長對你的一點請求了！」

召公點了點頭。

那姜太公在齊國短短幾年，便將國家治理得十分有條理，正打算把國君的地位讓給兒子，好重拾當初釣魚的興致，卻給周公請回了鎬京，那姜太公，滿頭白髮白鬚，面色紅潤，聲若洪鐘，絲毫看不出是個年過百歲的人瑞，見了周公，呵呵笑道：「怎麼？不相信老朽能用一根針釣魚嗎？想要我來鎬京表演絕技呀？」言猶未了，看見周公神情，便已猜測出十之八九，隨即收起笑容，正色道：「這些年來我在齊國，從沒有一天忘記注意東方的局面，當初，武王封了紂的兒子武庚在商地治理遺民，這個舉措我本就不大贊同，如今，武庚的問題已經浮出來了，他必定會成爲大周興盛的絆腳石。」

周公與召公同聲佩服，周公道：「太公此語一出，令我茅塞頓開，想當初，王兄也曾對我說過，東方一帶，周人勢力未穩，最好在洛邑地方，營建新都，以便就近控制，可是王兄驟逝，這件事還來不及籌畫，就耽擱了下來。如今，既然鎬京之內，人言可畏，我看不如就由我獨自一人，前往洛邑，主持營建新都之事，鎬京這裡的政事，就要煩勞二位了！」

「兄長，這可不像你的作風啊！」召公說：「以前的兄長，就算是遇到了挫折，也從不畏懼，如今卻怎因爲這樣一點流言就想退縮呢？」

「我這是避嫌啊！」周公說道：「我要讓天下人皆知，我絕對無篡奪之意！」

「這樣也好。」姜太公點點頭，說道：「不過畢竟是權宜之計。」

召公問：「怎麼說？」

「周公東往洛邑主持建都之事，一方面可就近查探情況，一方面也是爲了大周千秋萬代的基業。」太公看著周公，意有所指地道：「東方的情況，可不是只有武庚與殷人遺民那麼單純的問題啊！」

召公一臉疑惑：「太公是指……」

周公說道：「太公指的是三監！」

「三監！」召公臉上的表情說不出是驚訝還是感嘆，那三監本是當初武王位了監視武庚所封的三個諸侯，全都是周公和召公的親兄弟，如今見到周公當國，權勢比誰都大，有所不甘，竟然起了異心。

「唉！」召公嘆了一聲：「其實，兄長，據我所知，鎬京城內的流言，就是管叔蔡叔派人來散佈的。」

周公也是長嘆一聲，說道：「我一心一意，只爲大周國運，現在爲了避嫌，前往洛邑督建新都，也算是爲了大周盡一份心。」

太公道：「營建東都，非一朝一夕之功，你以建都爲名，前往洛邑，可就近監視，掌握情況，不過，卻也不可忘記隨時與鎬京保持聯繫，最好隔一段時間回來一次，以免天子年幼，遭人利用。」

於是，周公就辭別了太公和召公，並向成王請示，興建洛邑，由他親自督造，這座新都城，南臨洛水，北依陝山，分爲大小二城，小城方一千七百二十丈，爲王宮之所在，大城方七十里，建築了高大的城郭，供百姓居住與軍隊屯守，這座新造的巍峨巨城，名曰成周，就是後來的洛陽，矗立在中原大地上，成爲周朝穩定中原局面的憑據。

新都尚未興建完畢，受封在殷的武庚，便已經開始蠢蠢欲動了起來，他武庚可是紂王的嫡子啊！想當初紂王君臨天下，何等威風，最後雖然落了個兵敗身死的下場，可是畢竟生前已經享盡了榮華富貴，如今武庚雖然受封爲侯爵，享有一片故人的土地，可是，總覺得說不出的窩囊。

就在此時，有個好消息傳進了他的耳中。

三監之一的管叔，派了一名使者，來到武庚面前，對武庚說道：「周公當國，權力比天子還大，現在，還率了大批工匠軍隊，前來洛邑，說是什麼營建東都，其實擺明了想要對我們不利！我家主人看不過去，想要興兵討伐，前來請求相助，事成之後，必將恢復商人威望，與君共掌天下！」

武庚野心雖大，卻並不糊塗，使者之言雖正中其懷，武庚卻不願打沒把握的仗，便試探著說道：「只有我和你家主人起兵？恐怕很難成功吧！」

使者道：「三監之中，蔡叔已答應協助，霍叔雖未同意出兵，卻也承諾兩不相助，現在，就只欠您的一句話了。」

「哦？管叔蔡叔，再加上我這蕞爾小國的兵力，只怕也難以和周公的軍隊相抗衡啊！」武庚不願意一口答應，他知道，如果自己答應得太乾脆，那就成了自己相助管蔡起兵，成了配角，無法主控全局，他希望，起兵之時，能夠打著恢復殷商的旗號，讓自己成爲起兵的最大獲益者。

「請殷侯放心，我家主人說過，這次起事，主要還是看殷侯的意思，殷侯說可以，我們再起兵，殷侯說不可，大夥兒一動也不動。」使者完全瞭解武庚的心思，他也被管叔教導得十分機靈，懂得分析利害關係，說道：「當然，相信殷侯出兵，不會孤身一人，那些願意跟隨殷侯的小國，不在少數，還有東方不願臣服於周的淮夷諸國，與殷侯的關係，我聽說一向是很好的啊！」

「哪裡，哪裡！」武庚笑道：「當今天下，可是周的天下，哪有什麼小國膽敢不服大周啊？我武庚一向也是忠於大周的，大周有難，我一定赴湯蹈火！」他的笑容說明了他根本是在說反話，那皮笑肉不笑的神情，正顯示出武庚對於掌控東方諸小國的信心。

使者心下瞭然，便躬身說道：「那麼，就這麼說定了。」

武庚揮揮手：「去吧！能作的我都會作。」

首先，武庚派了更多的使者前往鎬京散佈謠言，讓原本已經喧騰的周公篡位之說，傳得更深更廣，連年輕的成王都忍不住開始懷疑起周公的忠誠。

接著，武庚開始向東方的小國頻送秋波，邀請那些原本對商朝極為忠誠的國君前來一同祭祀商人祖先，祭祀典禮上，武庚令人追述先王成湯愛護百姓，辛勤建國的事蹟，講到後來，聲淚俱下，說道：「如今，這一切，都已經是過往雲煙啦！」

小國君長們聽了，都忍不住動容，他們一向是商的臣民，如今周人滅商，他們勢力薄弱，不得已才向周人稱臣，他們紛紛向武庚輸誠道：「我們都是大邑商的子民，周人想要消滅商朝，就得把我們完全消滅，我們願意全心全意的跟隨您，就算是肝腦塗地，也在所不辭。」

情勢對周公而言，已是越來越凶險，他在洛邑，已經把一切都查探清楚，先前在鎬京散播謠言的罪魁禍首，正是管叔和蔡叔，他們二人算起來都是周公的哥哥，武王死後，他們便已經有了想要爭位的打算，不過武王遺命由世子繼位，他們也不便表示反對，現在，當國的竟然是周公，自是讓二人忍無可忍，遲早會與周公決裂。如今，周公又探聽到最新的消息，說成王對他已經起了疑心，雖然太公與召公在成王面前一再保證，成王仍舊認為周公有一天終究會篡奪王位。

周公很懊惱，很灰心，有時他甚至懷疑起自己究竟為何而努力，不過他仍舊片刻也不曾懈怠，早已開始謀劃對抗管蔡武庚的辦法。

他曾經多次返回鎬京與太公商討戰略，協議只要一開戰，太公立即回到齊國，調動齊國兵馬，對武庚進行牽制，齊國位在東方，可以形成夾擊之勢，而武庚第一個會攻擊的目標，就是周公的封地魯國，這時周公已叫長子伯禽回國理政，特別命他加緊準備，修築工事，嚴格待戰。

果然，管蔡發動叛亂之後，首先遭到攻擊的，正是魯國。

只不過周公有一點並未料中，攻打魯國的軍隊，並非由武庚親自率領，而是東方奄國、徐戎所組成的聯軍，他們的實力並不如武庚的殷商軍隊那般強大，因此，倉促準備的伯禽，率領著魯國的軍隊，還能夠抵擋得住，就這麼僵持了下去，等待齊國的援軍。

至於武庚親自率領的軍隊，則與管蔡聯軍匯成一氣，直接撲向洛邑而來。

周公不得不出征了。

雖然這時出征，對他而言並不利。

他還有很多問題沒有解決，鎬京城內的耳語流言，讓他蒙受不白之冤，更重要的是，他自小教導的學生，當今的天子，年輕的成王對他已經有了猜忌，這些誤會得到澄清之前，如果貿然出兵，只怕會惹來更多的議論。

周公思前及後，忽然說道：「哎！議論就議論，懷疑就懷疑！我是不是有篡位之心，公理自有天命，我就不必顧慮那麼多了，維持社稷的安穩，才是眞的。」

於是，在出征之前，周公發表了一篇檄文，名曰〈大誥〉，藉以表明心跡，內容大致說：爲了我們年幼的國王，我們必須愼重考慮出征的困難，上蒼要把這樣的苦難加諸在我們的身上，我們卻不能只顧慮自身的安危。一旦出征，將要打擾無數的百姓，也要勞累無數的將士，然而，相信你們諸位也會這樣告訴我，不要害怕危險，不要放棄文王、武王以來未竟的大業，渺小如我，又怎敢違背上蒼的旨意？諸位都是先王舊臣，應該好好回顧過去，文王何等勤勞？武王何等英勇？他們力圖成就的事業，就是弔民伐罪，這是一項極爲沉重的負擔，如今已經落到了我們的肩上，我絕不敢不在有生之年，完成文王從上天那裡接受的大命，諸位，你們之中有任何人，膽敢違背先王事業，就應當受到懲罰。

這篇檄文特別以文王事業作爲號召，目的無非是希望宗室能夠團結對外，不要再被那些流言蜚語所迷惑，同時也希望能夠激勵出征將士，一舉擊潰所有反抗的勢力。

武庚親率的軍隊數量並不多，可是全部都是願意爲他效死的商人部隊，打起仗來不顧性命，戰力極強，又從管叔蔡叔那裡得到許多糧草兵馬的接應，與周公率領的強大軍隊交鋒，一時之間，殺得難分難解。

眼看著戰事僵持不下，相互之間的交鋒總是一進一退，互有勝負，雙方死傷均極慘重，周公的心裡焦急萬分，如果不能趕緊取勝，東方各國紛紛叛亂，援軍來到，局面只怕會更加難以收拾。

此時有人向周公進言：「我聽說商人好酒成性，就連行軍打仗也免不了飲酒，而且一喝起來就不知道停止。再過不久天氣就要轉寒，到時候商軍必然會忍不住喝起酒來，不妨到那時再殺他個措手不及。」

周公於是派出密探，隨時監視敵軍的活動。

到了天氣轉冷，那些商人軍隊，果然再也耐不住酒蟲作祟，平常他們總是把酒當作水喝，現在出征，已多日無酒可飲，早就覺得身體不適，提不起精神，天氣一冷，不喝酒的話就更受不了，於是有人向武庚提出建議開放酒禁，那武庚也是好酒之人，咂巴咂巴嘴，也覺得饞，於是說道：「天冷了，讓大家喝點酒袪寒，也是不錯。」

一群嗜酒如命的人一旦開了禁，哪能停止得住？他們開懷暢飲，將多日以來未曾滿足的酒癮一次解決，絕大部分的將士，都喝得酩酊大醉，不醒人事。

周公趁此時機，一鼓作氣，率領著軍隊，殺入武庚大營，將那一群醉漢，殺得大敗，那武庚酒量不錯，酒意雖濃，卻還知道自己遭到了突襲，連忙點撥殘餘兵馬，逃回居城。

等到清醒之後，武庚發現，自己身邊的兵士個個狼狽不堪，知道這一次失敗損傷極其慘重，恐怕日後難以再和周公相爭。

「可惡的管叔蔡叔！」武庚憤恨不已：「把話說得那麼好聽，一旦眞的起兵，卻又不曉得立刻來接應！」

左右噤聲不語，都覺得是你武庚自己出兵太急，不等管蔡之兵前來會師，才會落得如此下場。

周公的大軍很快便抵達了，武庚緊閉城門，不願迎戰，可是他的城池並不堅固，再加上將士了無戰意，士氣低落，沒過幾日，城池便遭攻破，武庚帶著少數親信，逃出城外想要逃往北方另謀發展，卻在半路被周人追上殺死。

平定武庚，周公做好了安民的工作，立刻分兵攻打管蔡，同時派遣使節，前往管叔、蔡叔居住之處勸降。

管叔和蔡叔先前已經接到武庚敗亡的消息，這時又看見周公派來的勸降使者，驚訝之餘，憤怒難掩，管叔的個性比較高傲，立時說道：「勸降？我看只怕不懷好意吧！我絕不能就這麼認輸，情願和他再打一仗，分個高下。」

蔡叔嘆道：「我們的精銳兵馬已經派了去幫助武庚，國內所剩無幾，如果要硬拚，只怕打不過，依我看，咱們還是別吃這種眼前虧吧！」

管叔怒道：「你這傢伙，怎可如此軟弱？」

「並非我軟弱，只是……識時務爲俊傑。」

就在此時，兩人又聽見霍叔那裡派了人來稟報，連忙細細追問，使者道：「我家主人之前受到殷侯欺騙，不奉天子號令，還答應兩不相助，現在我家主人知道自己的罪過了，已經親自前往周公軍前請罪，周公念在兄弟之情，不加誅殺，讓我家主人帶罪回國，現在特命小臣前來勸說，希望兩位君侯不要執迷不悟，趁早回頭是岸，周公為人寬大，並定不會計較之前的事。」

管叔氣得把頭上的冠扯了下來，用力往地上一摔，他生氣的不是使者所說的話，而是蔡叔那唯唯諾諾的樣子，看那副德行，不用說也知道他想投降了，於是對他說道：「你如果想投降，那你就去吧！我不來勉強你，你也不必管我！」說罷，拂袖而去。

蔡叔左右為難，遣退了使者，一人坐在廳上發愁，此時又有人前來稟報，說是蔡國都城已遭周公軍隊圍困，眼看著就要破城，大驚之下，蔡叔決定回國投降，乃進入內殿，向管叔辭別，孰料映入眼簾的，卻是哭成一團的親人家奴，那管叔，由於不願投降，已經懸梁自盡了。

就這樣，管叔蔡叔聯合武庚的叛亂，在周公的火速進兵，個個擊破的戰略運用下，很快地瓦解了。

分封親戚，以蕃屏周

鎬京城內，代替周公行使政權的召公奭，聽說周公在東方的戰爭極為順利，已破了武庚和管蔡，心中大喜，連忙將此消息呈報成王。

成王得知此一消息，並沒有十分喜悅，事實上，他對周公的猜忌與日俱增，在他的心思裡，周公東征的勝利，就代表著周公篡位的日子一天一天的逼近。

召公一看這少年臉上的表情，就知他在想些什麼，自己雖然是他的叔父，可是礙於君臣之分，他也不能多說什麼。

「大王，請您頒布命令，命周公繼續東征，肅清淮夷，平定天下！」

「好吧！就這麼命令下去吧！」成王說道：「讓他平定天下吧！反正，那是他的天下！」

成王這話說得太過火，召公連忙出言勸阻：「大王，言行得要謹慎哪！」

「哼！」成王瞪著眼睛說道：「怕什麼？還怕他把軍隊調個頭指向鎬京不成？」

「大王……」召公欲言又止。

「什麼事？」

「大王可還記得，大王十三歲那年繼位之後不久，曾經生了一場重病？」

「怎麼不記得？」成王道：「那回我病得厲害，聽說昏迷了好幾天，差點連命都保不住是不是？怎樣，為何提起這事？」

召公搖了搖頭：「沒什麼。」

他知道，自己在成王心目中，不過只是周公的傳聲筒，一個鼻子出氣，就算再替周公辯解什麼，成王都不會相信，只怕把情形弄得更糟而已。

那一邊周公得到了軍令，立即率領大軍啓程，奔赴魯國，解救了遭到圍困的伯禽，並且一路向東方追擊，消滅了奄國、徐戎，以及所有參與管蔡武庚叛亂的小國，這些小國的總數，據說有五十多國。

周公花了五年的時間東征，把殷商的殘餘勢力以及東方叛亂國家一併掃蕩，將他們趕往海邊，有的只好向江南或者北方逃竄，這樣一來，周人的勢力，總算拓展到了黃河下游。

當初武王伐紂，雖然推翻了商朝的政權，但是，並沒有將商朝統治了六百多年的東部廣大地區，完全納入周朝的統治範圍，因此，周公的東征，可以說意義重大，徹底消滅了商的殘餘勢力，完成了周人滅商的事業。

對周人而言，這是前所未有的功業，周朝終於能夠穩穩的立足在中原大地之上，這些，都是周公的功勞。

可是，身為天子的成王，並不高興，他的內心，甚至有些惶恐不安，現在，全天下聲望最高的，就是周公，他一介少年，既無實力，又無聲望，甚至從來沒有親政的機會，要他如何去和那周公相爭呢？

叔姪之間的誤會，因謠言而起，現在謠言不敢再傳了，誤會卻仍未冰釋。

正如召公所想的，他們之間的誤會，沒辦法經由第三者澄清。

在一個很巧合的機緣之下，成王漸漸化解了對於周公的誤會。

那時，成王剛好讀到了周公所作的一篇名為〈鴟鴞〉的詩，以鳥作為比喻，「恩斯勤思，鬻子之閔斯！」說明周公對成王的關懷和培養的苦心，無非是希望成王能夠成為一個有德的賢君，成王心裡頗為感動，卻又覺得，這也許只不過是周公用來混淆視聽之用。

過了一段時日，成王與眾臣來到鎬京城外，此時已是秋天，城外的莊稼結實纍纍，農民們等著豐收，笑得合不攏嘴，不料這時，天上忽然烏雲密佈，雷雨大作，眼看著就要將快要收成的稻穀沖毀，百姓們抱頭痛哭，哀嘆連連，卻拿不出一點辦法，紛紛望著尚未親政的成王。

成王也被這種景象嚇呆了，不過幸好他的腦筋動得很快，立刻想起了自己的天子之尊，於是對召公說：「上天忽然降下暴雨，想必是我們有什麼事情作錯了，不如由我主持祭禮，求人卜卦，看看到底是什麼緣故。」

這是成王第一次親自主持祭典，全體公卿不敢怠慢，穿戴整齊，前往存放卜辭的殿內，查看以往的卜辭記載，是否有違背上天旨意之處。

卜辭當中並沒有任何違背天意的地方，倒是周公之前所作的禱詞，引起了成王的興趣，拿起竹簡，翻閱一遍，感到十分訝異，拿給了召公等人觀看。

卜辭當中記載著，當初武王臨終之前，周公曾經向上天禱祝，祈求代替武王一死，在成王即位之初的那場大病之時，周公也曾祈禱，希望以自己的性命，換取成王的康復。卜辭寫得十分簡單，卻把周公對國家的關懷，大公無私的精神，表現得淋漓盡致。

「這竹簡所記載之事，可是眞的？」成王詢問掌管卜辭的祝史。

祝史道：「啓稟大王，卜辭乃上蒼之言，作不得假的。」

召公長嘆一聲，緩緩對成王道：「主公，當年，您生病的時候，周公可是廢寢忘食的替您祈禱啊！他經常對我說，大王幼弱，又遭逢先王不幸逝世，國家多難，需要有人來穩定社稷，大王乃眞命天子，萬萬不可以有什麼閃失，不如就由他來代替……大王，周公一心爲國，從來沒有私心哪！」

成王聽到此處，腦海裡迴響起從小到大，周公對他的諄諄教誨，一幕幕回憶湧上心頭，眼淚已不由得簌簌落下，說道：「我知道了，我知道了，這卦也就不用再卜了，老天爺動怒的原因，是因爲我的糊塗啊！周公爲了國家，受盡多少委屈，而我竟然聽信小人讒言，猜忌於他，我眞是太糊塗啦！」

成王立即下令備車，親自出城迎接周公的凱旋之師。

叔姪見面，恍若隔世，兩人都激動得說不出話。

看著周公那日漸衰老的面容，成王感到無比的慚愧與心痛，良久，成王才道：「叔父，從今天起，我什麼都聽您的，您爲了國家，實在受了太多的委屈。」

「別這麼說，大王。」周公道：「我永遠是大周的忠臣。」

兩人誤會冰釋，周公又再度開始建設的工作，首先他將洛邑的新都城督建完成，替周朝建設了一座足以穩定東方領土的象徵，是爲成周，取周道始成之意，而原來的都城，則稱爲宗周，表示周室爲天下的宗主。

接著，周公對新佔有的領土重行規劃，並對當初發動叛亂的諸侯作出處置，管叔已死，蔡叔是最大的幫兇，因而遭到流放，並且沒收封國，重行分封，而霍叔當初並未參與叛亂，可是也曾不奉天子號令，所以革去職位，貶為庶民，三年之後沒有過失，才放他回國繼續為霍侯。至於殷商遺民，周公則將其中較有影響力的，遷於洛邑，就近看管，殷商故地，一分為二，一部份封給紂王賢德的哥哥微子啓，國號宋，另一部份則封給弟弟康叔，國號衛。周公的另一個姪兒，成王的弟弟叔虞，受封於唐（今山西翼城），傳了一代之後，改國號為晉。至於東征時期曾經建立功績者，也多有封賞，以前曾經獲得封地的，這次也有新的分封，不過最主要的分封對象，仍是姬姓宗室。

這一次分封，規模較武王伐紂之後的那一次更大，而且更有制度。封建制度的維繫，主要是在宗法制度之下完成的，所謂宗法制度，就是宗族之法或者宗廟之法，主要的特徵是嫡長子繼承制和餘子分封制，也就是說，天子分封了諸侯，而天子的嫡長子，可以繼承天子地位，其餘的兒子，只能另外封為諸侯；而在諸侯國內，諸侯的嫡長子有繼承父親地位的權力，餘子則受封為卿大夫；卿大夫國內亦是如此，天子、諸侯、卿大夫、士、庶人，構成了西周時代嚴明的階級制度，每個人都在這個制度下生活，不得逾越。

周公還幫助成王制定了周朝的官制，記載在《周禮》之中，不過究竟是否為後人託周公之名所寫，則不得而知，因為這套官制，成了日後中國官僚內閣制度的基礎藍本。最大的官是三公，分別是太師、太傅、太保，輔助天子制定國策，以下是少師、少傅、少保，號稱三孤，再下則為六卿，分掌人事、地方行政、禮樂、兵馬、刑法和工程建設，六卿之下，各有官吏，將聲勢如日中天的周朝，管理得井井有條，他還在洛邑大會諸侯，把自己治國的理念，宣達給全天下所有的諸侯知曉。

周公當政一共七年，等到成王長大成人以後，將政權歸還給成王，自己退居臣子的地位，到了晚年，回到他自己的封地休養，不久之後便生了病，臨終前，他告訴幾個兒子說：「我死了以後，一定要把我葬在成周，表示我永遠是周天子的臣下，不敢離開。」

成王接到了周公去世的報告，回想起過去種種，分外悲傷，他含著淚水對群臣們說：「沒有周公，就沒有我大周，他建立了這麼大的功業，又是我的親叔父，我怎麼敢把他當作臣下呢？」想起自己年少之時，還曾經對他有所懷疑，如今他已去世，成王反而更覺慚愧，決心以天子之禮事之，於是用最隆重的禮節，將周公安葬在畢原地方周文王的墓旁，同時下令，以後周公的子嗣，永遠都是周王朝的輔命重臣。

成王在周公死後，仍能依循周公制定的各項規矩行事，又有賢臣輔佐，因此四海昇平，天下大治，成王之後是康王，那個時代周朝仍舊十分興旺，人人安分守己，據說因爲沒有人犯罪，連刑法都可以不用，這段時期總共歷時大約四十餘年，史稱「成康之治」，是後人永遠歌頌的一段黃金歲月。

昭王南巡

康王死後，繼位的是昭王瑕，他的才略出眾，即位之時正值周的全盛時期，八方進獻，萬邦來朝，於是他決定整頓武力，發展周人進步的文化，將周的勢力一步步地向外拓展。

南方一帶，特別是長江流域，在當時還有不少蠻族，不曾開化，也不願意接受周的號令，召王命將領出征，先後討平許多小國，周軍所到之處，小國無不降服，武功彪炳，宣赫一時。

周人聲威大振，各諸侯國竭誠擁戴，遠方的小國則紛紛前來進貢，各種奇珍異寶，所在多有，昭王在位數十年之久，國事有著當初周公、召公的後代幫忙料理，一切井然，可是偏偏有個楚國，仗著自己地處南方偏遠之處，時常以此爲藉口，不來朝貢，昭王遂下令，親征楚國。

那楚國是當初周文王所封的鬻熊後代，在周人滅商之前就已存在，是個南方大國，周圍小國都很怕他，然而，自從昭王陸續消滅許多南方小國以後，將這些地方封給姬姓宗室，楚國黨羽漸漸減少，對於周朝便感到懷恨，不來朝貢的眞正理由，很可能肇因於此。

此時的周召二公是當初周公旦與召公奭的子孫，仍爲國之棟樑，聽見昭王決定親自南征，連忙前來勸阻：「那楚國地遠民貧，所進貢的東西，不過是可有可無的青茅，根本不值得動用大軍，長途跋涉，渡過漢水去攻打他們，願大王收回成命，先派使者前去楚國傳達旨意，讓楚國主動前來朝貢，也就可以了。」

那青茅本是長江淮水一帶到處可見的雜草，沒有多大用處，不過，有人發現它可以用來過濾酒渣，釀造出澄清美酒，供作祭祀典禮之用，周人對於祖先祭禮十分重視，這青茅在祭禮之上有了用處，自然身價暴漲，然而說穿了仍舊可有可無，過濾酒渣還有別的東西可以代替，因此實在不值得爲它勞師動眾。

昭王仔細想了一會，答道：「我出兵的名義，雖說是爲了青茅，事實上並不在此，想我朝自周文王、武王以來，威震八方，封建子弟遍及宇內，就是爲了要讓天下各地都能接受我大周的教化，天下百姓都能受我大周的庇佑，過著安居樂業的生活，因此歷代用兵，都不是爲了圖謀貢品，只是爲了討伐不順從的勢力。楚國的祖先鬻熊，是文王時代的賢者，他的後人接受成王封爵，與我關係匪淺，現在，楚國膽敢以一個南方小國，違抗我大周的命令，如果我不正視此事，率軍征討，那麼以後，也就別再想開化其他的國家了。」

周召二公聽完昭王的話，覺得很有道理，便不再進諫，昭王命二人掌管國政，負責出征之後的國內政局，另外命令祭公、辛伯與一干文武官員隨駕出征。辛伯名喚餘靡，孔武有力，身材高大，是昭王的衛隊長，甚得昭王信賴。

大軍擇吉日出發，將士頭戴青銅盔，身穿戰甲，隊伍井然有序地從鎬京出城，向南進發，沿路上，各封建諸侯國都派人前來接駕，並且奉上軍需物資。昭王向諸侯詢問南方各國情形，所得到的回答總是：「南方種族複雜，生活習慣不同，想要把他們統一起來，實在不是一件容易的事。」

昭王心想：「就是因爲困難，我才要努力的去完成它！」

大軍繼續往楚國進發，漸漸遇上了所謂的困難，當時，長江漢水流域，地形崎嶇，雜草叢生，人煙罕至，雲夢地區，更是沼澤遍布，蚊蟲瘴癘，隨時都有說不出名字的猛獸自林間竄出，撲咬傷人。爲了讓軍隊前進，不得不披荊斬棘，勉強開出路來，往往走了一整天，也走不到十幾里路，辛苦萬分。

「這樣下去可不行！」昭王眼看天色又晚，便令祭公指揮軍士，安營紮寨，埋鍋造飯。昭王本以爲這次大軍出征，定能順利凱旋，誰知道連敵人的蹤影都還沒見著，自己的隊伍就快要被惡劣的環境打敗，心中悶悶不樂，便指派幾名勇士，先行前往探路，並至楚國擔任使者，召喚楚國國軍來朝，好讓自己有個臺階可下。

半夜裡，猿啼虎嘯，風吹樹梢，陰氣森森，到處都是怪聲，令昭王無比煩心，輾轉難眠，這時忽然聽見前面似乎有什麼騷動之聲，接著便是干戈之聲大作，昭王大驚，連忙起身查探，還以爲是敵軍突襲，卻見辛餘靡來報：「大王莫驚，前方有猛獸來襲，我正指揮士兵對抗！」

昭王略感放心，認爲幾隻小小野獸，不足掛齒，誰知那猛獸頭上生有尖角，身上皮革比甲冑還硬，橫衝直撞，毫不怕人，辛餘靡勇力過人，掄起大斧，也只能砍傷幾隻猛獸的皮毛，營火閃動下，那不知名的猛獸狀如鬼魅，在營地裡亂衝一陣，不少兵士都被撞得血肉橫飛，腦漿迸裂，死狀淒慘，還是辛餘靡發現了那猛獸的皮膚硬甲之間，有些較爲柔軟的縫隙，是牠們的弱點，這才率領眾將士，聯手砍死了幾隻，鬧了一整夜，猛獸才漸漸散去。

這一仗搞得大軍士氣低落，士兵們只想回家，不想再去征伐楚國，昭王的心情也極為惡劣，看著慘死的士兵，屍身橫陳，受傷的士兵，哀嚎不斷，氣得揮劍往猛獸的屍體上砍去，「噹」的一聲，劍被彈了回來，昭王只覺手腕一陣酸痲，卻忽然之間靈機一動，說道：「這種野獸的皮比銅甲更硬，刀槍不入，可以把它剝了下來，當作戰甲之用。」

將士們得令，抬了那些猛獸的屍體，正準備開剝，昨天傍晚派了去探路的那幾個勇士，已兼程趕回，還帶了一個服飾衣著與中土相異的使者，對昭王道：「我們昨天連夜趕路，在半道上遇見了楚國的使者，說有要事向大王稟報。」

昭王略整衣冠，便來接見楚國使者。當時，周朝爵位共分五等：公、侯、伯、子、男，楚國的國君是子爵，輩分不高，昭王願意親自接見使者，已是紆尊降貴。

「楚子有何話說？」昭王問道。

使者不忘禮數，必恭必敬地說：「我君本人因為身染疾病，不能親自前來接駕，聞聽周王南面巡守，特別差遣小人前來問候，並且命令小人代為轉達，青茅貢品即日便會送上，等我君病癒，將親自入朝，希望周王恕罪。」

使者話中有話，在他言語之中，對昭王始終以「周王」相稱，顯然是把自己的國君與昭王列為同等地位，這對極為重視君臣之禮的周人而言，是一項很大的汙辱，據說楚國國君，此時已經悄悄在自己的國內稱王，只不過還未能證實，如今這使者的一番話，似乎可以證明這一點，只不過，周朝大軍出師不利，昭王正處在騎虎難下的局面，故爾只能隱忍不發。

祭公也趁著這個時候，勸昭王道：「既然楚子願意朝貢，那麼大王可以宣佈班師回朝了，這樣，至少還算是凱旋而歸呀。」

昭王允諾，遣退了楚國的使者，命大軍原路回師。

回到鎬京，休息了好些日子，昭王疲憊的身軀才恢復元氣，重理國政。

這次出兵損失了不少人馬，只得到了一個答應入貢來朝的承諾，昭王十分不悅，卻也不好說出口，滿以爲只要楚子願意入朝，那也就算了，誰知道，楚子不但不曾來朝，連一個小小的青茅，也不曾送來，昭王憤怒無比，想要再去征伐，卻又忘不了上次的教訓，便忍了下來。

一晃便是好幾年，楚國方面，一點音訊也無，只能從南方諸侯國君的口中，聽見一點消息，知道楚國的實力越來越強大，昭王忍無可忍，便再度召集公卿大臣，商討起兵伐楚事宜。

「大王，此事萬萬不可！」祭公道：「楚國不過一介蠻夷，就算他愛去稱王，那也是化外之王，大王難道忘了上次的教訓嗎？」

「不成！天無二君，楚國只不過是個小小子爵，只因地處偏遠，四鄰君爲弱小，這才敢妄自尊大，如果我再這樣放任下去，只怕其他的諸侯也會不服！」昭王說得振振有辭：「上回出兵，只因寡人貪抄近路，這才令大軍難以前進，這次，我們從巡守的大道前進，定能直搗楚國！」

群臣們紛紛上諫，昭王總是不聽，對於楚國的憤怒，已經勝過了他的理智，他執意出征，仍命令周公、召公留守，輔佐太子滿治理國政，祭公、辛伯仍爲隨員。

這次南征的規模更大，士兵多達數萬人之譜，大軍經過漢水，昭王命令前軍將民間船隻收集，以供渡江之用，全軍渡江完畢，昭王又下令將所有船隻盡數鑿沉，並且說道：「這次南征，若是不得到全勝，就絕對不回來，各位看看這些船，就知道我的決心了！」左右大軍高呼萬歲，士氣大振。

然而，昭王的這個舉動，觸怒了漢水兩邊的民眾，那些船在昭王眼裡也許不算什麼，可是對他們而言，卻是吃飯的傢伙，現在全給昭王鑿沉了，讓他們如何維生呢？

大軍浩浩蕩蕩地向著楚國進發，楚子一聽到探子來報，便知這次不是好惹的，連忙差人開啓庫房，取了許多翠玉明珠、象牙鹿角等等寶物，親自帶著，前往昭王之處謝罪。

昭王冷冷地看著楚子，說道：「怎麼？之前好言相勸，要你來朝貢，你不肯，非得等到我動怒，派了大軍來討伐，你才願意來朝入貢嗎？」

「這個……」楚子抹了抹冷汗，道：「大王，並非臣不願進貢入朝，只是……只是臣多次派人前往朝貢，總是在半路上，就被那些猛獸給吃了……臣……臣害怕……所以……」

「哼！」昭王喝道：「還敢狡辯！有罪就要認罪，寡人或可從輕發落。」

「是……臣有罪，臣有罪！」

其實，楚子的猛獸之說，昭王是願意相信的，上次遇見的猛獸，經過專人指認，知道那叫犀牛，是不會吃人的，可是，誰又能保證，這茂密的叢林沼澤之間，會有什麼樣稀奇古怪的物事？因此昭王准許了楚子的請罪，並且令他充當嚮導，前往雲夢大澤巡守，藉以贖罪。

南方的巡守，有著政治上的實際目的，可以藉此機會，了解附近的山川地形，加強王權的深入。雲夢大澤，在當時還是一塊佔地千餘里的大湖泊，後來漸漸淤積，又被人民圍田種植，以致面積越來越小，現在的洞庭湖，只是當初雲夢大澤的一小部份，可見雲夢大澤的巨大。在那裡，有著數不清的珍禽異獸，實在是一個絕佳的狩獵場所，昭王親率六軍，在那裡追逐各種猛獸，一方面訓練士兵，另一方面更是宣揚國威。當地的諸侯看見周的軍容壯盛，可眞是開了眼界，心想難怪天子能有這麼大的排場，和他一比，楚國祇能算個小角色而已，因而紛紛進貢朝見，讓昭王覺得躊躇滿志，威風無比。

「這下可眞是不虛此行了啊，你說是吧？」昭王對祭公說道。

祭公只笑了笑，沒有答話。

巡守完畢，各國君長紛紛辭別，昭王乃率軍取原路返回，行至漢水，但見水面空空蕩蕩，一艘船隻也無，這才想到上回渡江之時，已將所有民船盡數鑿沉。

「就算如此，經過這麼些日子，那些老百姓也該造出新船了啊！」昭王命辛餘靡道：「快，往上下游去找，看看還有船隻沒有。」

辛餘靡率部搜索了一陣子，空手而回。

祭公找來當地百姓詢問，百姓搖頭，均稱不知，祭公看那些百姓神色，知道另有隱情，怒道：「你們一定是把船都藏起來了！你們知道眼前的是誰嗎？眼前這位便是當今天子，天子的命令，你們這些百姓竟敢不從，給你們三天，用找的，用造的都可以，只要找來船隻，便有重賞，找不到，你們就等著受罰吧！」

三天之後，果然便有了足夠船隻可以渡江，昭王登上船，遙望江面波光嶙峋，心中無限暢快，正感嘆時，船至江中，忽然漏水，接著便解體成片片木板，昭王、祭公、辛餘靡與許多將士，都跌落水中。

原來是江邊百姓，恨昭王鑿沉了他們的船隻，爲了報復，連夜造了一些用膠黏製成的船隻，騙昭王大軍上船，膠遇到了水，立時融化，船板接著就散落開來。

周人久居北方，不諳水性，許多人都被淹死，那辛餘靡，仗著自己的天生神力，揮動四肢，還能勉強在水裡載浮載沉，好不容易抓住了一塊木板，保住性命，遠遠在波浪之中，看見天子服色，心下暗暗吃驚，奮力游過去，一把抓住那即將下沉的身軀，定神一看，果然就是昭王，連忙大聲呼救，召來幾個水性稍佳的士兵，幫著把昭王送上岸邊，可是這時，昭王早已氣絕身亡。

辛餘靡上岸以後，召集殘餘人馬，草草替昭王斂屍，遣人送回鎬京，並先派人飛報周召二公知曉。

這消息宛若晴天霹靂，周公、召公嚇得手足無措，細細思量之下，覺得茲事體大，不宜走漏消息，便隱瞞實情，接回昭王遺體，秘密發喪，對外宣稱昭王於南巡之時，染病身故，由太子滿繼位，是爲周穆王。

穆王西行

穆王遭逢國難，突然即位，面臨的是個岌岌可危的政局，所幸他也是個英明的君主，很快的便把局面穩定了下來。那跟隨昭王出征的祭公，再也沒回來過，很可能與昭王一同溺死在漢水之中，於是，穆王便讓祭公的兒子謀父繼承父親的地位。至於功勞最大的辛餘靡，本應大加封賞，不過，此次昭王出征，是以敗軍收場，而且眞正的原因尚待隱瞞，不宜太過張揚，因此，只對辛餘靡賞賜了許多金銀財寶，便算了事。

父親死得有些不名譽，又不能對天下人言明，穆王暗自發誓，此仇必報，仇人就在南方，那不奉號令的楚國，終有一天，一定要親率大軍，踏平那個蠻夷之邦。

不管怎麼說，昭王的失敗，是一種象徵，天子之師，討伐諸侯，竟然不能全身而退，不但全軍幾乎覆沒，連天子本身都難以身免，這代表著周王室權威的動搖，必須由他穆王這個繼承人來阻止這種現象的發生。

首先他必須重新建立一套更有效的行政制度，來管理這個處於危機之中的局勢，他新設立了太僕一職，作爲太御眾僕之長，管理天子身邊的官員，負責傳達政令、匡諫天子言行並且安排天子起居；任命伯冏作爲太僕正，他必須嚴格挑選官吏，要求這些官員都能各司其職，不能有敷衍苟且的行爲。伯冏表現得十分稱職，太僕正的設立，讓周王室的政治步上了正軌。

其次，穆王必須恢復周王室的威望。

昭王的死因，雖經他與周召等老臣極力隱瞞，可是終究人言可畏，總還是不免有當初隨行之人，把這件事給抖漏出來，爲了遏止這種流言，穆王制定了刑律，以更爲有效且嚴明的執行，作爲控制臣民的手段，他任命呂侯爲三公，並兼任司寇，掌管刑律，替他執行這項任務。

周的刑法本來十分嚴厲，有割鼻子的，有砍去雙腿的，有以刀刻面的，也有割掉生殖器的，當然，殺頭的刑罰也所在多有，刑罰訂定得如此嚴厲，執法卻不慎明確，有人犯了重罪，沒有處罰，有人只不過偷了鄰居的一束稻子，就被砍掉了腿，呂侯擔任司寇以後，以穆王的名義下令減輕各種刑罰，並且可以罰金代替，同時，明文規定了犯罪與懲罰之間的關係，使執法者有所根據，不再那麼容易作出不公正的判決。

這樣，讓內政漸漸穩定之後，穆王就將觸角伸向外邦。

在當時，西方有個犬戎族，過去曾以外族的身分，向周朝進貢，後來到了昭王時候，漸漸強大起來，便開始侵擾周的邊疆，甚至有的時候還會深入到鎬京附近。

雖然犬戎的侵擾，令周王朝邊疆的諸侯百姓，蒙受了極大損失，穆王卻認爲，這便是最佳展露周王權威的時機，可以藉機討伐，宣揚國威。

不料卻立刻有大臣反對。

反對的大臣就是方才接位的祭公謀父，他的父親不明不白地死在昭王南征的路上，讓他對向外征討一事甚爲反感，他道：「啓奏陛下，臣以爲萬萬不可出兵。」

穆王乃聰穎之人，怎能不了解祭公謀父的心思，但他仍舊問道：「犬戎多年不曾來朝，且侵擾我邊疆，我派兵征討，乃是犬戎罪有應得，祭公何出此言？」

「臣以爲，先王以德治天下，平時修養德性，藉以服人，並不會炫耀武力，所以周公要我們把干戈收起，要我們向天下宣揚王道，武王伐紂，並不是他喜歡武力，而是因爲先檢討了自己的德性，萬不得已，才出此下策，兵力，要等時機成熟了，才會顯露出它的力量，否則只是窮兵黷武而已，臣聽說，犬戎他們，樹立了敦厚純樸的風尚，始終遵循著古老的德性，他們有抵禦我們的辦法，現在出兵征討，時機還不成熟啊！」

祭公的這番長篇大論，在穆王聽來，根本是陳腔濫調、狗屁不通，可是，祭公的每一句話，都環繞著祖先家法、先王德治這個論點，對崇敬祖先的周人來說，句句都是至理名言，朝中大臣紛紛點頭稱是，穆王也不好力排眾議，只能默不作聲，散朝回宮。

接著幾日，穆王表面上不再提及此事，實際上卻整日命令手下操兵練馬，不曾有一日鬆懈，待良辰吉日一到，穆王親御戎裝，率領六師，以巡守爲名，向西出發，直指犬戎。

犬戎還處於部落社會，相對之下較為落後，不過卻是民風強悍，勇力過人，各部落的酋長聽說周天子率兵來攻，均覺驚恐，連忙聚集在一起，共同討論禦敵之策，討論了半晌，也討論不出什麼具體的成果，最後還是只能用最傳統的戰術，一名酋長高舉佩刀，喊道：「跟他們拚了！」

他們的文化遠遠不如周人，自然不會懂得什麼行軍布陣的韜略，遇上了周朝大軍，只能掄起刀槍，猛力揮砍一陣，那周人軍隊，以軍車為前導，以戰馬為先鋒，士兵站在車上，騎在馬背上，比犬戎的蠻力勇士高出許多，往往犬戎士兵還沒靠近，就被他們用箭射死，隨即放馬追趕，將四散奔逃的戎人包圍起來，奮力廝殺，將犬戎殺得慘敗。

犬戎抵禦不過，只好向周天子請求和談，獻上了許多珍禽異獸，並讓多名酋長入朝稱臣。穆王准許了和談，並且將犬戎一族全體搬遷到太原（今山西太原）地方，以免日後犬戎繼續紛擾。

這一役，穆王勝得光彩，替周王室贏回了面子，諸侯紛紛前來道賀，一雪當年召王南征失利的恥辱，只不過，穆王並沒有料到，這一次征伐，也讓周王室與犬戎之間，結下了難分難解的深仇大恨。

西征犬戎得勝，打通了周人往西部遠方通行的道路，自此，西域有不少化外之邦，聽說了周天子的強盛，心生仰慕之情，乃派員前來朝貢，開啓了中原與西域的交流。

傳說，穆王對西方的許多奇異寶物，民情風俗皆甚感興趣，乃乘著造父所駕的八駿馬車，一路西行，沿途經過了犬戎境內，又溯黃河，抵崑崙，再從崑崙山轉向西北，經過了赤烏氏、曹奴氏、留骨氏、容成氏，渡過洋水、黑水，連覽各地奇異風光，山川景致，最後抵達西王母之國，與西王母在瑤池相見，雙方互贈禮品，穆王方才駕車歸返。

這些故事都記載在一本名爲《穆天子傳》的一本古書當中，有人將它視之爲小說，且書中曾經出現的地名人名都已難考證，不過從近年出現的一些考古資料可以發現，穆王西行，也許確有其事，越來越多的相關證據都已證實，周穆王正是中國早期與西域友好交通的君主。

從西域歸來，還沒有返抵鎬京，在半路上，穆王第一個聽見的消息，卻是東南國境又爆發了叛亂。

這個地區，歷經周公東征，歷代的分封，雖暫時歸附，卻從來沒有眞正的甘願降服，始終有著反叛的聲浪，趁著穆王西行之時，東南淮水、泗水一帶的徐夷，起來反叛，勢力發展極爲迅速，竟然將九夷部落都聯合了起來，與宗周爲敵。

帶頭的人自稱徐偃王，他本是穆王派了去管理東部夷人的，姓嬴，受封爲子爵，領有五百里的封地，在國內施行仁政，很受當地百姓擁戴。後來，他主持開挖渠道的工程之時，從河道之中挖出了朱弓、朱矢，以爲這是天降祥瑞，又有人趁機在他耳邊慫恿，說他如何如何受到天下百姓的愛戴，應當順天應人，成爲天子，使得他的野心大起，乃自稱爲王，公然與周室爲敵。

穆王回到鎬京，問明白了情況，說道：「這次淮夷之亂，就怕背後有楚國在撐腰，即使楚國沒有直接參與，待我派軍平亂之時，楚國恐怕將會蠢蠢欲動，楚國於我，有著殺父之仇，奈何情況危急，此番不宜與他爲敵，本王希望能派人出使楚國，得到楚子的承諾，協助我大周東征，前後夾攻，定能得勝。」

輔政的周公道：「大王，如此一來，只怕讓楚國更爲強大，養虎爲患哪！」

「眼下這番情勢，別無他法。」穆王道：「列位大臣何人願意擔任使者？」

臣子們你看看我，我看看你，沒有人願意接下這種差事，後來，穆王的孫子歷自願前往，穆王甚表嘉許，對王孫歷道：「你得快一點抵達才行，正好，我西行時所乘馬車，快如閃電，你讓造父載了你去，定能快去快回。」

王孫歷乘著造父所駕駛的八駿馬車，飛快抵達楚國，向楚子說明來意。

楚子搖了搖頭，說道：「我不能出兵，徐偃王行仁政，乃有道之君，不可伐。」

王孫歷說道：「徐偃王爲什麼行仁政？就是爲了收買人心，可見他的志向遠大，如果你今天不去伐他，明天恐怕就得屈服在他的腳下。」

「臣服徐偃王，臣服周王，還不是都一樣嗎？」

「怎會一樣？周天子在鎬京，與你楚國隔著崇山惡水，你楚國尚可徐圖大業；徐偃王的根據地在淮夷，與你不過尺寸之隔，待他強盛後，會容忍強鄰嗎？到時候，只怕楚國不保。」

楚子一聽覺得有理，乃問道：「那麼我該如何討伐？」

「如今徐偃王不過剛剛起步，實力不強，我們以強攻弱，前後夾擊，就如同以石擊卵，容易得很。」

就這樣，王孫歷與楚國達成了共同出兵的約定。

事情果然如同王孫歷所料，以強擊弱，易如反掌，那徐偃王，有德無謀，被楚軍打得大敗，負傷逃往彭城，最後傷重而死，淮夷的叛亂，也因而平定。

普天之下，莫非王土

穆王達到了重振周王室權威的目的，以封建制度立國的周朝，至此可算是達到了興盛的頂點，可是，他的心裡，總還是有點缺憾。

當初即位之時，穆王曾經暗自發誓一定要懲罰楚國，以報父王遭到沉江而死的仇恨，可是，如今平定淮夷，靠的卻是楚國的力量，這讓穆王的心頭五味雜陳，說不出是什麼滋味。

於是，他藉口南巡，率軍往楚國方向進逼，同時派出使者，威言恐嚇，希望能刺激楚國作出反抗舉動，好讓他有口實可以討伐楚國。

不料這時的楚子特別聽話，使者不論開出多麼嚴苛的條件，楚子全部照單答應，還同意每年進貢，定期朝見，讓穆王覺得十分落寞。

百無聊賴之下，穆王索性向天下諸侯發出召集的命令，限期之內抵達塗山舉行大會。

王權正值鼎盛，與會的諸侯非常多，他們抱著各不相同的心態，表達自己對周王室的忠誠。塗山大會，盛況空前，大約只有當初周公東征結束，在洛邑大會諸侯的場面，差可比擬。穆王躊躇滿志，覺得天下之大，全歸他一個人所掌管，這等威風，前所未有，這都是他不斷向外用兵，宣揚國威所致。

然而當時的有識之士，將這種情況看在眼裡，表面上跟著稱頌穆王的威儀，心裡面卻都覺得，周王室目前已是外強中乾了，穆王對外征戰，連年用兵，耗費了大量的財源，府庫日漸空虛，人民生活得越來越苦，這些，穆王看在眼裡，卻渾然不覺自己有什麼不對的地方，仍舊過著足以顯示他尊貴地位的奢華生活，有一次，天降大雪，穆王披著白狐大裘，登上高臺，欣賞雪景，遠遠瞧見有人冒著大雪，在野外行走，便對左右道：「你們去問一問，爲什麼天氣這麼冷，他們還要冒著風雪出門。」

左右奉命前往詢問，回來稟奏道：「他們冒著雪出來撿拾落葉，昨天有個人，因爲天氣太冷凍死了，他的親友想冒雪替他送行，卻又擔心又有人被凍死，所以撿落葉生火取暖。」

穆王聽了覺得十分難過，也感到不安，說道：「我一個人穿著暖和的大衣，喝著美酒，我的百姓卻過著這麼困苦的生活！」便作了三篇《黃竹之歌》，藉以對凍死的百姓表示哀悼。

可是，他並沒有想過如何解決這樣的問題，臣子們向他報告：「如今犯罪的人越來越多，多到監獄已經人滿爲患！」他並沒有想到這是因爲人民的生活越來越困難，以致不得不爲盜賊的緣故，反而讓呂侯制定更爲嚴格的刑罰，企圖嚇阻犯罪，當這一招不見成效時，穆王竟想了一個辦法，讓百姓可以依照自己所犯的罪行輕重，繳納一定比例的罰款，如此受刑之人可以減少，王室用度卻可以增加。

周公與召公同時上諫，說這樣會破壞祖宗家法，穆王卻不理會，反而說道：「要不，你們想個更好的法子，增加收入啊！」

這種變相買賣刑責的制度，可以看作是封建制度開始崩潰的前兆，原本按照周的制度，從天子到百姓，每人都有固定的職司，層層節制，代代相傳，形成一個極爲穩定的網絡。而經濟生產，則有所謂「井田制度」，也就是由幾家人共同負責一塊公田，耕作的收成繳納公庫的制度，同樣也是封建社會賴以穩定的力量。現在，刑責可以買賣，還是由天子所主持的買賣，這豈不表示，別的東西一樣可以買賣？於是，有人開始賣地位，有人開始賣田產，封建的基本精神，已經動搖。

穆王一共在位五十五年，死後，太子即位，是爲共王。

共王的才略不如穆王，卻也沒有什麼很大的過失，只可惜他接下的是父親留下來的爛攤子，瀕臨崩潰的財政，讓共王難以繼續過著如同穆王一般的奢華生活，可是，天子的排場，有時又不得不維持著，才能讓前來朝見的諸侯，心生敬畏之意，這使得共王時代的周王室，處處顯得捉襟見肘，政治也日趨黑暗。

到了共王的兒子懿王繼位的時候，局面就更加混亂了，懿王是個懦弱無能之人，對於臣下的約束力不足，甚至連繼承人的問題都無法擺平，給予他才幹出眾的弟弟辟方一個機會，到了懿王死去的時候，原本有資格繼承的太子燮與乃父一般柔弱，辟方就趁此機會奪取了王位，是爲周孝王。

這個孝王，取得地位的手段雖然不正當，卻還算比較有作爲，即位之後，決心將周王室的地位復興起來，於是開始積極策劃。他認爲，要使國家強盛，第一步必須兵強馬壯，於是在渭水流域附近選擇了一塊草原，作爲養馬的牧地。

孝王昭告天下，徵求了許多善於養馬之人，並且定期巡視，查看飼養情形，他發現，其中一名養馬之人，養得特別好，不但數量增加一倍，而且個個膘肥腿健，神駿非凡，於是把那人找來，問他用什麼方法，可以飼養出這麼俊美肥健的馬匹。

那人答道：「小人乃犬丘人氏，咱們老家那兒有個名喚非子的，特別會養馬，小人曾經向他學過幾天養馬的技能，所以養出來的馬比別人好一點。」

孝王一聽大喜，道：「只不過向他學過幾天，就已如此，找來本人，豈不更好？那非子容易找著嗎？你去替我帶個話，我願意重金禮聘。」

過了一段日子，那人眞的奉命將非子從故鄉給請了來，孝王問他養馬之道，非子全部都能對答如流，請他主持馬政，他將每一匹馬都飼養得無比壯健，讓孝王十分高興，於是決定封給他一塊土地，並且賜姓爲「嬴」，讓他也能晉身貴族之階。

非子的官爵，連最小的男爵都還稱不上，只是一個附庸，孝王封給他的地也不大，約莫幾十里光景，可是，非子與他的子孫，卻能夠好好的經營治理這一小片土地，使得日後這個封國的國勢，日漸興盛起來。這個小附庸的名稱，就是秦國，也就是將來席捲天下的大秦帝國。

孝王在位期間，努力地樹立了天子的威儀，並且節省用度，讓周王國的政治情況稍有好轉，使得諸侯對他都相當的敬畏，只不過，他的地位並不合乎封建制度的傳統，以致於許多諸侯都是敢怒不敢言，等到孝王病逝之後，諸侯便共同擁立了原本懿王的太子燮繼位，是爲周夷王。

夷王原本就是因爲軟弱無能，才會讓孝王平白無故搶了他的位子這麼多年，現在，各國諸侯替他奪回了失去許久的王位，令他萬分感激，因此對於諸侯十分客氣，當他們朝見的時候，夷王往往會走下堂來，和他們說話，不再像過去的天子那般高高在上。

諸侯之所以擁戴夷王，並非沒有私心，當初孝王因爲個性十分剛烈，讓四方諸侯吃足了苦頭，好不容易等到孝王死了，他們當然希望王位能由柔弱的人來接任，剛巧前任太子符合這個條件，於是就用大義的名份，使夷王登位。如今，夷王果然沒有讓他們失望，不但對他們客客氣氣的，而且他們提出什麼要求，夷王幾乎都會答應，從來不擺出天子的架子。

然而，這種情況，正象徵著周天子的尊嚴正在快速的喪失，封建統治的基礎已經越來越不穩固。

當初被穆王遷移到太原的犬戎，竟然又再度開始侵擾，夷王派虢公前去征討，犬戎一看周人軍隊來到，立刻四下逃散，虢公抓了幾個俘虜，回國報喜，宣稱戰勝，以為日後便可寧靜，誰知道周軍一退，犬戎又再度出現，騷擾各地，神出鬼沒，使周人防不勝防，許多人請夷王拿出辦法解決，夷王卻只說：「反正，那些蠻族，只會騷擾邊地，就讓邊地的諸侯，自己去解決這個問題吧！」

南方的楚國，見周室衰弱，就趁機發展勢力，興兵征伐附近的小國，擴大了不少版圖，一向不願臣服於周的楚國國君，此時索性自己稱王，並且還封了自己的三個兒子當王，在南方的長江流域，與周王室分庭抗禮。

夷王的太子胡，性情刻薄寡恩，對父王如此放任諸侯百姓，以致各方都不尊敬，政治廢弛，朝綱敗壞，感到十分的不滿，他曾經多次上諫，希望父親嚴以御眾，夷王卻總是不聽。後來，夷王病死，太子接任王位，是為周厲王，乃一改父親的作風，凡事以嚴苛為本。

周厲王既然已經抱定了主意，要用嚴刑峻法來樹立威嚴，就必須找出有過失的臣下，拿來開刀。

那時，東方各國之中，有個紀國，本為姜姓，與齊國相鄰，兩國之間，經常發生一些小爭執，齊國實力比較強大，因此往往是紀國吃虧，紀國國君便懷恨在心，趁著厲王即位，各國的諸侯必須前來道賀，紀侯特別比其他諸侯更早到了幾天，晉見厲王，在厲王耳邊獻上讒言：「大王，您久居鎬京，對東方的事情不甚了然，有件事，臣不得不言哪！」

厲王睨了紀侯一眼，淡淡道：「說吧！」

「齊侯不辰身爲王舅，理應對大王全心全力的效忠，可是，齊侯卻害怕我主英明有爲，偷偷的招集一干小人，密謀……」紀侯壓低了嗓子：「密謀擁戴孝王之子接任，企圖謀害大王啊！」

「此話當眞？」

「千眞萬確！」紀侯說得斬釘截鐵，他知道，想要誣陷別人，就必須得有這種氣魄：「臣派了探子，在他身邊嚴密監視，消息來源，絕對可靠！」

厲王大怒，用力一拍，差點把身前的桌案給拍碎了，他恨恨地道：「想不到本王才剛剛繼位，就要有人來圖謀我這位子，哼！那些奸臣，一定要讓你們瞧瞧本王的厲害！」傳令左右，機密行事，嚴密佈置。

到了朝見新王的日期，各地諸侯列於庭上朝拜，厲王端坐台上，顧盼儼然，神情莊嚴肅穆。此時，有些諸侯已經注意到，列隊臣子之間，竟無齊侯蹤影，不知何故，便低聲問：「喂！怎麼沒見齊侯？難道是他回去了不成？」

「哪有來了又回去了的道理？昨天我還看見他，大概是睡過頭了吧！」

就在諸侯們猜測之時，厲王面帶微笑，朗聲說道：「列位愛卿，你們諸位都是本王的屛障，今日前來，令本王甚感欣慰。王特別準備了肉湯一鼎，希望各位享用！」

這不大合乎禮數，向來大享群臣，都是朝見典禮以後，哪有在朝見典禮上就這麼吃吃喝喝的？正奇怪時，外頭端進來一只大鼎，揭開蓋子一看，直把那全諸侯們嚇得面無人色，原來熱氣蒸騰的鼎裡，煮著的竟是人肉。

侍人將這鼎人肉分送諸侯，每人皆有一份，厲王道：「吃啊，吃啊！不要客氣，鼎中那人，是你們的齊侯啊！他可是本王的忠臣呢！本王還沒坐穩這個位子，他就想讓人把我從這個位子上趕下來，令立新王，你們說，他是不是個大忠臣啊？所以你們盡量吃吧，把忠臣的肉吃進肚子裡，自己也變成忠臣！」

諸侯們看著厲王殘酷的表情，聽他那惡毒的言語，個個心驚肉跳，在厲王的逼迫下，他們捏著鼻子，囫圇吞下了手中那碗人肉湯。這時他們都已知道，眼前這位新天子，和他的父王完全不同，卻又不敢多言，待退朝之後，乃互相辭別回國。

齊國的臣民接到這個噩耗，都覺得齊侯不辰甚為無辜，便替他辦了喪禮，諡號為齊哀公，並且因為齊哀公沒有子嗣，準備依照封建宗法，擁立他的同母兄弟公子山為君，這時卻有來自於周天子的命令，著公子靜為齊國的國君，為齊胡公，後來，公子山與一干對於厲王懷恨在心的臣子們，聯合起來弒了胡公，自立為國君，為了避禍，乃將齊國的國都，遷往臨淄。齊國的百姓，因為同情哀公的遭遇，對這位新國君，並沒有表示反對。齊國與周室的關係疏遠以後，自立自強，國力反而漸漸強大了起來。

遠在南方的楚國，聽說了齊哀公被烹殺的消息，很是害怕，知道當今天子不是好惹的，害怕厲王伐楚，於是悄悄地撤銷了王號，

那周厲王自從在諸侯面前樹威，因而覺得不可一世，諸侯們都怕他，讓他以爲自己應該要好好的揮霍一番，展現出更爲華麗的排場，才能夠更加突顯天子的地位，然而，困窘的財政情況卻讓他無法順利如願，後來他聽說，有個大夫榮夷公，對於財政的管理有獨到的見解，於是召見他來，與他詳談。

榮夷公說道：「現在，有許多民眾到山邊林野去開墾，這些地方是不用納稅的，可是，當百姓從山澤的開墾當中獲得了好處，那麼對於公田的耕種，就不再積極了，因此，臣以爲，應當壟斷山澤的利益，並且丈量已經開墾的田地，按畝徵收租稅，這樣，一定會讓王室財源增加。」

厲王聽得頻頻點頭，立刻命榮夷公替周王室處理財政。

大夫芮良夫聽說了榮夷公的辦法，向厲王進諫道：「榮夷公的辦法，那是與民爭利呀！萬物是天地生成，怎可由一人所壟斷？做天子的，應該要把天下財力平均分配，使得人人有飯吃，才能使百姓安樂，可是現在榮夷公把所有的財利通通搜刮得乾乾淨淨，這樣能不招來民怨嗎？如果有一個普通人，把所有的財產都把持了去，會被稱作強盜，那麼，身爲天子，去把持人民的財產，這算什麼？希望大王三思，不可重用榮夷公。」

「你那些陳腔濫調，說給別人聽去吧！本王沒興趣。」

「大王，」芮良夫仍不放棄：「如果大王執意重用榮夷公，一定會讓大周遭逢大災大難的！」

「妖言惑眾！」厲王命人將芮良夫給轟了出去，仍命榮夷公管理財政大權。

榮夷公十分盡職地完成了他的任務，對於山川林澤實行國家的專利，讓一般百姓無法進入這些地區進行打獵、砍柴、捕魚、採礦、耕種等等生產活動，斷絕了他們的一條謀生之路。

人們三五成群地聚集在街頭巷尾，議論起厲王的暴政，講到生氣的地方，往往會痛加指責厲王的不是，這件事傳進了厲王的耳朵裡，讓他覺得憤怒異常，立刻便要派人前去捉拿這些百姓。

召公進諫道：「大王，臣以為，百姓議論，乃是政治不合度的結果，要根絕這些議論，只有愛護人民，一切以人民利益為依歸，收回山澤的專利權，不再與民爭利，方為上策。」

「這種事你不會懂的，那些下等人，對他們太好，他們就會騎到你頭上！」厲王遣人找來一個衛地的巫師，要他負責監視臣民，如有妄加議論者，一律上報，並施以極刑，決不寬待。

那衛巫領了命，開始到處搜捕「誹謗天子」的人，弄到後來，人心惶惶，在路上行走都不敢交談，只敢用眼睛示意，積怨日深，危如累卵。三年之後，終於爆發了鎬京附近的國人眾叛亂，那些無法謀生，無家可歸，連話也不敢講的百姓們，再也受不了這種高壓的統治，拿起武器工具，憤怒地到處燒殺，包圍王宮，企圖除掉厲王。

厲王悄悄從後門溜走，倉皇逃出城外，一路逃到彘（今山西霍縣），躲藏了起來，王位空缺，大臣們討論的結果，決定讓王位暫時虛懸，由向來皆爲周室輔政大臣的周公與召公二人執掌國政。

這在中國歷史上，稱爲「共和」，還有一種說法是，主政的並非周召二公，乃是擔任共伯名字叫作和的人來主政，所以這段時間才稱作共和，不過不管怎麼說，從這一年開始，中國的歷史記錄，有了正確而連續不斷的紀年，可供推算，時值公元前八百四十一年。

宣王「中興」

共和十四年，周厲王死在彘地，周公與召公共同扶立太子靜即天子位，是爲周宣王。

在賢臣們的輔佐之下，宣王很有心思要作一番事業，甫一上任，便立即昭告國內臣子三件事：「第一，不得欺壓庶民，第二，不得魚肉鰥寡，第三，不得沉湎酒色。」

他戰戰兢兢處理國事，深怕重蹈父親的覆轍，因而嚴格任用官吏，刷新政治，任賢使能，實行了許多政治上的改革，使周王國的實力大增，並且開始大舉對外征戰，向北攻打玁狁，將這批日後被稱作匈奴的北方遊牧民族，趕回北方的草原；向南征服荊楚和淮夷，再度讓這兩個叛服不定的地區願意臣服於周天子。

諸多作爲證明了宣王是一個有爲的天子，因而贏得了諸侯的尊敬，宣王乃趁此時機，大會諸侯於東都，並在當地大肆狩獵，以展現周王室強盛的武力，爭取諸侯順從。宣王並且命人鑿山刻石，雕琢成石鼓十個，上刻詩句，記載大會東都的盛況。

與過去那段時間相比，宣王當國的時代，周朝著實又強盛了起來，因此有人便把這個時代，稱作「宣王中興」，不過事實上，這只是周王朝趨向沒落的一次迴光返照而已，與周公成康的時代相比，現在的周王室，王畿範圍狹小，朝貢諸侯減少，根本就算不上強大，實力頂多只能算是一個比較大的諸侯國，有著天下共主的名稱，如此而已。

等到周公、召公那班老臣死去，宣王也老了，他不再像即位之初那樣的謹慎，政事就這麼再度鬆弛下來。

某年初春，天氣特別寒冷，那凍結許久的大地，似乎還沒有要醒過來的意思，然而從時令來看，已經到了準備犁田播種的時候了。周朝以農業立國，特別重視耕種之事，周天子也有一千畝的田地，每年都必須有收成，用來祭祀祖先。依照慣例，這個季節，總應該由天子親自下田推動那犁耙，翻第一次土，表示不忘本，再由專人負責耕種，這叫作籍田之禮，因此大宗伯啓奏道：「大王，請降下旨意，籍田大典應於何日舉行，好讓臣下吩咐人安排。」

宣王已經老邁，對於這種純屬象徵的活動興趣缺缺，於是下令道：「今年天氣嚴寒，寡人身體不適，籍田大典，就免了吧！」

此語一出，立即引來群臣上諫，說是這樣破壞了祖宗家法，有違傳統，宣王卻只是不聽，正巧這時魯武公來朝，宣王就把籍田的事擱下了，叫人去辦理魯武公求見之事。

武公帶了長子括和少子戲一同參見宣王，那公子戲面貌英俊，聰明伶俐，甚得宣王喜愛，比起愚笨魯鈍的長子括，好了不知道多少倍，可是偏偏依照封建宗法，魯武公的繼承人，應當是長子括，魯武公就是爲了這個原因，才把兩個兒子帶來參見宣王，宣王便道：「你就立公子戲爲太子吧！雖然不合法度，可是，這是特殊情況，其餘諸侯斷不可仿效。」

後來，公子戲繼位了沒幾年，魯國就發生了內亂，公子括的兒子伯御起兵殺死了戲，自己取而代之，消息傳到周朝，讓宣王極爲惱怒，這等於是挑戰他的王權啊！因此宣王親自率兵討伐魯國，殺了伯御，另立公子戲的弟弟爲魯孝公。

這樣一來，讓宣王在諸侯的心目中地位盡失，他們也就不再願意奉宣王的號令了。

後來，宣王的軍隊在西邊遭到犬戎的擊敗，讓他的實力大損，只好就地在太原地區檢查戶口，以便日後徵兵徵稅之用，此舉惹來民怨，等於替岌岌可危的周王室，又重重地給了一拳，打得它再也抬不起頭來，到了宣王之子幽王即位的時候，局面已經到了無法挽回的地步。

一笑傾國

周幽王是個不成材的天子，他沒有父親宣王年輕時的才幹，倒是學會了父親年老時的懶散；沒有祖父厲王的氣魄，倒比祖父更爲暴虐。

彷彿上天也在向他示警，即位的第二年，鎬京所在的關中地區，發生了前所未有的大地震，河川改道，屋宇坍塌，甚至連周人發跡之地的歧山，也被地震給震得崩了一大片，幽王躲在堅固的樑柱後面，毫髮未損，後來，大臣們上奏說道：「此乃天降災異，望陛下明察！」

「什麼災異？」幽王笑著拍了拍身子：「你們看，我不是還好好的嗎？這表示我身爲天子，一定還是受到上天保護的。」

幽王不但對於復原的工作絲毫不在意，反而還徵調民力，前來替他修築破損的王宮。一些比較有見識的大臣們，私底下紛紛討論著：「現在的情況，簡直就像是夏桀、商紂的時代一樣，我看，大周的日子，已經不長久啦！」

地震過後不久，幽王便讓人把王宮修理得煥然一新，他在這幾乎是重新建造的王宮當中信步閒逛，看見那宮中服事的女子，一個個容顏衰老，覺得很不是味道，便對身旁隨行的虢公石父說道：「你看，爲什麼我堂堂天子宮中，盡是一些老太婆在伺候，難道就沒有年輕貌美的嗎？」

虢公是個阿諛之徒，一有機會進讒言，便打蛇隨棍上，道：「現下宮中女子，全都是先王時代留下來的，先王在位四十多年，宮女豈能不老？不若請大王另擇良辰吉時，遣人至各地挑選美貌女子進宮服事。」

幽王眉開眼笑：「擇什麼良辰吉時？就今天吧！你快去把這事辦得妥當。」

虢公辦起其他的事向來不怎麼樣，可是辦起這事，那可眞是比誰都要俐落，如此一來，果然使得王宮的景象更加耀眼奪目，美女環繞，令幽王龍心大悅，每天只願意待在後宮之中玩樂，再也不理會政事。

一日玩得累了，正坐著休息，一名宮女端上美酒一杯，給幽王享用，幽王看見那雙端著杯子的玉手，白嫩纖細，不由自主往上一望，但見那宮女，膚如凝脂，眼若秋水，美得好似天上仙女下凡一般，讓幽王怔怔地半天說不出話來，等到宮女退了出去，這才回過神來。

「剛才，是我眼花了嗎？」幽王以為自己在作夢，可是看見自己手裡端著的酒杯，便知道那並不是夢，於是問左右道：「剛才那宮女是誰？」

「稟大王，那是褒國進獻的女子，姓姒，去年進的宮。」

「去年就進宮了？怎麼我從來沒見過她？」

「此女因為態度不怎麼好，所以一直不敢讓她服侍大王，最近教得懂禮數了些，才敢讓她替大王奉酒。」

「什麼禮數不禮數，這樣的美人，沒讓我早點見到，那是你們的罪過啊！」幽王揮了揮手道：「快傳，快傳她進來！」

所謂的態度不好，其實只不過是她不愛笑，美豔絕倫的俏臉蛋上總是一副冷冰冰的模樣，不過幽王不在乎這些，似乎她越冷漠，幽王越是喜歡她，從此，幽王的眼中，除了這個名叫褒姒的冰山美人之外，再也容不下其他的女子了，只要褒姒一句話，一切享用，要多奢侈，有多奢侈，只為了求得褒姒能夠舒展歡顏。

褒姒得寵，讓其他的妃子都被冷落，最生氣的，莫過於幽王的正室申王后，她是名門之後，申侯的女兒，大家閨秀，竟然比不上一個小國民女，讓她覺得憤恨不平，「哎！」她哀聲嘆氣，望著已然長成一名魁梧少年的兒子，說道：「宜臼啊，你是太子，娘現在就只能盼望你了。」

可是，沒過多久，褒姒也替幽王生了一個兒子，取名叫伯服。幽王對這個兒子無比寵愛，當然，那也是因爲褒姒的關係，只要褒姒喜歡，幽王無不盡力完成，哪怕是摘下天上的星星。

只不過，褒姒還是不喜歡笑。

「你呀！」幽王摟著褒姒，輕捏著她的粉嫩臉蛋：「生得這般好看，可是就偏偏不喜歡笑，如果你笑起來，一定會更迷人的。」

褒姒搖了搖頭，柔聲道：「臣妾自小就沒覺得什麼事好笑過，再說，臣妾笑起來醜得緊，怕大王會厭煩的。」

「不會，不會！」幽王正色道：「不管怎麼樣，我都不會對你厭煩的。」

他也算個癡情男子，只不過，假如這個癡情男子手握重權，局面危急，又有小人環伺的話，只怕他的癡情，就不是好事了。

虢公石父看準了幽王寵愛褒姒這一點上，趁機討好褒姒，作爲自己日後的進身之階，於是開始在幽王的耳邊說申王后的壞話。「大王！」虢公道：「臣聽說申王后對大王寵愛姒夫人一事，十分不悅啊！」

「她當然不悅！」幽王笑道：「寡人很久沒去看她了嘛。」

虢公降低了音量，在幽王耳邊低聲道：「可是，臣還聽說，王后娘娘經常說些抱怨的言語，有些話，不大該說呢！」

「有這種事？」幽王道：「她都說些什麼？」

「她說，等到將來太子即位，她們就會有好日子過了，而且……」虢公瞥了一眼幽王身旁的褒姒：「她還說，到時候一定要讓褒姒娘娘好看……」

褒姒很害怕，躲在幽王身後。

「這還了得？我還活得好好的，那……那女人竟然說得出這種話？」幽王氣得嗓子都啞了，顫聲道：「哼！我到要看看，她能有什麼好日子過。」

隔日，幽王便不由分說地宣佈廢后，並將太子宜臼一併廢除，同時改立褒姒為王后，伯服為太子。

這個突如其來的舉動，震驚了滿朝大臣，也令各方諸侯覺得錯愕，申后從未犯下什麼過錯，太子也無作出什麼背德之事，突然間遭到罷黜，實在冤枉，幽王的叔父鄭桓公多次上諫，幽王分毫也聽不進去。宜臼害怕了，今日被廢，明日只怕就要被殺，因此偷偷帶了母親逃出王宮，逃到母親的娘家申國去。

幽王立了褒姒為后，便更寵愛他了，經常帶著她到處去遊山玩水，只不過由於財政問題尚未能夠徹底解決，因此只能在王畿附近遊樂。這一日來到了鎬京東邊不遠之處的驪山，但見那山上層巒疊嶂，松柏參天，風景十分秀麗，登上山巔，向下眺望，周圍的山川美景，盡收眼底，身旁又有心愛的絕色美人相伴，幽王心中大感暢快，連廢太子宜臼出走之事，他也暫時拋諸腦後。

這時幽王突然注意到，褒姒那翦翦雙瞳，凝望著遠方的山脈，似乎對山上那一座一座夯土臺墩十分有興趣，於是問她：「愛妃可知那是什麼？」

褒姒輕輕搖搖頭：「臣妾不知。」

「那叫烽燧，又叫烽火臺，外敵來侵的時候，只消點著了烽火，就會有黑煙竄得老高，附近的諸侯看了，立刻帶兵前來救援，以保我大周永世太平！」幽王笑著：「你知那烽火的燃料是什麼？」

褒姒搖頭。

「是狼糞哪！嘿嘿！」幽王似乎很得意：「狼糞一燒起來，那黑煙可不得了，任憑多大狂風，也難以吹散，呵呵！可難爲那些底下人了，那麼多的狼糞，可不好找。」

幽王滿口狼糞，似乎令褒姒覺得有些難以忍受，於是隨口問道：「何以見得那些諸侯眞的會派兵前來？」

「這是規矩呀！這是祖宗家法，君臣之道。」幽王神氣地說：「我大周封給那些諸侯們百姓土地，到了大周危急之時，他們派兵來援，不是天經地義麼？」頓了一下，又道：「要不，我叫人把烽火點上，讓你瞧著看看！」

「不好吧，大王！」褒姒皺起秀麗的眉毛，說道：「假如那些諸侯們眞的率兵趕來了，大王不是失信於人嗎？如果以後眞有萬一，他們恐怕就會不願意來了。」

「放心吧！我是天子，他們是諸侯，我的命令，他們就得聽，哪裡有什麼失信不失信的道理？」幽王一面自誇，一面叫人把烽火點上。

頓時之間，狼煙四起，直沖天際，附近諸侯看見漫天亂竄的黑煙，知道那是驪山烽火，以爲眞有外敵入侵，只不知是犬戎還是玁狁，急急忙忙的點播了國內的兵馬，提起刀劍，也顧不得什麼隊伍整齊不整齊的問題，飛也似地馳向鎬京。到了烽火台下，只看見鎬京城穩如泰山地坐落在關中平原之上，哪來的什麼敵人入侵？又急忙奔往驪山，看見幽王和褒姒與一干宮中隨員，端坐在離宮高臺上飲酒談笑，心中覺得愕然，忐忑不安地差人詢問。

接連趕到的許多諸侯，也都是如此。

看見那些諸侯帶著兵馬，一副丈二金剛摸不著頭腦的模樣，褒姒竟「嗤」地一聲，笑了出來，那模樣楚楚動人，百媚橫生。

幽王大喜，他摟起褒姒輕盈的身軀，轉了一圈：「你笑了，你終於笑了！」他把褒姒放了下來，溫柔地對她說道：「如果你喜歡看，我就經常來這裡點狼煙給你看。」

褒姒嘆道：「還是別了吧！那些諸侯們，率領著千軍萬馬，也夠可憐的，以後就別這麼耍弄他們了吧。」

左右小臣前來稟報：「大王，山底下的諸侯們想要知道這是怎麼回事。」幽王道：「你就告訴他們，因爲烽火臺長久以來都未曾使用，我擔心大家都不知道那是作什麼用的了，所以才點燃了來試試。」小臣待要領命，幽王又叫住了他：「對了，記得和他們說聲，長途跋涉，辛苦他們了！」

鄭桓公也在這群諸侯當中，他知道幽王無故點燃烽火，只爲享樂，於是來到幽王面前，進諫道：「先王設置烽火，只是爲了不時之需，現在大王無故舉烽，失去了信用，到時候萬一眞的有事，那該如何是好？」

幽王心情正好，因此他和顏悅色地對鄭桓公說道：「叔父未免顧慮太多，現在天下太平無事，哪用得著烽火呢？」說著笑了起來：「叔父啊！你知道嗎？你說的話，和王后之前說的話一個模樣呢！」

鄭桓公瞥了褒姒一眼。他對這個女人向來沒什麼好感，於是拱了拱手，退出殿外，轉身離去。

今日驪山烽火之事，雖令幽王大悅，卻有一件事成了心裡的一塊疙瘩，他的眼睛尖得很，發現前來救援的諸侯當中，並沒有申侯的蹤影，回到鎬京宮中，把這件事和他的疑慮與虢公討論。

虢公道：「廢太子逃到了申侯那裡，申侯膽敢收留，已經形同叛逆，大王，不如召集諸侯大會，如果申侯前來，逼他交出廢太子，挫他銳氣，如果他不來，表示他眞的是叛逆，大王就可以派兵征討，趁機消滅心頭之患。」

「此計大妙！」幽王道：「那麼就在明年春天，地點嘛，就選在太室山吧！」

太室大會，由鄭桓公代表諸侯，舉行歃血爲盟的典禮。幽王往底下諸侯掃視一遍，果然沒有看見申侯的蹤影，於是等到大會完畢，幽王乃當眾宣佈：「申侯不來與會，又收留寡人家門叛逆，想必是有了不臣之心，應該予以討伐！著虢公石父率軍，出征申國！」

申侯在國內聽見這個消息，連忙召集群臣，共商對策。有人認爲應將太子宜臼獻出，以保平安，有人卻認爲天子無道，不應與其妥協，當奮力一博。

申侯道：「太子與我乃甥舅之親，不能獻出太子，我願與周王奮力一拚，奈何與周室相比，我國兵力微薄，難以對抗，只有借助外人兵力。」

臣下們不解申侯之意，附近的諸侯，都已參加過少室大會，與周訂有同盟關係，如何會肯借兵給申國？

申侯道：「西方犬戎部族，向來強悍，我欲施以重金，借用犬戎兵力，與周王師對抗，不知眾卿以爲如何？」

全臣紛紛點頭稱是，其中一人更獻計道：「臣以爲此還不是萬全之策，應當領著犬戎大軍，直搗鎬京，此際鎬京城內已然空虛，定能成功，事成之後，再恢復王后太子的地位尊號，我主必可立下不世之功！」

申侯聽從了這個建議，便派了人去和犬戎商量。犬戎長久以來，便和周王室水火不容，現在申侯捧了大把大把的金銀，請求他們去攻打鎬京，他們自然十分爽快地答應了。

申侯領著犬戎大軍，刻意避開虢公的討伐軍，直接撲向鎬京，幽王得報，大吃一驚，連忙傳令立刻派兵抵禦。

「大王，鎬京的兵力都被虢公帶了去打申國啦！」

幽王焦急萬分：「打申國？現在人家申國打過來了，還帶了更多的犬戎兵，虢公人在哪裡？」

「啓奏大王，不……不知道！」

幽王大怒，一刀殺了那個稟奏小臣，隨即命令左右，點燃驪山烽火求救。

自從上次與褒姒烽火係諸侯之後，幽王玩得興起，又到驪山去點了好幾次烽火給褒姒看，上當的諸侯越來越少，到後來幾乎沒有人願意前來。如今鎬京面臨危難，幽王別無他法，點燃烽火求援，只不過是在狂風大浪之中尋找一片枯木的做法而已，連他自己都覺得，應該不會有人願意來救他吧！

只有一名諸侯前來，那便是忠心耿耿的鄭桓公，他對驚惶萬狀的幽王說道：「大王，敵軍來勢凶猛，鎬京城只怕不保，請大王暫時退避，由微臣一死斷後！」

鄭桓公原本也以爲幽王又是在開玩笑，所以帶來的兵馬不多，與犬戎激戰了幾回，便已不敵，終究還是遭到團團圍攻，亂槍刺死。幽王在城破之際，帶著褒姒、伯服逃出城外，沒多久也被犬戎士卒追上，幽王、伯服被亂刀砍死，褒姒因爲貌美，被犬戎擄去，獻給了酋長。

太子宜臼也隨軍前來，他在後方看著，只覺得此次攻打鎬京，已然場面失控，犬戎生性蠻橫，一旦燒殺起來，哪能罷手？申侯名義上是率軍指揮者，可是到了這時候，卻對犬戎的恣意破壞一點辦法也沒有。

鎬京歷經了前所未有的浩劫，燒殺多日，已殘破不堪，到處都是死屍，雄偉的宮殿燃起熊熊大火，化爲一片焦土。

宜臼找到了幽王的屍首，難過得流下了眼淚，幽王雖待他不仁不義，可是終究還是他的父親。他命人把幽王斂葬，自己則宣佈即位天子，是爲周平王。

由於鎬京已經遭到了嚴重的破壞，宜臼乃將國都遷往東方的成周洛邑。

從武王伐紂滅商，到幽王遭到犬戎所殺，一共歷經兩百五十七年，西周滅亡。

名義上，周天子仍然掌握著天下，可是從這個時候開始，已經又是一番全然不同的局面了。

第三章：春秋爭霸

西周的滅亡，代表著由周王室所建立的宗法封建制度，已經走向全面崩潰，平王東遷洛邑，延續了周的國祚，只不過，從這時候起，周天子的地位，已經大不如前。

從前，諸侯不聽號令，周天子可以任意撻伐，甚至掌握生殺大權，可是如今，周天子甚至必須和諸侯國相互交換質子，才能取得諸侯表面上的擁護。

強大的諸侯，只需要在名義上得到周天子的認可，便可以稱霸，可以號令天下，可以比照從前天子才有的權力，大會諸侯。

每隔一段時間，就會有一位霸主興起，用他獨特的方式稱霸。

春秋時代，就是這些霸主的時代。

周鄭交質

寒風吹進成周洛邑的周室宗廟，讓擔任守衛的士兵打了一個冷顫，他的面容憔悴，盔甲黯淡，神情中帶著幾許無奈，幾許落寞。

依照封建制度，雖然輩分不高，他還算是個貴族呢！有受教育的權利，也有擔任衛戍之職的責任，只不過，在他的心中，總覺得少了什麼，好像他自幼所學的一切，什麼封建，什麼宗法，都是假的一樣。

衛士輕輕嘆了一口氣，沒有任何人注意到他，他又能怎麼辦呢？就連眼前的天子，也對目前的情況束手無策，他一個小小的衛士，又能如何？

那象徵無上權力的九鼎，陳列在宗廟兩側，上面蒙了一層灰，也沒人想到應該去把它們擦一擦。

周平王帶著稀稀落落的幾個人，準備了牲禮，前來祭拜祖先。前方立著周代先賢的牌位，文王、武王、周公……彷彿在指責，又彷彿在嘲笑，嘲笑平王身爲周天子，卻讓蠻夷之邦把國土破壞了一大半，周公當年爲了監視東方，展現周室強盛的實力，因而建立的戰略據點城周洛邑，如今竟成了維繫周室命脈的最後一絲希望。

「列祖列宗們！」平王語帶哽咽：「兒臣不肖，愧對祖先，愧對天下！」

平王依照著祖先留下來的禮節，舉行祭祀，臣子們依序行禮。平王的舅父申侯，並不在場，當初，引犬戎之兵攻打宗周的，就是申侯，這只是權宜之計，爲了自保，也爲了保護平王，可是，犬戎的野蠻性格最後終於一發不可收拾，將三百年來輝煌壯麗的鎬京，化爲一堆瓦礫，這是所有人始料未及的。

算起來這件事平王也有錯，申侯與眾臣討論出兵事宜之時，還是太子宜臼的平王也在場，他並沒有反對這件事，當時的他，自身難保，也沒有權力反對，更何況申侯這麼做，不就是爲了他麼？

可是如今的他，已經是天子了，天子是不可以犯錯的，天子也不會犯錯，所以，整件事的錯誤，就由申侯來承擔。

申侯退回了自己的國家，與其他眾多封國一樣，只能安分守己地屈就於一個小國的地位，與他力保平王登位的赫赫功績，毫不相稱。

倒是那些宗周大亂之時，保著平王與九鼎，趕赴洛邑即位的諸侯們，獲得了極多的封賞。鄭武公、晉文侯、秦襄公，這些長久以來一直效忠於周室的諸侯們，在這場延續周室命脈的戰爭中，立下了大功，各自懷著不同的心情，參與這次的祭典。他們覺得，以後周天子大概只剩下了空殼一具，能夠號令天下，維持諸侯之間穩定發展的，只有最具實力的國家。

秦襄公，他的祖先不過是個替周天子養馬之人，因功成了附庸，有了自己的封地，幾代以來努力經營，這時已經自行晉位公爵。晉文侯，他的始祖唐叔，只不過因為當時周成王的一句戲言，就被周公封了一片廣大的國土，與周室的關係始終親密，受到宗法的約束也就更深，這時，仍為侯爵。不過，他們都知道，這時他們或許還沒有能力與天下各國相爭，但只要他們好生經營，他們的子孫，一定能有號令天下的霸者。

鄭武公算是與稱霸一事最為接近的了，他的父親鄭桓公，為了保護周幽王，率軍殿後，結果死在犬戎的圍攻之下，而他，卻保護著與幽王處於對立的太子宜臼，一路遷往洛邑，即周天子位，延續周朝國祚。沒有誰對誰錯，只是觀念差異，幽王無道，但畢竟是天子，所以鄭桓公沒有錯。宜臼本是太子，有繼承地位的權利，卻遭到無故罷黜，現在討回了原本應屬於他的地位，所以鄭武公也沒有錯。

錯的，也許只是這個時代吧。

鄭武公把都城設立在新鄭，並且以此爲據點，把當初幽王身邊的奸臣虢公石父所屬的兩個國家：東虢和鄶國，並且與當地的商人訂立條約，制定許多有利於商業發展的條約，促進了鄭國的商業發展。

鄭武公的夫人，是申侯的女兒，名叫武姜，她替鄭武公生了兩個兒子，大兒子出生之時，胎位不正，頭上腳下，武姜差點因而難產至死，因此，她很不喜歡這個兒子，這個倒著出生的兒子，就被命名爲寤生。

武姜經常在鄭武公面前說寤生的壞話，並且希望武公將來把地位傳給二兒子段，可是這個寤生，自幼便聰明伶俐，很早就展現出一個身爲領袖的才華，甚得鄭武公賞識，因此，武公並不同意武姜的話，到了武公執政的第二十七個年頭，鄭武公逝世，便由寤生繼位，是爲鄭莊公。

鄭莊公即位之初，地位相當不穩定，最大的危機，就來自於他的母親和弟弟，母親要求他，把弟弟段封到京邑，爲京城太叔，鄭莊公照准。

大臣祭仲聽了這消息，覺得有些不安，便對莊公說道：「京邑是個比新鄭還要大的城池，將來段的勢力大了，恐將對我主構成威脅。」

鄭莊公嘆了口氣：「這是我母親的意思，你說，我又能如何？」

祭仲道：「那就請主公小心提防，不要讓公子段的力量發展起來。」

鄭莊公微微一笑：「愛卿不必擔心，公子段乃寡人胞弟，不會對寡人做出什麼不利舉動的。」

鄭莊公表面上這麼說，可是實際上早已對此事有了防範，一切動作均在秘密之中進行，之所以不願明言，只不過是不願意讓太叔段有所防備而已。

太叔段在新鄭派了不少探子，回來向他稟報，都說鄭莊公從來不曾採納大臣意見，對京城有所防備，於是太叔段便很放心地迅速擴展自己的勢力。他在母親暗中支持下，將京邑西方與北方的城池全部納入自己的掌握，進而加以併吞，勢力大爲擴張，甚至已可與鄭莊公相抗。幅員不大的鄭國境內，竟似有兩個國君發號施令一樣。

公子呂將這件事告訴了鄭莊公，請問他的意見，並且勸他應該盡快採取行動，鄭莊公卻搖頭說道：「沒有確切的證據，我師出無名，還是等一等吧！不過，如果愛卿所言爲眞，那麼，太叔不過是自取滅亡而已。」

確切的證據不久之後出現，從京邑方面傳來的消息指出，太叔段見鄭莊公對他所作所爲不聞不問，以爲莊公孱弱，便開始積極積聚糧草，準備武器，訓練軍隊，並且和武姜勾結爲內應，計劃突襲新鄭，篡奪國君地位。

「是時候啦！」鄭莊公道。

多年來，他隱忍著，不動聲色，在沒有人知道的地方操兵練馬，就爲了等這一天。公元前七二二年，莊公二十二年，鄭莊公親自率領兵車二百乘，甲士二千人，步卒二千人，前往京邑討伐，京城的民眾對於太叔段都沒有什麼好感，待鄭莊公的軍隊到來，便與他聯合起來，共同將太叔擊潰。太叔段落荒而逃，逃到共國，從此再也沒有能力與鄭莊公相爭。

莊公的地位坐穩了，卻對母親武姜懷恨起來，把她送到城潁地方看管起來，並派了衛兵監視。大臣向他上諫，說這是不孝的行爲，他卻憤憤不平地說道：「她身爲寡人母親，卻與太叔聯合起來，意圖置寡人於死地，寡人在此立誓，今生若不到黃泉，絕不與她相見！」

他的話說得堅決，可是不到一年，他便開始後悔。

周人一向最重視孝道，鄭莊公的母親，雖然對他不起，可是在他內心深處，終究還是渴望著與母親和解的，這時，有個大夫潁考叔，看出了鄭莊公的心思，便進獻了一些東西給鄭莊公，藉故求見。

莊公高興地設宴款待潁考叔，席間，潁考叔將桌案上的肉留了下來不吃，那時，一般人的食物多半以五穀雜糧爲主，即使是貴族，想吃到肉畢竟是不大容易的，因此鄭莊公問道：「怎麼？是嫌肉煮得不好吃麼？還是捨不得吃？別在意，肉有的是，你盡量吃，不要客氣。」

潁考叔道：「臣並非客氣，只是想帶些肉回去給母親吃。」

鄭莊公聽了這話，長嘆一口氣，說道：「你家中還有母親可以孝敬，寡人卻沒有啊！」

潁考叔故作驚奇，問道：「敢問我主，這是何故？武姜夫人不是還健在嗎？」

鄭莊公將來龍去脈說了，並道：「寡人至今懊悔不已，奈何之前已經立下重誓，不到黃泉，絕不相見，不可以違抗啊！」

當時的人們，對於誓言是極爲重視的，他們相信，言語的背後，都有神明在觀看評斷，絕對不可以隨便亂說。潁考叔當然也知道這一點，便把自己早就想好的解決方法告訴鄭莊公：「微臣倒有一計，我主可以在城潁宮中，挖掘出一個深達泉水的地道，然後與武姜夫人在地道中相見，如此，你們不是就在黃泉路上相見了嗎，這樣就不違背誓言了。」

鄭莊公欣然採納潁考叔的建議，與母親重新相見，之前的恩恩怨怨，在這不見天日的地道、相擁而泣的聲響之中化解。

解決了朝中紛爭，鄭莊公開始將眼光移往天下。

他與遠方的魯國、齊國交好，率領軍隊擊敗了鄰近的宋、衛、陳、蔡四國聯軍，奠定了鄭國成爲軍事強國的基礎，又與齊、魯聯合，向南消滅了許國，穩定了南方的局面，同時召集了附近的許多小國，共同舉行大會，訂立盟約，使得鄭國的版圖大爲擴張，國力十分強盛，成爲春秋初期的一方霸主。

鄭國的強大，威脅了周王室的地位，這讓身爲天子的周平王，難免懷疑鄭莊公四處攻伐的用意。

當初鄭桓公受周宣王任命爲王國的司徒，這個職位，也是世襲罔替的，到了鄭莊公之時，平王見鄭國日漸強大驕橫，便把原本屬於鄭莊公的一些司徒職掌和權力分給了其他的公卿。

對於此事，鄭莊公十分不悅，他可不像他的父祖，那麼義無反顧地忠於周王室，想得到他的效忠，那是有條件的，你剝奪了屬於我的權力，還想要我爲你效忠？於是鄭莊公當面質問平王。

平王此時已經老邁年高，不願與強大的鄭國發生爭執，陪笑著道：「莊公不必多疑，沒有的事，沒有的事！」

鄭莊公仍不肯相信，恨恨地道：「無風不起浪啊，大王，現在滿朝文武鬧得沸沸揚揚，就算大王向我提出保證，我也擔心奸人作祟啊！」

「那麼，就讓我用王室成員的性命，來替你擔保吧，這樣，你總可以相信了吧？」

「口說無憑。」鄭莊公冷笑。

「好！」平王憤怒卻無奈地說：「就讓你我兩國，相互交換人質，作爲擔保，這樣行不行？」

鄭桓公同意了，平王的兒子王子狐成了鄭國的座上賓，鄭國的公子忽也作爲人質在洛邑城中居住下來，這就是「周鄭交質」。此一事件令天下諸侯皆盡譁然，堂堂周天子，竟然淪落到要和臣下交換人質，才能換得臣下的忠心？周天子的地位再度受到重挫。

平王死後，繼位的周桓王對鄭莊公的跋扈囂張早就看不慣，以平王遺志爲由，將鄭莊公處理朝政的所有權力完全剝奪，交給虢公林父。

鄭莊公恨恨地道：「奪我地位，那就是削減我國的收入了，哼！以爲這樣我就甘休嗎？屬於我的，一定會被我搶回來。」於是派了軍隊去搶奪周王畿內的麥子，又強割了成周附近的稻禾。

周、鄭的實質關係再度惡化，不過表面上，鄭莊公還是會定期去朝見周天子。

桓王想要擺出天子的架子，接見之時，姍姍來遲，讓鄭莊公等了好久，見了面，大剌剌地不大搭理鄭莊公，只顧著與其他一些小國的君主閒話，鄭莊公氣得拂袖而去，桓王則贏得了精神上的勝利。

過了幾年，周桓王還想顯示自己的地位，宣佈將鄭國領內收成豐富的幾個領地收歸周王室所有，另外封了鄭國幾個荒蕪的田邑，這個舉動令鄭莊公大爲震怒，正式決定與周王室翻臉，不再前去朝見。

這給了周桓王一個很好的理由。公元前七〇七年，周桓王親自率領了由陳、蔡、虢、衛各國諸侯聯合的軍隊討伐鄭國，鄭莊公按兵不動，等周王大軍先行出動，隨即率領了曼伯、祭足、原繁、高渠彌等大臣所領的大軍，與周王在繻葛（今河南長葛縣東北）地方開戰。

探子來報，周王大軍共分三路，桓王親率中軍；虢公林父統帥右軍，節制蔡、衛兩國軍隊；

周公黑肩任左軍統帥，統領陳國軍隊。

隨軍出征的公子突對於戰術運用十分敏銳，建議莊公：「陳國國內目前正值內亂，軍隊全無鬥志，我軍可以先行向其發動攻擊，陳軍必然敗逃，到時候，桓王軍隊又要與我軍作戰，又要照應陳軍，陣勢必定混亂，蔡、衛兩國本來就弱小，看見全軍陷入混亂的話，一定也會逃竄，這時我軍便可集中全力，攻打周王軍隊，必然可以得勝。」

鄭莊公採納了他的計策，果然將周桓王的軍隊殺得大敗，桓王在後退之時，被鄭國的箭士祝聃射中一箭，傷在肩膀，桓王忍住疼痛，勉強指揮著殘餘軍隊，逃出鄭軍包圍。

祝聃對鄭莊公道：「請讓小臣追上去，活捉周王！」

鄭莊公捻著鬍鬚，微微笑著，搖了搖頭：「以下犯上，已經是我不對了，我怎麼好逼人太甚，還去欺凌天子呢？鄭國不受損失就好。」他頓了頓，又道：「對了，祝聃，你今天表現不錯，回頭寡人必有重重封賞。」

「多謝我主！」

當天晚上，鄭莊公為了展現自己「尊王」的胸懷，贏得天下諸侯的尊敬，便派遣祭足等人，前往洛邑探望受傷的周桓王。

鄭莊公的裝模作樣也許只騙得了他自己，任何明眼人都看得一清二楚，經過這場繻葛之戰，周王國元氣大傷，周天子再也沒有實力號令天下了。更重要的是它的象徵意義：過去那「禮樂征伐自天子出」的局面，一去不復返，今後的世界，將演變爲一個依靠實力爭奪霸權的世界。

鄭莊公算是春秋初期的一個霸主，繻葛之戰後不久，北戎攻打齊國，齊國向鄭莊公求救，鄭莊公便派了公子忽率軍馳援，大敗戎兵，俘虜了數百名甲士。第二年，鄭莊公又聯合齊、衛兩國軍隊，討伐與東周親近的盟、向二國。

周桓王再也不敢和鄭國作戰了，只好忍氣吞聲地將盟、向二國的領主遷移到別的地方去，把兩國之地給了鄭國。

鄭莊公的威信橫掃宇內，在位一共四十三年，始終是各國諸侯當中最有權力、最有聲望的人。

只不過，鄭莊公死後，繼任者並不能維持他的霸業，也不能讓鄭國持續強大。鄭國畢竟太小了，國力資源總是有限，而且地理位置的缺憾使它難以繼續發展，等到齊、晉、秦、楚等大國興起，鄭國的重要性，就很快地消失，甚至淪爲大國宰割的目標之一。

管仲與齊桓公

齊國的都城臨淄，是當時天下最爲繁華的城市，人丁滋生，戶口殷實，來往的商旅川流不息，各式各樣的貨物應有盡有，城西的雍門城外，有著一間不起眼的小酒棚，商人們最喜歡在此歇腳，順便喝幾盅店家自己釀製的美酒，以慰勞南北往來的辛勞。

此時，小酒棚裡，兩名青年席地而坐，對飲談笑，看樣子，他們已經喝了不少，不過幸好他們喝的只是名爲「泛齊」的濁酒，純度不高，所以他們並沒有喝醉。

兩名青年的儀表皆屬不凡，不過穿著卻不大相同，一個穿著細緻的絲帛衣裳，一個卻隨性地披了件寬鬆的麻布葛衣。兩人交情很好，無話不談，穿著麻布衣的那人放下酒盅，吁了口氣道：「夷吾啊！我們這次一別，不知何年何月才可以再見！」

名喚夷吾之人笑了笑說道：「鮑叔不必太感傷，我估計，再過不久，你我二人，便可重聚。」說著臉色黯淡下來：「只不過，到時你我各爲其主，會是如何一番光景，那便很難說了。」

鮑叔低聲說道：「你說說，主上這些年來這般胡整，會不會出亂子？」

夷吾替自己斟了一盅，一飲而盡，緩緩說道：「大亂在即，大亂在即啊！」

「小聲一點吧！」鮑叔十分緊張地往四周看了看：「當心隔牆有耳。」

「哈哈！」夷吾笑道：「哪兒來的牆啊？」

鮑叔也笑了，他說道：「可說的是啊！就算眞出了什麼大亂子，也破壞不了咱們哥倆的交情！」

這時夷吾突然斂起了笑容，神情嚴肅地替好友和自己斟滿了酒，坐正了身子，高舉酒杯，對鮑叔說道：「鮑叔兄，今日在此，我有句肺腑之言，一定要告訴您！我管仲這輩子到現在都沒做對什麼事情，唯一做對的一件事，就是和你鮑叔牙成爲今生至交，小弟在此敬你一杯！」說著將酒仰頭喝乾。

鮑叔牙把酒喝了，笑著說道：「我還以爲你要說什麼大事哩！忽然這麼正經八百的。」

「當年，你我二人年少之時，一同做生意，賺來的錢我總是想多分一份，有人說閒話了，你卻幫著我講話，說我家中比較貧窮，需要更多的錢。後來，咱們一塊去打仗，我從戰場上逃了三次，所有的人都笑我，只有你說我是爲了保重身子，才能奉養老母，是盡孝道。」管仲的話匣子一開，便停不下來：「後來，我到處去找尋爲官的機會，卻一而再，再而三的被國君罷職，所有的人都瞧不起我，只有你不曾說我無能，只說是我沒遇到機會！就連我穿這身絲綢衣服，你也不像別人一樣笑我，說我現在有了俸祿了，就開始揮霍了，我……我……」管仲的眼角流下了淚水：「眞是生我者父母，知我者鮑子也！」

「好了好了！」鮑叔牙扶起了泣不成聲的管仲，微笑勸說道：「夷吾啊！你今天眞是喝多了，趕快回去休息吧！明天一早，咱們就得分道出城了。」

「是啊，是啊！各爲其主，各爲其主！」

雖然管仲說鮑叔牙是最了解他的人，只不過，鮑叔牙永遠也猜不透，管仲這顆深不可測的腦袋裡，究竟在想些什麼。管仲口口聲聲說，兩人不久之後，便可重聚，爲何今日道別，管仲的神情，卻如同要和他天人永隔一般？

鮑叔牙搖了搖頭，扶著管仲回家，安頓妥當，自己才打道回府。

兩百多年以前，周公當國的時代裡，東方國境爆發了管蔡武庚之亂，當時，周公旦曾經派了召公奭前往齊國向太公求援，並請召公代為宣佈：「自此而後，東至大海，西至黃河，南至穆陵（淮河南岸），北至無棣（今河北盧龍），五等諸侯，九州之伯，凡有不順，齊國皆可征討，永為我周王室的羽翼。」

齊國因為這道旨意，得以名正言順地征伐擴張，成為東方強國。

傳了十四代，到了齊釐公，生有三子，分別為公子諸兒、公子糾和公子小白。公子諸兒私人品德不好，才幹卻頗為卓越，齊釐公死後，即位為齊襄公。

襄公即位之後不久，年少時期的背德行為，便浮現了出來。他竟然與自己的異母妹妹文姜私通，敗亂倫常。

文姜此時嫁給了魯桓公，仍然對齊襄公念念不忘，常常與齊襄公暗中往來，兩人私下商議除掉魯桓公，從此便可雙宿雙棲。

可憐的魯桓公，絲毫不知那儀容端莊的妃子，竟然令他綠雲罩頂，對象居然是她的親生哥哥，還很高興地接受齊襄公的邀請，來到齊國做客。在筵席之上，齊襄公命令力士彭生行刺，魯桓公還不知道發生了什麼事，就被彭生扭斷了脖子。

魯桓公的兒子，其實根本就是文姜與齊襄公所生，後來繼位為魯莊公，使得魯國等於納入了齊國的掌握之中。

後來，鄭國發生了內亂，齊襄公也趁機插手，控制了鄭國。他讓齊國成了一個強大的國家，可是，他的品德，卻不足以令他治理這個國家。他的生活極爲奢侈腐化，對待下屬則是蠻橫凶暴，應該進行的改革也從未處理，惹來許多臣子們的不滿，醞釀著禍亂的根源。

管仲所說的「各爲其主」，就是在這種情況下產生的。

齊襄公有兩個兄弟，公子糾和公子小白，爲了躲避襄公對他們的殘害，決定暫且流亡他國，以圖自保。管仲輔佐公子糾，而公子小白的師傅，則是鮑叔牙。

管仲保護著公子糾逃到了魯國，鮑叔牙則與公子小白避居莒國，兩人在臨淄城外道別，正是爲此。

雖然避居外國，可是管仲和鮑叔牙，時時刻刻都在密切注意著齊國國內政局的發展。事態果然不出管仲所料，「大亂在即」的預言很快就應驗了。

公元前六八六年，齊襄公十二年，襄公的堂弟公孫無知，與齊國大夫連稱、管至父聯合起來，殺掉了齊襄公，公孫無知自立爲國君，第二年春天，公孫無知又被與他素有冤仇的大夫雍林所殺，一時之間，朝政陷於紛亂，甚至連國君的地位，也都虛懸了下來。

在這場混亂之中，齊襄公的子嗣早已被殺殆盡，國君之位僅有兩人有資格繼承，那便是公子糾和公子小白。

公子糾的性情沉穩，雍容大度，頗有一國之君的風範，管仲覺得，能夠輔佐公子糾，眞是頗爲幸運之事。而公子小白的才智則較爲平庸，沒有什麼過人之處，唯一的好處是，他很能識人，任用了穩健練達的鮑叔牙，對鮑叔牙的話言聽計從，絕不懷疑。

「論才能，論氣度，都該是公子您擔任國君。」管仲對公子糾說道：「只不過，公子小白那邊，有鮑叔牙相助，又有正卿高傒等人從國內接應，再加上莒國距離臨淄，又較魯國爲近，如果我們兩方人馬同日出發趕回臨淄，只怕對公子您較爲不利。」

「哦？管夷吾有何高見？」

管仲道：「我們可派輕騎善射之人，火速趕往莒國與臨淄之間的必經之路上，埋伏在道路兩側，待小白經過，便加以伏殺！」

「嗯！」公子糾點點頭道：「此計甚妙，夷吾，就有勞你辦妥此事了。」

那管仲率領了少數幾名弓箭手，埋伏在莒、齊之間，果不多時，便發現了公子小白一行人的蹤跡，管仲命人拉開弓，「嗖」的一箭，射中了公子小白，小白大呼一聲，便即落於馬下。

一擊得手，管仲得意萬分，連忙趕回公子糾處覆命。「公子小白，已經依計剷除。」

「很好，很好！」公子糾說道：「如此一來，便再也無人與我相爭，我們可以悠閒的回國了。」

公子糾受到魯莊公的保護與擁立，在魯國自然受到相當的禮遇，返回臨淄的路上，魯莊公還派了重兵護送，讓公子糾得以風風光光地回國，繼承國君地位。一路上，眾人遊山玩水，並至各處巡視，大有一國之君，環視宇內的味道，大概所有的人都以爲公子糾已經註定是未來的齊國國君了吧！短短的一段路，竟然走了六天，一行人方才進入了齊國境內。

不料一進入齊境，便有大隊甲士從各方湧出，將公子糾一行人團團圍住，看那鎧甲服色，確實是齊國的士兵沒錯。

「不得無禮！」管仲大喝：「公子糾在此，你們還不過來參見！」

領隊的將軍冷冷笑道：「我不知道什麼公子糾，我是奉了當今君上之命，前來攔截國之叛逆！」

「胡說！」管仲道：「襄公已死，無人繼位，哪來的當今君上？」

「當今君上，乃公子小白！」

此語一出，公子糾一行人皆盡大驚失色，只有管仲內心暗自叫苦：「完了，此番也太過大意，那一箭竟沒把他給射死！」

管仲所料不錯，當時他的那一箭，的確射中了小白，可是，卻只射中了腰帶上的青銅扣環，小白一聲大呼，著實被嚇了一跳，也跌下了馬，狼狽的想爬起來，卻被鮑叔牙給攔住。

「主公，別動，就讓他們以爲射中你了吧！」

「怎麼……」

「別說話！」鮑叔牙突然哭了起來：「主公啊！你醒醒啊！咱們還得趕回臨淄去哪！」還用眼神示意其他的隨從，一起跟著哭，其他的隨從不知何故，便跟著哭，哭得久了，還有人眞的掉下淚來。他們都是流亡國外已久的人，此番哭泣，也是宣洩了長年離家的鄉愁情緒。

一時之間，公子小白的車隊陷入愁雲慘霧，彷彿小白眞的死去一般。

「行了沒有？」小白悄聲問道。一群屬下圍著他直哭，他卻只能躺在地上裝死，這感覺實在不大好受。

「行了行了。」鮑叔牙笑道，拉起公子小白：「我估計刺客們已經離去了。」

「眞是的！」小白拍了拍身上的塵土，咕噥著：「要不是腰帶上的金扣救了我，我看我這條小命難保。」

「刺客必定是我那朋友管仲派來的，甚至可能根本就是他自己。」鮑叔牙對公子小白說道：「現在，他們一定以爲主公已死，必然會鬆懈下來，我們可以全力趕回臨淄，取得國君地位。」

「不錯不錯，很有道理！」小白笑道：「趕緊回去，取得國君地位，才不會讓我今天這番裝死的演技白費了啊！」

就這樣，公子小白在鮑叔牙的輔佐下，搶先一步，回到臨淄即位，他就是齊桓公。

公子糾一行人，與齊國軍隊發生了激烈的交戰，管仲保護主人衝出重圍，逃回魯國。齊桓公派遣鮑叔牙率領大軍向魯國進攻，兵至齊魯邊境，鮑叔牙遣人送了一封信給魯莊公，信上寫著：「公子糾乃齊國國君的親兄弟，不忍心殺他，請魯君代勞，管仲等人是齊君的仇人，把他們交出來，否則齊國大軍必將踏平魯境。」

魯國的軍力遠遠不及齊國，當初保護公子糾的送行軍隊遭到齊國的圍剿，便已讓魯國元氣大傷，魯莊公哪裡還有能力與齊國相抗？只好將公子糾給殺了。

公子糾身旁的幾個大臣如召忽等人，紛紛與主人一同殉死，管仲卻搖了搖頭，說道：「我不殉死，你們就把我押回齊國吧！」

管仲被魯國用囚車押解至邊境，等在那裡的，正是鮑叔牙。

「我說對了，不是嗎？」管仲苦笑：「我們很快就會重聚的。」

鮑叔牙自不會讓管仲受苦，連忙替他解開了身上的枷鎖，帶著他去帳中沐浴更衣，管仲道：「我一個待罪之身，何必對我如此？」

「別這麼說。」鮑叔牙道：「我已向主公推薦了你，再過不久，也許我就得向你行禮了。」

這一點，鮑叔牙十分肯定，齊桓公一定會聽他的。

當時，齊桓公確實對管仲怨恨不已，很想讓魯莊公把他一起殺掉，卻被鮑叔牙給制止了。

「主公，您如果殺掉了管仲，那就等於毀掉了一個天大的人才啊！」

「哼！寡人寧可毀掉人才，也要報一箭之仇。」

「此事萬萬不可。」鮑叔牙道：「如果主公只想好生治理齊國，那便可把管仲殺了，因爲主公已經有了高奚與臣下，治理齊國足矣！如果主公想要創立霸主之業，那就非得讓管仲輔佐不可。」他停頓片刻，看著齊桓公：「管仲這個人，我十分熟悉，只要給他足夠的機會，他在哪國，哪國就會強盛，主公，機不可失啊！」

齊桓公思量了半晌，笑了起來，說道：「弄個霸主來當當，那也不錯。」

管仲見了齊桓公，與他談起如何稱霸天下，齊桓公原本還想著管仲射了他一箭，實在是個可惡的傢伙，不料這個可惡的傢伙在他面前侃侃而談，卻讓他越聽越感到興味盎然，對管仲大感折服，欽佩與欣賞之餘，心中的怨恨早就拋到九霄雲外，遂任命他爲大夫，主持國政，不久，便拜他爲國相，地位尚在鮑叔牙、隰朋、高奚等大夫之上。

齊桓公的知人善任，彌補了他個人才能不足的缺憾，信任管仲，便對他完全信任，毫無保留，讓管仲的才學，得以完全發揮。

「爲政之道的根本，在於順服民心。」管仲說：「推行政事，必須以民心之好惡爲依歸，只不過……」

桓公問：「如何？」

「想要順利推動，必須得有貴族身分，方能服人。」管仲嘆道：「我一介貧困布衣，如何能有足夠的號召力，讓貴族豪富們聽我的話，讓全國百姓順從我的規定，好推動我的理想呢？」

於是，齊桓公賜予管仲齊國卿大夫的地位，並給予他全國一年的稅收當作財產，讓管仲沒有後顧之憂，得以大力進行改革。

管仲對於齊國的改革，可說是全面性的，他舉薦了隰朋爲大司行，主掌禮儀外交；寧越爲大司田，主掌農業；王子成父爲大司馬，掌兵政；舉薦賓須無爲大司理，主掌刑獄；東郭牙爲大諫官，主掌審查政令。鮑叔牙是他的摯友，自然也成了他的左右手，在這群賢才的合作下，將齊國自襄公以來一直瀰漫的一股不良風氣重新整頓，強化了社會的組織，改革兵制，充實國家武備，並且獎勵工商，使國家邁向富強。

公元前六八一年，齊桓公繼位的第四年，齊國開始對外發展。在管仲的建議下，桓公打出了一個極爲響亮的口號，「尊王攘夷」。「尊王」便是尊重周王，「攘夷」就是驅逐夷狄，維護華夏民族在中原地區的勢力。

那時，宋國發生了內亂，國君被殺，公子御說被擁立爲君，管仲接到消息，立刻慫恿齊桓公出面干預，好將宋國納入掌握，並道：「主公插手此事之前，可先朝見天子，取得大義名份，以周天子的名義，便可以取得諸侯們的信服。」

周天子見齊桓公對他這個早就失去了實力的天子還那麼尊重，十分感動，便讓齊桓公去處理宋國之事。

齊桓公得到天子號令，立刻召集諸國，舉行會議。三月間，宋、魯、陳、蔡、衛、鄭、曹、郟等八國，都收到了來自齊國的通知，可是，各懷其志的諸國國君，並不肯就此聽命於齊國，實際到達會議地點北杏參與的，只有齊、宋、陳、蔡、郟五個國家而已，齊桓公便與他們定下盟約，規定各國要互相幫助，安定周王室，抵抗外來侵略。

管仲向齊桓公建言道：「我們以天子名義會盟，卻有國家敢不前來，這正好是我國趁機揚威立萬的時刻。」

齊桓公便帶了大軍，討伐魯國，魯莊公哪敢和齊國相爭？急急忙忙派了使者請求退兵，答應割讓領土。

兩國在柯地會盟，魯莊公還擺下了酒宴款待齊桓公。

筵席正進行時，魯莊公的隨從曹沫突然閃身上前，左手抓住齊桓公的衣袖，右手亮出匕首，抵住齊桓公的脖子。

這一下來得太過突然，連管仲也沒有料到，在場的其他人更是傻了眼。

「你……你幹什麼？」齊桓公動也不敢動，深怕那銳利的刀鋒一下就劃破自己的喉嚨。

「你們齊國是大國。」曹沫道：「如果眞心想要定盟，就別欺負小國，把過去從魯國侵占的土地全部歸還！」

齊桓公只顧保命，哪管其他，連忙說道：「好……好，都聽你的！」

曹沫得到了桓公的保證，立時收起匕首，退回席上自斟自飲，彷彿什麼事都沒發生過。

筵席過後，齊桓公只覺得受到奇恥大辱，找來管仲相議：「本來是爲了接收魯國領土，才來會盟，如今卻成了割讓土地，豈有這事！那曹沫實在可惡，快派人將他捉來殺掉，以洩我心頭之恨！」

「不可！」管仲道：「主公雖受人脅迫，但畢竟答應了別人的要求，絕對不可事後反悔，以免失信於諸侯，因小失大。」

「嗯，你說的很對。」

桓公馬上將過去從魯國掠奪來的土地，全數歸還。

這些土地，不過幾座城池，對齊國而言九牛一毛，齊桓公卻因此得到了各地諸侯的敬重，稱讚他信守承諾，願意服從他的號令。過了不久，宋國背棄盟約，不願聽從齊國的命令，齊桓公很快地又得到天子的允許，討伐宋國，宋國重新回歸齊桓公的掌控，此時，齊桓公已經逐漸成爲中原諸國的盟主了。

只不過，中原的紛爭雖暫時告一段落，外敵的入侵卻又成爲極大的問題。

北方戎狄，侵擾中原，帶給華夏諸侯極大的威脅，位處北方的燕國，更是首當其衝，防不勝防，情況甚是危急，幾乎有滅亡的危險。

齊桓公毅然決定派兵援救燕國。

「那燕國祖先召公奭，與我國始祖太公望過從甚篤，而且都是周天子的臣民，華夏中原的諸侯，現在遭逢困難，於情於理，我們都不應該坐視！」齊桓公道：「這樣，才不負當初尊王攘夷的旗號。」

管仲笑著點頭：「主公所言甚是。」

公元前六六三年，齊桓公廿三年，齊國出兵北方，將山戎徹底擊潰，並且一路追擊，與燕國聯軍一同擊敗了戎狄的同盟國孤竹和令支，將燕國的敵人趕走，方才凱旋而歸。

那時燕國國君乃燕莊公，對齊桓公的恩情感激涕零，不但盛情款待齊桓公數日之久，到了桓公必須返國之時，還依依不捨地親自相送，送到了齊國國境十幾里地，還不肯別離，齊桓公道：「周天子曾經命令，諸侯之間相送，不得超出國境，君侯送行至此，已至我國境內，然而禮不可廢，不如就將此地劃爲燕齊國界吧！」

燕莊公先是驚訝，繼之感動得無以復加，顫然道：「君侯此番厚禮，我該怎生報答啊？」

齊桓公道：「只願君侯回國，盡自己身爲諸侯的義務，對王室盡忠，恢復當初召公時代的清明，便算是給我最好的報答。」

各方諸侯風聞此事，無不對齊桓公的德行仰慕萬分，管仲問明了事情的緣由，雖覺得桓公未免太過矯揉造作，卻不禁點頭讚許，畢竟如今的齊桓公，已不是當年那個平庸的公子小白了。

北方戎狄方始平定，南方問題又接踵而至，自西周時，便與中原諸國採取不合作態度的楚國，到了春秋時代，國力更盛，並趁著最強大的齊國向北用兵之時，不斷進犯中原，甚至打到了鄭國。

「楚國的確是個問題。」管仲道：「他們到底是不是中原諸侯呢？他們向來不情願奉周天子號令，周王多次征剿，徒勞無功，可是，楚國祖先鬻子，卻又是文王親自冊封的啊！」

「他們已經多年未曾參與中原諸侯的會盟活動，甚至已經自稱為王，早已算是夷狄，應該征伐！」齊桓公道。

「師出必須有名。」管仲道：「我們可以先攻打蔡國，這樣，身為盟國的楚，必定會來救援，我軍便可趁機揮軍南下。」那蔡國原本是中原盟國之一，後來因為蔡侯與齊桓公發生了嫌隙，一怒之下投靠了楚國。

管仲覺得，此番出兵，將決定齊國是否能夠建立真正的霸業，千萬大意不得，於是他親自前往大軍營中，鼓舞士氣。

「我軍立刻便要出征。」管仲對全體將士們朗聲說道：「只要有人承諾願意衝鋒陷陣，就可以領取百金的賞賜！」

管仲喊了幾次，沒有人回答，須臾，一個手握長劍的士兵，鼓起勇氣走出隊伍，問管仲道：「我要承諾殺敵幾人，方可領賞？」

「以一當百即可。」

「我願一試。」

管仲立刻命令隨從賜與此士兵百金。接著又問：「有人願意闖入敵陣，殺死敵酋，我也願意贈與百金。」

「要殺死階級多高的呢？」又有一人出陣詢問。

「就殺死統軍千人的吧！」

「好，我願殺敵酋。」

管仲又問：「只要有人願意潛入敵人陣營，砍下敵人將領的首級，我就贈與他千金。」

眾將士們看見管仲出手大方，只要作個承諾，便可得到好幾個月才賺得到的金錢，爭先恐後地作出承諾，管仲一共分發了四萬兩千多金，大約等於齊國一年的收入，也就是說，當初桓公賞賜給管仲的金錢，管仲全都發給了將士。

連齊桓公都替管仲心疼，說道：「大軍未發，你就把你的財產都發光了，到時候將士不守約定，那該如何？」

管仲道：「金錢事小，齊國的強盛事大，拿了賞金的人，一定充滿感激，到了戰場，爲了守信，他們都會努力作戰，不會逃亡，這樣，齊軍所到之處，必定所向披靡。」

齊桓公師出有名，士氣又高，便於公元前六五六年，齊桓公三十年，會合魯、宋、陳、衛、鄭、許、曹一共八國兵力，攻打蔡國。大軍如入無人之境，一下子就攻下蔡國都城，俘虜了蔡侯，隨即乘勝揮兵南向，進攻楚國。

楚國的君主成王接獲報告，大為震驚，之前他只派了少數軍力前去救援蔡國，如今，以齊國為首的聯軍竟然已經攻向他們，立刻下令，傾全國兵力迎戰。

他派了使者致書齊桓公，詢問來犯理由：「貴國遠在北海，寡人位居南方，兩地相隔千里之遙，素無瓜葛，為何興兵？」

管仲替桓公想好了理由：「貴國應當向周天子進貢的青茅，許久未曾進獻，害得周天子無法如期舉行祭禮，古時候，昭王就是為了這件事，才多次南巡，還一去不返，我們懷疑是楚人所害。這兩件事，就是我們興兵問罪的理由。」

這兩個理由，說起來有些牽強，天下諸侯，並非只有楚國對周天子不敬，按期向東周進貢的國家還有幾個？至於昭王之事，距今已三百五十餘年，周王室對此頗為忌諱，極力隱瞞，諸侯只知道個大概，管仲才以此為藉口責問楚王。

楚成王在大軍壓境之下，不得不低頭，卻還是心有不甘，於是說道：「延誤進貢，的確是我們的過錯，寡人願意改過，可是，昭王南巡不返，寡人可承擔不起，要問，就請各位去問漢水吧！」

兩造軍馬均極為壯盛，可謂旗鼓相當，勝敗難料，管仲認清了這一點，對齊桓公道：「如果硬要開戰，只怕雙方都不好受，到時我軍元氣大傷，只怕給蠻夷戎狄有機可乘。」

「我也覺得不宜開戰。」桓公道：「反正，楚王已經給面子承認一項罪過了，我們也不好逼人太甚是不是？」

於是便請小國君主出面斡旋，中原諸侯的聯軍，與楚國在召陵（今河南穎川）訂立盟約，楚國答應遵守對周王室盡貢的義務，並且和鄰國和睦相處。

此番揮軍南下，雖然並未眞的擊敗楚國，卻也已經逼得楚國低頭，這是連當初西周強盛之時，都很難做到的功業，齊桓公的聲望，再度大大地提高。

公元前六五一年，齊桓公三十五年，周王室因爲發生了王位之爭，陷於紛亂，幸好在齊桓公的努力之下，才讓混亂局面歸於平穩，太子順利繼位爲周襄王。爲了此事，齊桓公在葵丘（今河南蘭考縣東）召集天下諸侯的大會。葵丘位於晉國境內，齊桓公之所以決定在此召開大會，剛好也是因爲晉國目前也發生了君位繼承的問題，桓公希望與各地諸侯討論此事之故。

這次大會，盛況空前，各方強國君王皆來參加，周襄王爲了感謝齊桓公的扶立之恩，也派了使者前來贈送胙肉、精美的弓矢以及朝服用的大車，犒賞桓公，並宣達旨意，以伯舅稱呼齊桓公，允許齊桓公日後朝見，不必行臣子之禮，實際上承認了齊桓公的霸主地位。

「當今天子挺講理的。」齊桓公悄悄說道：「如今周王本我所立，我不行臣子之禮，也是理所當然嘛，夷吾，你覺得如何？」

管仲忙道：「萬萬不可，主公以尊王做號召，當然要持之以恆，以免爲天下人所不齒！」

「嗯，也對！」齊桓公便以臣子之禮，接受周襄王的賞賜。

在葵丘大會上，齊桓公與諸侯共同歃血爲盟，相互約定：不得將水患引向別國，不得任意變更太子，不得以妾爲妻，不得讓女子干政，盟國有難，必須互相幫助，不得坐視，凡我同盟之人，訂立了盟約之後，就要把以前的仇恨通通忘掉，重新言歸於好。

晉國的君位之爭，也在齊桓公和秦國君主秦穆公的力主之下，告一段落，諸侯共同協助晉惠公成爲國君。

齊桓公終於達到了聯合諸侯、稱霸中原的目的了。

「寡人的功業，還眞是挺不賴的，這都要歸功於仲父你呀！」得意之情溢於言表的齊桓公，對管仲說道。

「仲父」，是齊桓公對管仲的尊稱，一方面對管仲表示感謝，一方面也提高管仲的地位聲望。「寡人已是天下霸主，連天子見了我都要敬我一聲伯舅，我想，效法當年的天子，到泰山告祭天地，弄個封禪典禮，你覺得怎麼樣？」

「那怎麼行？」管仲對齊桓公的異想天開感到有些訝異，一時之間卻又想不出什麼制止他的辦法，只好搬出了陳腔濫調：「泰山封禪，那是只有天子才可以主持的典禮，主公，您還是……」

「天子怎麼樣？」齊桓公很不服氣：「天子還得靠我呢！」

管仲了解齊桓公的個性，他的表情是認眞的，管仲擔心桓公如果眞的去封了禪，那麼自己多年來辛苦替桓公建立的聲望，終將毀於一旦，於是想了想說：「主公既然要辦，臣也無話可說，只不過，主公知道封禪之儀，該如何執行嗎？」

「呃……這個……」齊桓公被問住了。

「封禪之儀非同小可，可不像我們平常祭典，用牛羊雞鴨那些尋常禽獸來作犧牲便行。」管仲吹起牛皮，越吹越大：「封禪大典，得準備三隻鳳凰，三隻麒麟，三隻饕餮，這三種珍禽異獸，得到遙遠的西方，才有機會碰上，還不一定能夠逮著呢！所以您說天子爲什麼得隨時準備九個鼎，不就是爲了烹這九隻動物嘛。好吧，主公就算向周天子借來了九鼎，還得派全國所有士兵百姓到天下各地去搜尋鳳凰麒麟的蹤跡，找到了，還得請來最好的獵人獵捕，臣估計，要預備好封禪典禮也不用多久，大約十幾二十年便可，事不宜遲，臣這就去準備。」

桓公被管仲唬得一愣一愣，「什麼玩意兒這麼麻煩？」他揮揮手道：「算了，算了！寡人才沒那麼多閒功夫啊！」

「是嗎？」管仲暗自鬆了口氣，說道：「那眞可惜，臣年事已高，就算主公日後還想封禪，只怕臣也看不到了。」

管仲就是這樣對齊桓公百般的庇護，才讓他得以成就霸業。

齊桓公執政的第四十一個年頭，管仲逝世，這對齊桓公，對齊國，無疑都是一項致命打擊，此時，高奚、鮑叔牙等賢臣早已謝世，隰朋也在管仲之後不久過世，老成凋零，年邁體衰的齊桓公，失去了依靠，朝政逐漸被易牙、開方與宦官豎刁等人所把持。

第二年，臨淄城來了一位五十多歲的中年人，求見齊桓公。那是晉國的公子重耳，當今晉國國君惠公的兄長，聽說齊桓公滿腹經綸，知人善任，正苦於管仲隰朋等賢臣逝世，便來投效齊桓公。

公子重耳相貌堂堂，儀表非凡，齊桓公對他十分欣賞，不但對他熱情款待，還把宗室之女嫁給了他，賞他車馬房舍，供他安住。那重耳在天下各地流亡已久，此時受到霸主桓公的這般禮遇，感念萬分，只不過，他發現齊國的國政已經呈現亂象，自己毫無插手的餘地，因此在齊國，他並沒有發揮才能的機會。

重耳在齊國住了一年，齊國就爆發了五公子爭位的動亂。

原本，齊桓公最喜歡公子昭，並在管仲建議下，將其立爲太子，還把公子昭託孤給宋國的國君襄公，希望宋襄公能保護公子昭。然而在管仲死後，豎刁、易牙等人與公子昭並不親近，經常在桓公耳邊說公子昭的壞話。

耳根子向來不硬的齊桓公，被說得心動，口頭上答應了豎刁易牙等人的話，廢掉公子昭，想要改立與那班奸臣親近的公子無詭，可是，又想起當年管仲在時，葵丘大會上，他才信誓旦旦地與諸侯約定，不得任意廢立太子，言猶在耳，要他如何決定？

於是這件事就懸宕了下來。

到了這時，齊桓公病重，五個公子都想繼承這一代霸主的地位，帶了軍隊互相攻打，把病入膏肓的老父丟在一旁不管，將這位曾經威震天下的一代霸主，活活餓死。桓公死後，公子之間的攻伐更行慘烈，將臨淄城中的宮殿，殺得血流成河，根本沒人想到應該有人來替老父收屍，以致齊桓公的遺體放在床上足足六十七天，腐爛發臭，長滿蛆蟲。

公子重耳在這一片混亂當中，只求自保，也不敢過問齊國的家務事，當他聽說了齊桓公的遭遇，仰天長嘆，對身邊的隨從們說道：「桓公的霸業，我看就算完了，可是，這位霸主，死後竟然連過問之人也沒有，想必管夷吾的在天之靈，也會爲之鼻酸吧！」

落難王孫成就霸業

重耳在臨淄喟然感嘆之時，還沒有想過自己是不是能在這樣的亂世之中，成就一番事業這樣的問題，事實上，當時的態勢，還不容許他作此打算。

齊國的太子昭，在這場變亂之中孤立無援，逃到了宋國，向宋襄公求助，哭道：「當初我父桓公請君侯庇佑我，現在我遭逢此難，請君侯必須助我！」

宋襄公是個信守承諾之人，二話不說的就答應了。

這時宋國在宋襄公的努力經營之下，實力比起以前強了不少，雖說比起齊、楚等強國還差了一大截，卻已讓宋襄公對自己極具信心。他帶著軍隊攻入臨淄，將奪取了君主地位才三天的公子無詭從他的寶座上拉下來，並且將造成齊國大亂的那班奸臣全數剷除，扶助公子昭登上君位，是爲齊孝公。

解決了齊國的紛爭，宋襄公的內心，浮現更大的野心，他從甫繼位以來，就一直是齊桓公最可靠的盟友，齊桓公的霸業、聲望，宋襄公看在眼裡，總覺得大丈夫當若是，同時暗暗許下繼承霸業的心願。這番相助齊孝公繼位，讓宋襄公仁義的美名，傳遍中原諸侯，也讓宋襄公更加急著圖謀稱霸。

一切的局勢發展，似乎也指向宋襄公就是下一位霸主的人選，只不過，宋國的實力實在難以和當初的齊國相提並論，宋襄公倒也天眞，以爲他用仁義道德的作爲，便可以稱霸天下，全沒想到當時的社會，這一套早已經行不通，諸侯們相信的是實力，是軍力，根本沒人將宋襄公標榜的仁義道德放在眼裡，宋襄公多次努力想要舉行諸侯大會，卻都不被理睬。

公元前六三八年，宋襄公領兵入侵鄭國，理由是鄭國退出當年齊桓公的盟約，轉而侍奉楚國，這個理由不怎麼服人心，因爲像鄭國這等小國，自從當年鄭莊公曾經威風過以後，就再也不曾強大，對外策略，非得依附在強國底下，才有生存空間，現在齊國沒落了，鄭國向楚國求助，實在無可厚非，宋襄公的出兵，實際上針對的就是楚國。

果然，宋軍尚未抵達，鄭國便已經向楚國請求援助。楚軍距離鄭國較遠，若趕往鄭國，只怕已來不及，便直接揮軍攻向宋國都城商丘。

此時商丘毫無防備，如遭楚軍攻打，後果不堪設想，宋襄公只好回師迎擊。十月間，宋楚兩軍對陣於泓水之濱。

楚軍人數眾多，不過尚未佈陣，也未完全渡河，宋國的國相，同時也是宋襄公庶兄的目夷進言道：「敵眾我寡，我軍應該趁著敵人尚未渡河以前攻擊，才有可能取勝。」

「不行。」宋襄公搖頭：「怎可以趁人之危？」

楚軍渡完了河，正待佈陣，目夷又進言道：「那麼我們總應該趁他們還沒佈陣完全，就該發動攻擊吧？」

宋襄公還是抱著他的仁義道德不放：「不行，要等他們渡河完畢，才可以攻擊。」

延誤了戰機的宋軍，等到楚軍準備完成，才開始與其交戰，強弱懸殊之勢立現，宋軍被打得大敗，多數將領皆盡陣亡，目夷保著宋襄公且戰且走，混亂之間，宋襄公的大腿被射中一箭，箭傷深及骨髓，忍著劇烈疼痛，逃出重圍，回到了商丘，他企圖稱霸的美夢，至此破碎。

「可惡的楚成王，不講道理，不守信義！」躺在病床上的宋襄公，還喃喃自語地說著：「自古以來，王者與人交戰，絕不追擊弱勢的敵人，我以王者之行待他，他卻如此待我！」。

目夷知道宋襄公失敗以後，受到了許多責難，心情惡劣，卻也想不出安慰他的話來，只好說道：「兩軍交戰，目的是為了取得勝利，對敵人仁慈，就是對自己殘忍，對不起自己所率領的子弟兵，如果照您的方法打仗，那就只能受到敵人奴役了，何必還要打仗？」

宋襄公傷重之時，公子重耳從齊國輾轉來到了宋國，探視宋襄公。宋襄公飽受箭創之餘，卻還不忘了交代臣子：「好生照應公子重耳，此人乃一代賢才，將來必定不可限量，一定要以禮相待，嗯……最好以國君之禮相待。」

重耳來到宋國，當然不只是爲了來探視宋襄公的傷勢，畢竟存著一絲尋求協助的期望，只可惜宋國遭逢慘敗，元氣大傷，無力相助重耳。

不久，宋襄公的箭創發作，傷重身亡。

公子重耳在各國之間流亡了十幾年，見多了人情冷暖，宋襄公之死，令他覺得無比感嘆，想一想，前一個待他如此周到的，就是霸主齊桓公呢！因此在他的心目中，宋襄公雖然沒能順利稱霸，卻也是個霸主了。「一連看著兩個霸主過世……」重耳嘆道：「我是不是應該替自己的將來好好打算了呢？」

重耳從年輕的時候，便有識人之明，結交了不少賢德又有才能的人士，如狐毛、狐偃、趙衰、先軫、賈陀、魏犨、介子推等人，之前力勸重耳離開齊國的，就是他們。重耳在齊國過著養尊處優的生活，不大願意離開，狐偃、趙衰等人擔心他失去了理想，乃趁機將他灌醉，用車載著他離開齊國，重耳酒醒之後，知道了這件事，卻已經來不及了。

當初重耳之所以會離開晉國，四處流亡，目的是爲了避禍。重耳的父親晉獻公，寵愛姬妾驪姬，生了兒子奚齊。晉獻公將驪姬立爲夫人，將奚齊立爲太子，於是逼死了原本的太子申生，申生的兩個弟弟，公子夷吾和公子重耳，擔心驪姬得勢，會對他們不利，於是夷吾逃往梁國，重耳則逃到了北方的狄人國境，那是他母親的故地。

後來，晉獻公去世，奚齊繼位，沒過多久就被底下不服的臣子們給殺了，接下來繼位的國君，也被臣子所弒，晉國一時之間，陷於混亂無君的狀態。當時正好是齊桓公稱霸中原的時代，西方的秦國想要分一杯羹，正好秦穆公的夫人穆姬，是晉國太子申生的姊姊，於是，秦穆公便趁著葵丘大會的時機，與齊桓公商議，護送公子夷吾回到晉國，即位爲晉惠公。

只不過，這個晉惠公，雖然有著與齊國大政治家管仲一樣的名字，卻實在不怎麼爭氣，不但在國內濫殺大臣，搞得人心惶惶，還忘恩負義地出動軍隊襲擊遭遇了災荒的秦國，秦穆公忍無可忍，率軍與晉國交戰，擊敗晉軍，俘虜了晉惠公，後來在穆姬等人的求情之下，秦穆公才答應以晉太子圉作爲人質，釋放晉惠公回國，不過，秦穆公對這個晉國國君，已經十分失望。

回國以後，晉惠公非但不知檢點，反而變本加厲，對臣下開始懷疑起來。

那時公子重耳還在狄國居住，他是個沒什麼野心的人，又安於逸樂，狄人待他如同親人，他便在此安居了十二年之久。由於重耳爲人極夠朋友，禮賢下士，從不以他的貴族身分自恃，因此結交了許多朋友，其中不乏治國之大才，他們勸重耳回國爭奪君位，重耳卻說：「何必呀？我在這兒過得挺好，而且，夷吾不是已經繼承父業了嗎，我何必與他相爭？」

一直到後來，晉惠公派了刺客前來暗殺他，重耳還糊裡糊塗的不大相信，只說：「夷吾爲何要殺我？我又不曾對他如何！」

趙衰等人勸他：「公子別再作夢了，你不曾對他如何，他卻會懷疑你呀！夷吾從前就生性多疑，這點你又不是不知道，他當了國君，濫殺大臣，還不就是懷疑他們麼？現在，有能力取他而代之的，就是公子你，夷吾又怎會不來殺你？」

重耳十分失望，知道自己再也不能安於逸樂，於是拜別了狄國的親朋好友，帶著自己的一班臣子，往齊國的方向出發。

途中經過衛國，想向衛國國君衛文公求助，卻吃了閉門羹，只好繞道而行，但是，他們匆忙出發，身上的盤纏不夠，差點餓死在半路上，想要討點食物，還被路旁的農夫羞辱，在器皿中放了些土塊送給他吃。脾氣向來很好的重耳這時也忍不住要發作，卻被趙衰攔了下來：「這是祥瑞之兆啊！民眾向您獻土，表示將來您就是這些土地的擁有者，這是上天賜與的，公子還不快下拜接受！」

人在顛沛流離的時候，什麼樣的痛苦，都只能往肚裡吞，能像趙衰那樣，編個理由，就讓重耳的怒氣往最無害的方向發洩，也算是盡了一個爲人屬下的責任了。

各種光怪陸離的事也都被他們碰上了，當他們離開了住了五年的齊國，轉往宋國之時，途中經過了曹國，遇上了有著特殊嗜好的曹共公，不知道從哪裡聽來的消息，說重耳胸前的肋骨與常人不同，是長成了一整片的，便趁他洗澡之時，跑來偷看。重耳知道了這件事，覺得受到了莫大的汙辱，氣得說不出話來，當晚便帶了臣子們離開曹國，轉往宋國。

這時重耳又目睹了宋襄公的死去，除了替宋襄公深深的惋惜之外，也了解了只憑著仁德，是很難在這個亂世當中成就功業的。

宋國沒辦法帶給他什麼幫助，他只好另謀出路。

「公子決定往何處去？」臨行之時，宋國的大臣公孫固問他。

重耳道：「我想到南方的楚國去看一看。」

公孫固點點頭：「公子此言極是，衛、曹、宋這些小國已經自顧不暇，公子還是到大一點的國家去，或許能有幫助。」他履行宋襄公的遺言，又送給了重耳一行人許多禮品。

重耳等人轉向南方，途中經過了鄭國，鄭文公認爲重耳只不過是個落難公子，懶得接待他。

鄭國上卿叔詹卻有不同的看法，於是對鄭文公說：「晉國與我國都是姬姓，看在同姓的份上，應該好好的接待他。我見重耳相貌不凡，將來必定會成大器，我主應以上賓之禮相待，不宜怠慢。」

鄭文公頗覺不屑：「哼！重耳已經是個老頭了，還談什麼將來成不成大器？他現在已經不成器了，以後也不會有什麼作爲的。」

叔詹知道鄭文公不會聽他的話，嘆息說道：「如果我主不願接納他，那麼就把他給殺了吧！

免得他將來挾怨報復。」

「他能夠怎麼報復我？」鄭文公道：「你別想太多了，不要理他，也就夠了。」

重耳等人，只好繞過鄭國，前往楚國。

楚成王是個英明有為的君主，將楚國治理得十分強大，知道晉國公子重耳來到了楚國，高興地以諸侯之禮迎接，重耳覺得有些不安，說道：「我不過是個落難公子，來到楚國，不過是為了打打秋風，楚成王以國君之禮迎接我，我怎麼能擔待得起呀？」

趙衰說道：「公子就別推辭了。想想我們在各國之間流浪，受盡了多少委屈？楚國以一個堂堂大國，竟對公子如此禮遇，這也是上天的旨意呀！公子您就安心的接受吧。」

楚成王以國君之禮款待重耳，三日一小宴，五日一大宴，讓重耳等人，感受到前所未有的溫馨，就連齊國宋國，也都未曾待他這麼周到過，只有當年在北狄之時的待遇，差可比擬。

「那些以華夏正統自居的國家，反而待我不如這些向來被視為蠻族的國家親切，看來，所謂的蠻夷之國，還比較懂得助人為善的基本道理。」重耳很感嘆地說著。

某次筵席之上，楚成王半開玩笑地問重耳道：「公子啊！寡人待你不薄吧？」

重耳向成王敬了一盅，由衷地說道：「大王待我，恩重如山哪！」

「喔？」楚成王摸著自己的鬍鬚，微笑著又問：「那麼，到時候公子如果順利返回晉國，將要如何報答寡人的恩重如山哪？」

重耳仰頭看了看他所身處的這處華麗大殿，緩緩道：「金銀珠寶、綾羅綢緞，大王並不缺乏，鳥羽獸皮、象牙犀角，這些又是貴國特產，我實在想不出該如何報答大王的恩情了。」

「總得想出一樣事吧？」楚成王窮追不捨地問道：「你不是說我待你恩重如山嗎？不想點東西來報答，總說不過去。」

「好吧！」重耳想了想，說道：「我就答應大王，如果將來，我回到晉國，成了國君，我一定努力與楚國修好，就算要開戰，我也會下令部隊退避三舍，才與楚軍交戰，就算報答大王恩情。」

楚成王聽了，笑著點點頭，沒再說話。

筵席過後，楚將子玉十分生氣地對楚成王說：「這重耳實在可惡，我們如此待他，他竟然還說要和我們打仗，不如趁著現在把他給殺了，永絕後患！」

成王道：「子玉呀！公子重耳是位大大的賢才，看他的身邊，個個都是棟樑之臣，這樣的人物，日後必定難以限量，我怎麼能把這樣的人物殺了，違背天意呢？能夠得到他這樣的保證，我們就應該心滿意足了。」

過了不久，楚國的都城，來了一位秦國的使者，名叫公孫枝，拜見過楚成王以後，便直接轉往重耳下榻的府邸，對重耳說道：「我家主人得知公子身在楚國，特別派了小臣前來迎接。」

「迎接我？迎接我做什麼？」重耳疑惑地問道。當初他的大仇人公子夷吾，就是在秦穆公的保舉之下，才當了晉國的國君，一時之間，重耳還道公孫枝是秦穆公派了來對他不利的，以為他話中有話。

公孫枝連忙解釋：「這些年來，晉君的許多表現，都讓我家主人覺得不滿，他們甚至還打了一仗，若不是晉君答應我家主人，讓太子圉留在我國當人質，我家主人還不一定會饒了他。可是，最近那太子圉聽說晉君生了重病，沒等我家主人同意，就私自逃回晉國，他雖然是晉國太子，卻也是我國人質啊！這麼做對我家主人未免太不尊重，我家主人大為震怒，想起了公子您，決定協助公子您回國爭取國君地位。」

「原來如此。」重耳道。他心想，看來那秦穆公也沒安什麼好心眼，覺得晉國的國君不可能乖乖聽話，才想到了他的存在，以為扶助了他登位之後，就會對秦國百依百順，秦穆公便可插手中原事務。他重耳向來給人胸無大志的感覺，才讓秦穆公打出這種算盤，不過沒關係，這是互蒙其利的事，況且，等他登位之後，一切態勢又會如何，還很難說，於是重耳不動聲色，只對公孫枝道：「那就請先生代我向你家主公致意了，只不過，楚王待我如此之厚，我不去與他說一聲不行。」

楚成王聽了重耳的話，大表贊同，說道：「對你而言，這是個天大的好時機，我國與晉國距離太遠，難以護送公子回國，秦國卻與晉國接壤，秦穆公願意幫助公子，公子一定要好好把握！」

於是重耳一行，乃告別楚成王，來到秦國。

在相互之間的利害關係下，秦穆公對於重耳的禮遇自然不在話下，以宗室之女懷嬴嫁給重耳，兩人結成了甥舅關係，婚宴辦得熱鬧非常，秦國的重臣，全數到場與會。

秦穆公滿臉笑容向重耳敬酒，道：「公子身邊，可有著許多賢才啊！」

「是啊！」重耳道：「要不是靠著他們，說不定我早已魂歸異域了。」

「能有著出生入死的夥伴，眞是令人羨慕。」秦穆公仰頭飲了一盅，道：「不過，我們秦國，雖然地處偏遠，卻也有著不得了的人物呢！」

「喔？」重耳向來敬重賢才，蒼老的眼神亮了起來，「那還要請君上引見引見。」

秦穆公指向席間一名身著華服的老臣：「此乃百里奚，在我國，有著五羖大夫的稱號。」

重耳向百里奚敬了一盅。

秦穆公又問：「公子啊，你道那五羖大夫之名，是如何而來？」

羖，就是黑色公羊皮的意思，五羖，那便是五張公羊皮了。

「這是大夫的俸祿嗎？」重耳隨口說道，心想這秦穆公也太小氣，五張公羊皮，就要聘請一位賢才。

孰料秦穆公大笑：「不是他的俸祿，而是他的身價啊！算起來，他還是你們晉國送給寡人的哩。」

百里奚一拱手：「主公見笑。」

原來當年秦穆公與晉國交好，娶了晉獻公之女，太子申生的姊姊穆姬爲妃，剛好那時晉獻公派兵滅了虞國，便把虞國的國君連同大夫井伯、百里奚等人充爲奴隸，隨著穆姬一同陪嫁到秦國。百里奚不願爲奴，便在半路上逃走，逃到了宛（今河南南陽），被楚人所擄獲。

那時秦穆公胸懷大志，卻一直苦於無人輔佐，有人向他推薦了百里奚，他十分高興地去請，才知道百里奚逃到了楚國的事。秦穆公當下便決定以重金贖回百里奚，卻有人建議他：「如果君上以重金相贖，只怕楚人會知道百里奚的賢能，說不定就不肯放人了。」

秦穆公便派了使者前往楚國，說道：「我國逃奴百里奚與我家君上有所過節，現在他逃至楚國，希望用五張羊皮將他贖回。」

楚人見那百里奚如此不値錢，便爽快答應。回到秦國，秦穆公親自替百里奚解開身上枷鎖，奉爲上賓，與他詳談了三天三夜。百里奚替秦國規劃了治國強國的方針，秦穆公大表贊同，即以百里奚爲國相，短短幾年，便讓秦國的政治清明，兵力強盛，府庫殷實。

而秦穆公以五張羊皮求得賢才的事，一時之間也傳爲美談，「五羖大夫」之名，不脛而走。

百里奚又向秦穆公推薦了自己的好友蹇叔，他道：「蹇叔才能，在我之上，當初，他勸我不要到虞君手下做事，說虞君無道，日後定遭滅亡，而我卻貪圖了那一份俸祿爵位，沒聽他的勸告，後來，事情果然就如蹇叔所料，我就成了俘虜。此君對天下大勢，了然胸中，主公若能重用，必可使秦國大治。」秦穆公聽了，立刻派人請來蹇叔，封他爲上大夫。

百里奚、蹇叔是秦國的賢相，他們的兒子，沒有父親治國的才能，卻對行軍打仗有著極高的天賦，成爲秦國重要的將才。秦穆公將這些文武重臣一一給重耳引見了，重耳連連說道：「有著如此賢才，秦國霸業，指日可待，指日可待啊！」

秦穆公聽了，只是笑著，沒有說話。

同年，晉惠公的死訊傳到了秦國，並且有不少從晉國逃出來的大臣，跑來對重耳說：「惠公父子多疑，以濫殺人臣爲樂，民心不服，怨聲載道，國內群臣，多想擁立公子爲君，不想擁戴太子圉，現在，就等著公子趕回去，大家都願意做公子的內應！」

時機已經成熟了，重耳決定回國，秦穆公擺了筵席，替他餞行，又命令將軍平豹率領部隊護送他過河，自己則在河西地區屯軍，作爲公子重耳的後盾。

重耳回到了睽違十九年的晉國，恍若隔世，這塊土地上，有著他少年時代的回憶，卻也是他成年之後惡夢的根源。景物依舊，人事已非，在黃河邊上，已經六十二歲的重耳，暗自立誓，一定要在自己的有生之年裡，讓晉國成爲中原華夏最強大的封國。

那時，公子圉已經自行宣佈繼位，成爲晉懷公，他始終注意著重耳的一舉一動，因此，當重耳回國了以後，晉懷公立刻派了軍隊去襲擊重耳，不料秦國早就在晉國軍隊之中進行活動，率軍的將領全部都被收買，效忠於公子重耳，遇見了重耳一行人之後，便將重耳請進軍中，擁著他回師國都。那不受歡迎的晉懷公聽說此事，知道大勢已去，逃出城外，不久便被殺害。

於是，公子重耳登上了晉國國君的地位，是爲晉文公，時值公元前六三六年。

即位之後最大的問題，便是紛亂的國內政局。晉國自從驪姬之亂以來，政局就一直處於動盪不安，臣子之間各自結成不同的派系，相互攻訐，各懷鬼胎，晉文公畢竟已經出國十九年之久，把持著國內各項利益的老臣，對於晉文公還存著戒心。

爲了團結人心，晉文公展現了寬大的胸懷，在封賞當初與他一同流亡的功臣同時，對於那些曾經與他有所嫌隙，甚至迫害過他的人，一律既往不咎，讓大臣們漸漸消除了心中的疑慮，全心爲國事憂心。

接著，晉文公嚴格執行整頓政治風氣的工作，賞罰分明，大公無私。曾有一次，文公對全體將士舉行校閱，一個當年與他一同流亡的功臣顛頡遲到了，立即被他當眾懲罰，以示警戒，而有功之臣，不論他出身自何派系，一律獎賞，大功封邑，小功封爵，與從前晉惠公的濫殺，形成強烈對照，因而得到了舉國上下的支持。

晉文公就靠著國內的一干賢臣，開農田，興水利，獎勵農商，崇尚簡樸，並且擴充軍備，將晉國原有的二軍，擴編爲三軍，讓晉國在短時間內，就成爲一個既富庶且強盛的國家。

晉文公繼位的第二年，周王室發生了王子帶之亂。

當時在位的天子是周襄王，他娶了狄人的公主叔隗爲妃子，可是這個叔隗卻與襄王的弟弟王子帶有著曖昧不明的關係，讓襄王十分震怒，正準備懲罰他們，想不到王子帶卻先下手為強，領了狄人的軍隊攻進王宮，霸佔了王位，並且以叔隗為王后。

周襄王逃到了鄭國，為鄭文公所收留，只不過鄭國的國力不足，不敢與狄人相爭，無法幫助襄王，於是襄王便向天下諸侯發出詔書，請他們率兵勤王。

詔書傳到了晉國，晉文公看了，心中直犯嘀咕。他知道目前中原諸侯當中，有能力率兵勤王的強國，只有晉國和秦國，可是，他畢竟才繼位一年呀！目前晉國的局面，雖然已經大致穩當，兵馬糧秣也極為充足，然而晉文公謹慎得近乎優柔寡斷的個性，使他不敢立刻做出決斷。

還是狐偃力勸他道：「主公不是想著要繼承齊桓公的霸業嗎？現在周室的局面，正好可以讓我國展現尊王的決心，尊王攘夷，乃霸者之道，主公如果不出兵，秦國必然出兵，到時候，霸主就是秦穆公了。」

狐偃的話沒有說錯，當時秦穆公的大軍，已經逼近黃河渡口，晉文公唯有火速進軍，才能因著地利之便，搶先秦軍一步。

王子帶霸佔了王位，卻無法得到洛邑當地的民心，百姓與公卿對他多半不服。王子帶心中不安，將都城從洛邑遷移到溫。

晉軍兵分兩路，一路前往鄭國迎接周襄王返回洛邑，一路前往溫地討伐王子帶。溫地民眾得知周襄王已經復位，便沒有人再支持王子帶，而王子帶背後依靠的狄人，與晉文公交情更深，不願因爲這個王室叛徒而與故人翻臉，便退了兵，王子帶與他的叔隗王后，便在晉軍的亂箭之中身亡。

平定亂事，周襄王爲了感謝晉文公，便把王畿之內的陽樊、溫、原、攢矛四個地方的田地賜給晉國，同時安排了盛大的宴會款待晉文公，讓晉文公的聲名卓著，儼然成爲中原霸主。

只不過這時，南方強大的楚國，又再度地成爲中原諸侯的威脅。楚成王在位多年，蠶食了不少中原諸侯的領土，漢水流域的一些姬姓小國，早已被楚國消滅，陳、蔡兩國與楚結爲同盟，鄭、許、曹、衛、魯等國也都傾向支持楚國，當年齊桓公封給管仲的領地谷，也在魯國協助下，遭到楚國佔領，楚國以將勢力漸漸深入了北方。

公元前六三四年，晉文公三年，宋國宣佈與楚國絕交，與晉國修好，引來了楚成王極度不滿，第二年冬天，楚成王親率大軍，聯合了陳、蔡、鄭、許的軍隊，攻打宋國，包圍了宋國都城商丘，宋國大夫公孫固向晉國求援。

大夫先軫向晉文公進言：「這是主公展現德澤的時候了，爲了報答當年宋襄公的恩情，主公必須救援宋國。」

晉文公笑了笑：「可那楚成王也待我不薄呢！」不過他畢竟知道大義之所在，所謂恩情不過是託辭，也就不在這個話題上多談，乃問道：「我該如何救援宋國？」

另一個大臣郤谷說道：「楚軍實力強大，不可以和他正面交鋒，應該採取迂迴戰略，先派兵去攻打楚的盟邦曹國和衛國，這樣，楚國必然會分兵去救援，便可以解救宋國的危機。」

「可是我用什麼理由去打曹、衛呢？」晉文公道：「我國與他們又沒什麼仇怨。」

當了將軍的狐偃笑道：「主公別忘了，當初是誰害得主公非得低聲下氣的去向農人乞討，又是誰說主公胸前的肋骨長成一片，跑來偷看主公沐浴的？」

這段話勾起了晉文公沉睡已久的怨氣，他一拍掌，說道：「對呀！這兩個傢伙，一個寡情寡義，另一個把我說成了怪物，哼！此仇不報非君子，立刻傳我命令，兵發曹衛兩國！」

晉國軍隊在晉文公五年出發，先併吞了衛國的部分領土，進而包圍了曹國都城陶丘（今山東省定陶），三月間，俘虜了曹共公，將曹國權臣一網打盡，沒想到，此舉並未驚動楚軍，由將軍子玉率領的大軍，仍舊穩如泰山地包圍著商丘，按兵不動，於是，晉文公繼續回師攻打衛國。衛國臣民人心惶惶，衛文公乃向楚成王求救，然而畢竟爲時已晚，不久，衛文公也遭俘虜。

楚成王得知了晉文公俘虜了曹共公和衛文公的消息，十分震驚，派了使者告知前線的子玉：「晉文公行遍天下，通達人情事故，楚國實在不宜與他爲敵，不如讓著他一些，索性退兵吧！」

子玉的個性剛愎，而且他向來不怎麼瞧得起晉文公，回信對楚成王說：「請多給我一些時候，我必定將宋國夷平，如果晉軍來攻，我就和他決一死戰，我軍勢強，必能得勝，如果戰敗，願受軍法制裁！」

將在外，君命有所不受的觀念，在當時已經逐漸形成，楚王也拿子玉沒有辦法，只好派了更多兵力增援。

子玉又派使者對晉文公發出通牒：「如果貴國不肯答應恢復曹、衛兩國，我就絕對不會從宋國撤兵！」同時對商丘發動更為激烈的猛攻。

「這該如何是好？」晉文公有些著急了。

當初攻打曹、衛，那是基於一時氣憤，把曹衛兩國都給滅了，晉文公的氣也消了，可是，救援宋國的目的並沒有達到，反而讓宋國蒙上了更大的災難，這件事如果處理不當，將對晉文公的威信，造成極大的打擊。

先軫與狐偃商量了以後，對晉文公道：「其實子玉的通牒，給了主公一個可以下的台階，不如我們趁機恢復曹、衛兩國，再設法拉攏他們，讓他們與楚國疏遠，如此，必然可以激怒子玉，逼他與我們交戰，還可以解除宋國的危機。」

晉文公頻頻點頭：「此計甚妙！」說著派人將曹共公與衛文公兩個階下囚帶了上來，對他們說道：「其實，寡人來攻你們，並非眞要和你們為敵，只是因為你們依附楚國的緣故，現在，只要你們答應，立刻寫信去和楚國絕交，並且願意與我國保持良好的關係，那麼，寡人保證恢復你們的國土和地位。」

曹共公和衛文公在獄中受了幾天罪，早就後悔自己當初沒有識人之明，得罪了落難的晉文公，如今落得這等地步，能不能見到明天的太陽，都不敢想。現在，晉文公竟然答應，將他們的榮華富貴全部歸還，只要他們寫一封簡單的書信，如此好事，豈有不從之理？於是便致書楚國，聲明絕楚從晉。

子玉得書，大發雷霆，氣得把兩封竹簡重重摔在地上，怒喝道：「重耳老賊，今日若不與你拚個死活，我的名字就倒過來寫！」說著衝出帳外，對將士們高聲喊道：「全軍拔營，即刻出發！」

楚國軍隊鋪天蓋地朝著駐紮在陶丘的晉軍攻來，此時，晉文公竟然宣佈了一個令人難以置信的命令：「寡人當初流落楚國，曾經答應楚王，與他交戰之時，必須退避三舍，晉國之所以能夠強大，就是因爲仁德治國，現在，寡人將信守承諾，退避三舍，以顯寡人的仁德！」

晉國之所以強大，靠的是實力，靠的是軍力，哪裡是什麼仁義道德？晉文公突然來了這麼一招，豈不活脫脫又是一個宋襄公的翻版嗎？此語一出，眾人譁然，只有狐偃微微笑著，彷彿早就知道了這件事。

原來這個主意就是狐偃出的。他在晉文公殿裡，用一張羊皮繪了各路軍隊佈陣的地圖，指著陶丘說道：「目前我國大軍駐紮於此，然而，此地太過突出，與楚軍過於接近，若在此開戰，對我軍有所不利，不如先行撤退，再重新整頓，誘敵深入，可盡殲敵軍！」

「不錯！」先軫贊同狐偃的意見，並且做了更深入的分析：「我軍與楚軍，都分爲三軍，然而，我軍的上中下三軍，相互之間緊密聯繫，進退得宜；反觀楚軍的左中右三軍，成分複雜，有陳、蔡的右軍，又有申、息、鄭、許軍隊夾雜其中，還有若敖六卒擔任中軍，這些七拼八湊的部隊，只要一亂，必定全軍潰散。狐偃這誘敵深入之計，定可誘得生性急躁的子玉上當！」

「呵呵！」晉文公道：「想不到退避三舍的承諾，竟然用到這裡了。」

一舍爲三十里，三舍便爲九十里，晉國大軍，退出了曹國國境，在衛國境內的城濮佈陣，大軍安置妥當，分撥調度，秩序井然。晉文公卻還不放心，派人去與秦國、齊國聯絡，希望他們能夠出兵聲援，得到了兩國的同意。

當年晉文公答應退避三舍的典故，楚人知之甚詳，楚軍見晉文公如此信守承諾，而且給足了楚國面子，覺得與人爲善，未嘗不可，紛紛勸子玉，不妨退兵，以示友好，然而怒氣未歇的子玉，哪能將這樣的話聽進耳朵？

「我軍不論人數戰力，均在晉軍之上，什麼退避三舍！根本就是害怕與我軍交戰的藉口。」子玉領著楚軍窮追不捨，並道：「重耳見我軍勢盛，害怕啦！逃跑啦！哈哈！老賊，今天定要讓你嚐嚐我的厲害。」

子玉並沒有發現，他這一番窮追猛打，火速進兵，已經讓陣中許多小國部隊跟不上他的速度，後來變成了孤軍深入的情況，原本集結的那聲勢浩大、人數眾多的部隊，前後拉得太遠，見首不見尾，根本無法互相支援。

晉軍左翼下軍將領胥臣，見時機到來，立刻催動戰鼓，命令先鋒隊伍披上事先準備好的五百張虎皮，集中兵力猛攻敵陣當中較為軟弱的陳、蔡部隊，陳、蔡兩軍的將領突然遭到襲擊，驚慌不已，塵土飛揚之間，看不清來犯的是哪個敵人，只知道有著一群老虎般的神獸衝入陣中。拉車的馬匹更是被那虎皮嚇得狂奔亂跳，不顧駕車之人如何鞭打，只想逃命，一時之間，陣勢大亂，士卒們也都丟下了武器車輛，慌忙逃跑，楚的右軍因此潰散。

在此同時，晉將欒枝指揮著下軍的戰車部隊，拉了樹枝枯葉在陣前奔馳，揚起了漫天塵土，遮蔽楚軍視線。塵土飛揚間，上軍大將狐毛舉著兩面旗幟，與楚軍交戰，稍稍一接觸，立即佯裝退卻。子玉看不清楚來者何人，以為那就是晉國的中軍本陣，於是下令左軍與中軍全力追擊，「哈哈！」子玉笑道：「重耳老賊，這下你要被我逮著了。」

正得意之間，子玉卻發現，自己的部隊，已經被四面八方湧出的晉軍團團圍住，原來狐毛的上軍，這時已調過頭來，與原先就埋伏好的中下二軍合力包抄楚國戰力較弱的左軍，將左軍殲滅。子玉見狀大驚，知道左右兩軍皆已潰敗，無法再戰，急忙下令中軍退出戰鬥，收拾殘兵敗將，倉皇地往南方撤退。

城濮之戰，晉軍獲得全面的勝利。

晉文公終於完成了霸業。

同年五月，晉文公率領了宋、齊、魯、鄭、陳、蔡、邾、莒等國，在踐土（今河南原陽）舉行會盟。周襄王親自派人設下了盛大的酒宴，招待諸侯，並且當眾宣佈晉文公為霸主，授與他各項特權，准許他以武力安定各諸侯國之間的紛爭，懲治有害王權的所有行爲，與會的諸侯國也都承認了晉文公爲盟主，答應共同扶助王室，相互救助。

冬天，晉文公又將秦國也納入了他的同盟之中，連同他自己一共十國的諸侯，共同在晉國的河陽朝見周王。

晉文公的聲望，如日中天。

這位年老的霸主，叱吒風雲的時間不長，卻完成了足以和當年齊桓公媲美的霸業。晉文公在位九年去世，比齊桓公更勝一籌的是，齊桓公死後，霸業無人繼承，齊國中衰；晉文公死後，晉國卻一直保持著強大的國勢，成爲穩定華夏中原的一股最重要的力量。

西方的霸主

晉文公逝世的消息，令許多強國的君主開始思考誰是繼承者的問題，其中，動作最爲明顯的，就是秦穆公。

「齊桓公稱霸，晉文公繼之。」秦穆公道：「現在晉文公也死了，該是下一個霸主出來主持局面的時候啦！」

他這麼說的意思，就是希望底下的臣子們有人出來附和。

不料，臣子們一句話也不說，倒像是秦穆公一個人在唱獨角戲一般。

「怎麼？」秦穆公覺得有點自討沒趣，拉下老臉，很不高興地說道：「寡人窩在這邊陲地帶，替中原諸侯抵擋西戎入侵，已經三十二年了，扶助了晉文公，讓他在中原大顯威風，現在他死了，後繼之人能力未卜，難道這時我不該出來，大會諸侯，以成霸業嗎？」

過了半晌，號稱五羖大夫的百里奚才看著秦穆公，幽幽地問道：「主公想過該怎麼大會諸侯沒有？」

秦穆公一時為之語塞，不一會兒才道：「當然要內修武備，外抗蠻夷……」

「主公可有具體辦法？」

「哼！」秦穆公有點不高興了：「寡人請你們來協助，就是要你們替寡人想辦法，現在倒反問起寡人來了！哈！幸好，咱們駐守在鄭國的逢孫、杞子他們，把鄭國的情勢打探得一清二楚，鄭文公不久前不是也死了嗎？鄭國新君在位，未修守備，正是偷襲他們的良機，逢孫他們還說，鄭國人讓他們看守新鄭的北門，等我軍到達，他們便可以作內應。」

上大夫蹇叔聽見了秦穆公所言，立刻勸阻道：「鄭國距離我國千里之遙，如此長征，怎能不走漏消息？又何來偷襲可言！更何況，鄭國土地，尚在晉國以東，就算擊敗了鄭國，也無法從中得到任何土地，徒然讓晉國得益。再加上逢孫、杞子等人，都是主公答應了派去替鄭國守衛的，這時卻又突然攻擊他們，這是無信的行為。攻打鄭國，不智、無信且毫無意義，請主公三思。」

蹇叔與百里奚號稱秦國二相，秦穆公對他們向來倚重，這時雖覺得兩位賢臣的話聽了不大受用，卻也不便發作，只道：「你們就別再多說了，寡人心意已決，攻打鄭國，是寡人圖霸的第一步。」說著笑了笑：「我們秦國的國力，比起晉國，絕對不差，又有兩位賢相與三位猛將的輔佐，一定能夠凱旋而歸的。」

所謂的三位猛將，就是百里奚的兒子孟明視、蹇叔的兒子白乙丙與公子縶的近臣西乞術，他們三人已在秦穆公的授意下，操兵練馬，整頓大軍，不多時便要出發。

到了出兵的良辰吉日，秦穆公命孟明視爲大將，西乞術和白乙丙爲副將，率領大軍，東入函谷關，攻打鄭國。大軍出征以前，依例要由國君與眾臣設酒送行，蹇叔和百里奚拉著身爲大將的兒子，哭得老淚縱橫，抽泣道：「眞是令人傷心啊！我們這樣的老朽，送著你們這些年輕人出征，卻看不到你們回來了！」

秦穆公在一旁聽了，覺得實在不成話，沉著嗓子道：「你們兩個當著全軍之面哭泣，還說這種不吉利的話，難道是想動搖軍心嗎？」

蹇叔和百里奚同聲回答：「臣等並非哭王師，只是難過自己的兒子罷了，怎敢動搖軍心。」

「最好如此！」

蹇叔拉過自己的兒子白乙丙，偷偷地告訴他：「此番出兵，威脅最大的，不是鄭國，乃是晉國。兵出函谷關後，東邊的殽山一帶，地勢險惡，你們千萬要小心晉軍的埋伏。」

白乙丙表面上沒有說什麼，心裡卻想父親未免顧慮太多。

那孟明視率領著人高馬大的秦軍，浩浩蕩蕩向東開拔，穿越了殽山的隘口，掠過一段晉國的領土，來到了成周的王畿。依照禮節，軍隊行經天子腳下，應該卸去鎧甲，減慢行進速度緩緩通過，以示尊敬，然而孟明視建功之心急迫，並未減緩通過，也未讓兵士卸甲，只在經過洛邑北門的時候，與幾個重要將領脫下頭盔，略加致意。周室的王孫滿看著揚長而去的秦軍，很不高興地說：「這樣的軍隊，輕佻而無禮，一定會失敗！」

大軍又經過滑國。

這裡是鄭國鄰近的一個蕞爾小國，國力不強，卻位居於交通要道，經常有商人往來於此。鄭國一名經營畜牧的大商人弦高，趕了幾十頭牛，準備到成周販賣，此時正在滑國城郊落腳休息，遠遠看見了秦軍揚起的塵土，便問身旁的人道：「那是哪兒來的軍隊，要上哪兒去？」

「您不知道嗎？」路人道：「那是秦國的軍隊呀！聽說，要去打鄭國的。」

弦高暗自吃了一驚。晉文公才剛死，秦國就不安分了？攻打鄭國，必定只是一個幌子，最後秦穆公的目標，一定還是晉國。可是，總不能因爲這個緣故，就任憑秦軍蹂躪自己的祖國呀！弦高咬了咬牙，打定主意，趕著牛群，朝秦軍方向走去。

孟明視見這弦高不過一名普通商人，還趕了幾十頭肥牛，不知他想要做什麼，便道：「我軍尚待趕路，有什麼事情就快點說。」

弦高拱手深深一揖，恭敬有禮地說道：「我乃鄭君使者，我國君上聽說貴國要來攻滅鄭國，特地派我帶了二十頭肥牛前來犒賞軍士，並且讓我轉達貴國，鄭君已經做好迎戰準備，歡迎隨時來戰！」

孟明視表面上不動聲色地接受了弦高的餽贈，道謝再三之後，藉故離去，與西乞術、白乙丙二將商議：「怎麼辦？鄭國早已有所防範，我軍的行動已經被人知道了，只怕討不了便宜。」

白乙丙道：「我軍此番進軍，就是貴在隱密偷襲，敵人既然已經知道我軍要去襲擊，我看去了也沒有用，不如就別再進兵了吧！」

孟明視乃對弦高道：「我軍並非為了鄭國，只是……只是要來攻打滑國而已。」他不甘心一無所成地回國，於是便把大軍矛頭指向毫無防備的滑國。滑國國力實在不值一提，城垣低矮，兵備未修，國君見秦軍來攻，根本不敢抵抗，立刻開城投降。

這樣，孟明視等人，至少建了一功，回國也好交差。

不料這樣的舉動，卻惹來了晉國的不滿。

滑國的宗室，與晉國同姓，都是西周唐叔虞的後代，兩國關係向來良好，晉國新逢國喪，太子歡即位為晉襄公，尚在守制之中，秦國軍隊未經通報，便借道晉國的事，襄公念在父親與秦穆公有舊，還能睜一眼閉一眼，然而不由分說地就將滑國消滅，實在不把晉國放在眼裡。

晉襄公又悲又怒，道：「那秦穆公，以為我父歸天，晉國的霸業便就此消失了嗎？寡人偏要讓他知道，文公雖故，晉國猶在！」隨即命令，出兵攻打秦國軍隊。

可是那時，晉國上下，都在服喪期間，所有的貴族百姓，全部白衣縞素，連軍隊也是如此，若就此出征，舉著白色旗幟，那豈不是還沒開戰，就先投降了？如此裝束，實在晦氣。於是，老臣先軫便進言道：「君上可以下令，將全軍白色素服，改爲黑色，如此一來，問題便可迎刃而解。」

晉襄公也覺有理，便授命依計而行。

晉軍全陣，換上了一身黑色勁裝，黑色盔甲，黑色旗幟，透著一股說不出的肅殺氣氛，大軍火速行軍，埋伏於殽山兩側。殽山附近，地形險要，唯一通往函谷關的道路，是一條狹長的谷地，也是秦軍回師的必經之路。孟明視等人，正覺得自己雖然未能成功伐鄭，卻滅了滑國，擄來不少財貨奴隸，志得意滿之時，一群黑衣部隊，突然間自山林之中竄出，對秦軍發動猛攻，秦軍措手不及，被殺得大敗，三位將軍，全數遭到俘虜。

晉襄公的庶母，晉文公的夫人懷嬴，是秦穆公的女兒，她有意搭救那三員秦國大將，便對襄公道：「這三個人實在可惡，挑撥我國與秦國的友好，想必，秦穆公對他們也恨之入骨，不如把他們放回去，讓秦穆公烹了他們，也不用污衊了君上您的手。」

襄公了解庶母的用心，他也覺得，不需要太和秦國撕破臉，順水推舟，放了三人回國。

三個敗軍之將，灰頭土臉地被晉國使者押解回秦國。秦穆公非但沒有責難他們，反而親自出城迎接，三人見了主公，跪了下來，垂淚請罪，秦穆公也哭了，扶起三人，對他們道：「是寡人當初不肯聽從百里奚與蹇叔之語，才讓你們三人蒙受恥辱，有罪的是寡人，你們哪有什麼錯呢？」恢復了三人的官職，並且對他們更加信任重用。

經此一戰，秦穆公深切的了解到，晉國實力強大，阻擋在秦國東方，在他有生之年，想要大會諸侯，稱霸中原，只怕是不可能了。

於是他將目光轉向西方。

那時秦國的西方，居住的大多是戎族，與中原文化相較之下，較為落後，卻是民風剽悍，當初西周之亡，就是被犬戎所滅。秦國的國土，處在華夏諸侯與西戎蠻族的交界地帶，雜揉了雙方文化的優點，地位卻有點尷尬，中原諸侯，常常不願意將秦國視為盟邦，而將他們與楚國一樣列為蠻夷，西戎部落，卻也不願意接受秦國，畢竟生活習慣、禮儀制度皆有不同。

正因為這種尷尬地位，才讓秦國，獨自發展出一套異於他國的強盛之道。

秦穆公逐步地併吞了附近的戎族小部落，將他們的領土據為己有，有了充足的領土，便能開闢更為廣大的田地，養活更多的人口，讓國勢更強。

西戎部族當中最強大的族長赤斑，看見秦國強盛，派了權臣由余到秦國考察。秦穆公領著他視察各地，有意炫耀國力，由余卻一一點出了秦國的弊病所在，穆公有些不悅，回宮便召見百里奚，將由余所說的話告訴了他。

百里奚若無其事地回答：「這位由余是晉國的賢才，老臣從前在晉國就已經聽說過他，會說出這番話，並不足爲奇。」

「如果這樣的賢才，效忠西戎，對於我國，將是極大的威脅啊！」秦穆公擔心地說道。

百里奚便與幾名大臣商量，最後想出了一個辦法：他們請秦穆公贈與赤斑六名精於音律的美女，讓赤斑縱情於聲色，漸漸疏於國事。又藉機耽擱由余的行程，令他遲遲不能歸國，一年後才回去。赤斑怪由余遲遲不返，對他頗爲猜忌，不再聽從他的進諫。由余看見這種情況，知道西戎終究難逃覆亡命運，漸有求去之意，秦穆公便趁機派人來密召，由余便轉而投效秦國。

秦穆公得到了由余，對於西戎的山川地形、人情風貌，均有了深深了解，過不久便派遣大軍，進入戎境，消滅了赤斑部落，闢地千里，戎族以及西方各部落，均派人向秦穆公朝貢，秦國因而稱霸西戎。

到了公元前六二四年，秦穆公三十六年，孟明視等大將認爲時機已經成熟，便上書請求伐晉，秦穆公照准。大軍渡過黃河，孟明視命令全軍將渡船盡數焚毀，親自督軍的秦穆公對此不解，孟明視道：「這次出征，如果不能雪恥，誓死不回。」

訓練有素、士氣高昂的秦軍，銳不可當地進入了晉國境內，邊境將領望風而潰，大軍乃長驅直入，直逼晉都。

晉國老臣先軫、趙衰等人，知道這次秦軍來勢洶洶，若與其硬拚只怕傷亡慘重，便上諫道：「上次的殽山之戰，令他們全軍覆沒，秦軍對我國仇恨極深，這次傾全國兵力來犯，實在不宜與其對戰，不如暫且迴避，以消弭兩國紛爭。」
晉襄公於是傳令各路兵馬，堅守四境，不要輕舉妄動。
晉國不願戰，秦國也莫可奈何，由余向秦穆公建議：「如今這般態勢，等於逼得晉國認輸，已使我國大大露臉，主公可回師至殽山之地，收拾當年將士遺骸，可以撫慰民心。」
秦穆公便在殽山設下祭壇，穿著白衣素服，瀝酒焚香，告慰陣亡將士的英靈，與孟明視等大將痛哭失聲，三軍皆盡動容。
回到國內不久，周天子派人來到秦國，賜給秦穆公十二只金鼓，對他掃平西戎的功業表示祝賀，等於間接承認了秦穆公在西戎地區的霸業。
這位西方霸主在位三十九年，去世以後，秦國又過了數百年之久，才再度與中原諸侯爭雄，有一說是因爲他的葬禮，採用西戎習俗，以活人殉葬，沒給後繼之君留下人才，以致國力衰退。不過，秦國於秦穆公在位之時，開闢了數千里之廣的土地，必須花費許多時間，才能有效治理這些地區，應當才是秦國短時間內難與中原諸侯一爭長短的原因，而到了戰國時代，經過長時間的努力經營，秦國也一躍而爲最強大的國家。

問鼎之輕重

南方的楚國在歷經了城濮之戰慘敗於晉國以後，有相當長的一段時間，沒有再進兵中原，楚成王把視野轉向了長江流域的小國，爭戰、併呑，再施以有效的治理，讓楚國這個原本就地大物博的國家，發展得更爲強盛。在中原諸侯眼中，楚人是蠻夷，然而，楚國不論文化、器物與制度上，均與中原諸國不相上下，甚至有超越的地方，而將這樣強大的國家視之爲蠻夷，只怕是中原諸侯的一種精神勝利吧！

成王死後，穆王繼位，繼續了父親的志業，在位十三年，維持了楚國在長江地區的穩定力量，然而到了他的晚年，國勢曾經因爲朝政混亂而有一度衰落的情況，這時，穆王的兒子公子侶繼位，是爲楚莊王。

楚莊王即位以後，整整三年放著朝政不理，縱情於歌臺舞榭、美女酒色，甚至在宮門外掛了一塊告示牌：「膽敢進諫者，殺無赦。」

某日，大夫武舉進宮，見楚莊王左手抱著鄭姬，右手抱著越女，沉醉在鐘鼓齊鳴的音樂聲中，於是對莊王說了個謎語：「有一隻大鳥，在楚國的高山之上，既不飛也不叫，整整三年之久，不知道是什麼緣故。」

楚莊王看了伍舉一眼，微微笑道：「讓我告訴你吧！這隻鳥三年不飛，一飛便要沖天；三年不鳴，一鳴必定驚人。」

「臣願拭目以待。」

「你想說些什麼，寡人都清楚。」楚莊王揮了揮手：「你先下去吧！」

莊王口中如此說著，卻依然故我，甚至變本加厲地大肆玩樂，幾個月後，大夫蘇從又鼓起勇氣闖入宮中，冒死進諫。楚莊王大怒：「怎麼？沒看到寡人的告示嗎？不想活了是不是？」

「臣甘願就死，只要臣的死能夠喚醒主公。」

楚莊王沉吟片刻，突然朗聲笑道：「哈哈！寡人等了三年，就是為了等一個不怕死的忠臣。」

原來這三年的時間裡，楚莊王一直細心地觀察朝中每一名大臣的賢愚忠奸，誰是只曉得阿諛奉承的小人，誰是忠心為國的能人，他都一清二楚，當政之後的第一件事，就是處置了所有的佞臣，起用了有能力的人，那蘇從與伍舉，自然在起用之列。

楚莊王還重用了原本隱居於民間的一位賢才孫叔敖，他替楚國改革了財政、貨幣，並且將百姓的生計也照顧得十分得宜，興修了水利，防範水災，發展農業，開闢一百多萬畝的田地，使楚國的內政穩定，得以向外發展那原本已經十分強大的國力。

公元前六〇八年，楚莊王第六年，楚國攻打陳國，原因是陳國背叛了與楚國之間的同盟，跑去依附晉國，打敗了陳國以後，楚軍進一步揮軍北上，攻打宋國。這些小國，向來只有依附在晉楚這樣的強國之下的命運，受到了攻擊，背後的保護國就必須出面。於是，晉國乃出面解救陳、宋，與楚軍交戰。只不過，這時候晉國的國軍是晉靈公，十分昏聵無道，朝政綱紀敗壞之下，軍隊自然也沒有士氣，因此敗給了楚國。第二年，晉靈公就被權臣趙盾所弒。

後來，楚莊王又親自領兵去攻打落東附近的蠻族陸渾，大軍行經東周王畿，楚莊王倒不像當初秦軍過境時那般快速通過，反而將全軍集結在洛邑王城之外，擺開陣勢，操兵練馬，分明是在耀武揚威。天子周定王雖然生氣，卻也無奈，只好派了王孫滿為特使，帶了賞賜之物前往楚君陣營犒勞，順便查探楚莊王的眞正來意。

楚莊王得意地對王孫滿說道：「寡人聽說，周王的宮殿裡，有著傳國的九鼎，那是當初大禹收集了天下九州的上銅所鑄造，想必一定很貴重吧！」

「是啊。」王孫滿冷冷看著楚莊王：「那便如何？」

「周天子是王，寡人也是王，不如把那九個鼎，搬到寡人的王宮裡放著怎麼樣？寡人帶來的兵不少，相信那鼎不管多重，都還能扛得動。」

王孫滿年事已高，什麼樣的陣仗沒見過？當初就是他預言了秦國的殽山之敗，現在，楚莊王對他而言，不過後生晚輩，即使口出狂言，他也還不放在眼裡，就算周天子威信已失，他也不能墜了王家的威儀，於是鎮定地說道：「身為天子，貴在以德服人，有沒有寶鼎，那並不重要。」

「是嗎？」楚莊王笑道：「寡人也覺得寶鼎不大重要，在我們楚國，就算把作廢的武器收集起來，也能鑄造出寶鼎，莫說九鼎，九十鼎也成！不過以德服人嘛……嘿嘿……只怕以力服人，比較實際。」

「天命歸於有德之人！」王孫滿道：「夏桀武力弱否？失德而已！商紂武力弱乎？暴虐而

已。如今成周武力雖然鬆弛，卻未失德，故天命猶在，依我看，還輪不到你來問那九鼎有多貴重！」

楚莊王一時之間也啞口無言了，他如果一時衝動，大可以率軍攻向洛邑，消滅成周，不過他是個聰明人，看出了王孫滿所言背後的眞正涵義，中原諸侯還是擁戴著周天子的啊！諸侯的力量，讓周王室有恃無恐，而這些諸侯當中，又以晉國爲首。想要稱霸，甚至取而代之，必須先將晉國徹底擊潰才行，之前將晉國打敗，只損傷了一小部份的晉軍，對其霸業並未構成直接影響。

楚莊王帶了兵，回到楚國，從此將目標專注於對付晉國。

公元前五九九年，楚莊王十五年，陳國發生了大夫夏徵舒弒君之事，莊王與群臣商議的結果，認爲應當好好利用這個時機，藉口討伐逆臣，出兵陳國，以提升楚的國際聲望。

大軍抵達陳境之時，莊王對陳國百姓表示道：「各位不用擔心，我國出兵，只爲討伐叛逆，不會對諸位造成任何傷害！」

陳國百姓聽他如此說法，便不再抵抗，因此楚軍不費吹灰之力，便攻陷了陳國，並且將叛臣夏徵舒車裂，併吞了陳國國土。

群臣都向楚莊王致賀，唯獨大夫申叔不發一語，楚莊王深感不解，便問他：「爲何不向寡人道賀，你是覺得寡人滅了陳國，沒什麼值得慶祝麼？」

「微臣是有些話，不吐不快。」

「但說無妨。」

「微臣不久前聽說一個故事，說有個農夫牽著牛越過別人的田地，踩壞了別人的稻禾，地主很生氣，就把農夫的牛沒收來賠償自己的損失。」申叔看著楚莊王：「大王覺得如何？」

「那地主過分了些。」

「是啊！聽過這個故事的人都這麼說。」申叔道：「但是，大王如今的做法，不就和那地主沒兩樣？陳國罪不至此，大王竟將其滅國，未免小題大作，如果繼續這樣，微臣以為大王將難以號令天下，故微臣不敢道賀。」

楚莊王聽了，連連點頭：「先生有理，先生有理！」於是恢復陳國，將流亡國外的陳公子午接回國內，立為陳成公。

中原諸侯聽說了這件事，除了對楚國的實力感到畏懼之外，對於楚莊王的表現，也都感到由衷的敬佩。

又過一年，原本與楚國同盟的鄭，頻頻向晉國示好，楚莊王終於又等到了展現力量的機會，於是在孫叔敖等人的協助下，率領大軍進攻鄭國。他們包圍了鄭國都城新鄭三個多月，終於將城池攻破，這時，莊王記取了上次的教訓，認為不應該隨便斷絕人家的祭祀，因此下令大軍退避三十里，再與鄭國議和。

就在議和的當下，晉軍趕來了。晉軍在渡黃河的時候，就已聽說鄭國城破，鄭襄公率眾投降的消息。大將荀林父本想班師，卻被有勇無謀的中軍副將先縠所阻：「晉國之所以稱霸，就是因爲武功顯赫，如今若是懼楚棄鄭，怎能算是武功顯赫？你我擔任將帥，不戰而返，怎能算是男子漢？」說完帶著自己的部隊，率先過河。其他的將領看了，紛紛起而效尤，那荀林父本是個軟弱之人，見手下將領不奉號令，莫可奈何，只好下令渡河。

楚莊王採納了孫叔敖的意見，暫時按兵不動，並且派人前去和荀林父談判，準備議和。荀林父自然是求之不得，可是底下卻有不少將領一心只想建功，不斷的撩撥楚軍。楚軍方面也有不少主戰派，禁不起挑釁，力主一戰，情勢一觸即發，楚莊王便親自領軍，向晉軍發動猛烈的攻擊。

兩軍交戰之地在邲（今河南鄭州東），開戰之後不久，晉軍便顯疲態，因爲晉軍的將領不團結，指揮不統一，軍隊則沒有鬥志；反觀楚軍則能上下團結，一鼓作氣，不畏生死，終於將晉軍擊潰。

晉軍敗退後，急忙逃往岸邊，搶著船隻渡河，先上船的人，擔心船隻過重，不願意後來者繼續上船，便把攀在船邊搶著登船那些同袍的手砍斷，砍掉的手指手臂多到積成堆，更多人淹死在河裡，那當初力主一戰的先縠，早已死在亂軍當中，屍骨無存。

有將領向楚莊王進言：「啓稟大王，此役我軍大獲全勝，不如乘勝追擊，一舉攻向晉都！」

「不行。」楚莊王搖頭道：「我軍使用武力的目的已經達到，不應該太過誇耀，否則將使天下不安，這樣就不能達到安定國家、順服天下人心的目的呀！」

孫叔敖道：「我軍傷亡也不輕，趁機放人一馬，可博得仁義美名，又可調養生息，一舉兩得。」

晉楚邲之戰，楚國獲得大勝，楚莊王的威名達到了頂點，晉國的霸業則中衰，一時之間，難以望楚之項背。中原的那些小國，紛紛依附投靠了楚國，使得楚莊王也成爲了一位霸主，只不過，他這位霸主和齊桓公、晉文公提倡「尊王攘夷」進而稱霸有所不同。他並不尊王，甚至到周天子面前耀武揚威；至於攘夷，楚國本身就是夷，何來攘夷可言？

楚莊王的稱霸，也許象徵著一個完全依靠武力與國勢的時代，終將來臨。

和平的努力

整個春秋時代，大體的局面就是晉楚之間的爭霸，從晉文公在公元前六三二年的城濮之戰建立霸業，到公元前五九七年邲之戰晉國霸業中衰，楚國取而代之，此後，中原地區就成了這兩大強國競爭霸權的戰場。楚莊王稱霸之後二十多年，兩國又在湛阪打了一場大規模的會戰，這次晉國勝利，奪回了霸權。這兩大強國，大體說來，晉國的力量較楚國強一點，卻又無法徹底擊潰楚國，只要國內政局稍有不穩，立刻就會給予楚國可乘之機，進兵中原。

這種局面，讓中原地區的那些小國大感痛苦，鄭國、宋國、陳國、蔡國，他們就封建的輩分而言，比起晉楚等強國都高，只不過因爲當初的分封，他們距離周王畿較近，沒有繼續發展的空間，只好讓那些後起之秀對他們予取予求。大國戰爭的理由，往往是因爲某個小國投向了對方，大國作戰之時，往往將他們的國土當作戰場。這使得當地的百姓和貴族，一致希望不要再繼續戰爭。

公元前五九四年，楚莊王攻打宋國，將宋國首都商丘包圍了將近一年，宋國國內的青壯年大多在戰場上送了命，糧食耗盡，剩下的百姓不得已，只好把自己的小孩和別人的小孩交換煮來吃，把死人的骨頭拿來當柴火燒，景象異常淒慘。宋國大夫華元提出了一項和平計畫，與中原諸侯共尊楚國爲盟主，楚莊王答應了，退了兵，讓宋國免於滅亡的命運。

後來，這項和平計畫雖然只維持了短短幾年便遭到破壞，晉楚之間的爭霸戰再度展開，然而在當時人們的心裡，已經有了一種想法，那就是依靠遊說與結盟，或許也可以消弭戰爭。

後來的局勢發展，正好朝向對和平有利的方向一步步發展。

除了小國一致反對戰爭之外，晉國與楚國的國內政局，使他們難以繼續對外發動戰爭。晉國的國君逐漸失去了實際上的領導地位，大權旁落於韓、趙、魏、范、智、中行這幾家大夫之手。有權的卿大夫則忙著奪權，無暇他顧，對於向外的戰爭，自然是越少越好。

至於楚國，大夫的專權雖然不至如晉國那般明顯，王權卻也在衰落之中，而且，就在楚國的東邊，長江下游一帶興起的吳國，帶給楚國極大的威脅，楚國不得不把更多的精神集中在防禦吳國上面。

在這樣的背景下，宋國大夫向戌提出的「弭兵之會」，得到了小國的支持與大國的認同。向戌爲了實現他心中追求各國和平的理想，奔走於晉、楚之間。當時，晉國原本的執政者范宣子病死，由趙文子把持政局，爲了穩固自身的權力，積極主張應該與楚國結盟。正好向戌與趙文子之間交情不錯，向戌便將弭兵的想法告訴趙文子。

「你的想法正好切合了我的心思。」趙文子道：「可是我現下雖爲執政，卻不能不顧其他幾家大夫的意見，待我與他們商議一番，再來與你詳談。」

「我與楚國的令尹子木談過了，」向戌道：「他可是十分贊同呢！」

「如此甚好，甚好！」

次日，趙文子便將弭兵之盟的構想提出，立刻得到許多人附議，可見當時諸侯心目中已經有了一種追求和平的普遍共識。韓宣子道：「戰爭頻仍，勞民傷財，現在有人提出召開休兵的會議，就算辦不成，我們也不能拒絕。如果我們拒絕，楚國卻同意，那麼楚國不是平白搶去了好名聲嗎？以後只怕諸侯都要跟隨楚國了。」

晉國同意弭兵，向戌乃轉赴齊國。齊國的國君對於弭兵之事，有點不大認同，因爲齊國自從齊桓公之後，就再也沒有出現過霸主了，弭兵之會等於斷絕了齊國日後稱霸的出路。不過，齊國的權臣田文子卻表示：「各國都願意停戰，唯獨我們不答應，這樣，以後我們在諸侯之間還能有立足之地嗎？」

公元前五四六年，向戌成功地召集了晉、楚、齊、秦、宋、魯、鄭、衛、曹、許、陳、蔡、邾、滕十四國於宋國的商丘共同召開弭兵之盟。

這次會盟是前所未見的，從前大會諸侯，總是由霸主來主持，其他的國家，只有俯首認命的份，這次會盟，卻是由一個弱國的大夫來主持，以和平為要務。會中決議：以晉楚兩國為首，共同訂定盟約，日後不以戰爭作為解決紛爭的手段，中原的小國，同時對晉楚雙方朝貢，接受兩國的保護，而齊、秦兩個大國，則與晉、楚以對等地位結盟。

向戌雖然對自己努力促成的和平感到滿意，不過他也知道，這次會議說穿了其實只是大國平分霸權而已，從此他們這些弱小國家，必須負擔更重的朝貢，才能換來那份不怎麼穩定的和平。然而，和平終究是有利於民生經濟的，能夠停止因為戰爭所帶來的破壞，讓這些小國恢復生產力，即使負擔得更重一點，他們也還樂於接受。

而晉、楚之間的爭霸，則並沒有因為這次的弭兵之盟而告終，只是轉往另一個不同的戰場。晉國看準了楚國東方新興的吳國，是楚國的心腹大患，於是背後暗中支持吳國；楚國則支持吳國南方的死敵越國，用以牽制吳國的擴張，這種局勢，演變到春秋末期，成了兩個新興霸主之間的爭奪戰，其間慘烈的程度，甚至有後來居上的態勢。

吳越春秋

此時正值楚平王在位的年代，楚國的國勢雖然強盛，卻也已是強弩之末。楚平王胸無大志，卻十分好色，他看上了自己的兒媳，太子的妃子，想要納爲妃子，便藉故將太子建遷到楚國邊境的城父去戍守邊疆。

平王寵信的奸臣費無忌，與太子建素有嫌隙，便趁機進言道：「太子在外結交各國諸侯，擁兵自重，不得不防啊！」

楚平王怒道：「哼！這個不肖的兒子，是恨我搶了他的妃子麼？」於是便要殺了太子。太子建聽說了這個消息，十分害怕，便逃到宋國去。

太子建的這個舉動，對於楚平王的怒氣，無異於火上澆油，他在盛怒之下，命令太子太父伍奢前來楚國都城郢，當面責問，伍奢道：「太子向來對大王忠心耿耿，大王切莫因爲小人讒言，疏遠了骨肉親情啊！」

「你說我聽信小人，就是說我是個昏君了吧？」楚平王指著伍奢的鼻子：「你與那逆子一個鼻孔出氣，分明想串通了來謀我王位！」遂命令左右將伍奢打入大牢。

後來楚平王越想越氣，決定殺了伍奢洩恨，費無忌告訴他：「伍奢有兩個兒子，能力很強，大王若殺了他，只怕這兩個兒子日後成爲我國的禍患，不如讓伍奢把他們給招了來，斬草除根。」

楚平王便要伍奢寫信到城父，將兩個兒子伍尙、伍員叫來郢都。

伍奢道：「伍尚會來，伍員卻不會來。」

「爲什麼？」

「伍尚向來慈孝，就算拚了命，也會來救我。伍員卻不一樣，他比較機警，知道就算他來到郢都，也救不活父親，自己也會白白送命，所以他不會來。」伍奢道：「將來，伍員一定會替我復仇的。」

楚平王惡狠狠地笑著不肯相信，仍強迫伍奢寫信，果然如伍奢所言，哥哥到了，弟弟卻沒來，楚平王索性將伍奢伍尚父子一起殺死，再派人追殺伍員。刺客追到了城父，卻早已經不見伍員的蹤跡。

原來伍員在接到父親的親筆信之時，便知道情況不妙，他想勸兄長不要去送死，可是知道兄長的個性，便不再多言，等伍尚出發前往郢都時，伍員立即出城，投奔到宋國的太子建麾下。他與太子建君臣一同流亡了許多國家，卻在鄭國遭到鄭定公所害，太子建被殺，伍員再度逃走。

這時伍員眞的無依無靠了，沿著長江向東而行，靠著討飯度日，過著有一餐沒一餐的生活，後來，他流亡到了吳國境內，聽說父親與兄長雙雙遇害的消息，指著滾滾的江水，發下了重誓：「我伍員此生必將取下楚平王的首級！」因爲飢寒交迫，再加上悲憤攻心，眼前一黑，便昏了過去。

醒來的時候，伍員發現自己躺在一張富麗堂皇的大床上，一旁來回穿梭著許多奴僕打扮之人，見伍員睜開眼睛，喜道：「醒了，醒了！快去告訴公子。」

不久，一名身著華美服飾的青年走了進來。

想來這便是救命恩人了，伍員連忙起身道謝，卻被那公子攔下：「先生體弱，不需多禮，應當好好調養才是。」

一問之下，伍員才知道那是吳國的公子光，兩人相談甚歡，隔天，公子光便將伍員推薦給吳王僚。吳王僚對伍員並沒有很在意，只礙著公子光的面子，象徵性地封了他一個職位。伍員察言觀色，發現公子光與吳王僚對談之時，臉上神色頗有異狀，於是追問，才知道吳國的王位，原本應該屬於公子光。公子光才是吳國王室的嫡長，吳王僚算起來只是旁支，卻幸運地爭得地位。

「公子可想奪回地位？」伍員問道。

「哎！都過去這麼久的事了，還提它作甚？」

伍員沒說話，眼睛直視公子光，半晌，才道：「我認識一名勇者，名叫專諸，能替公子搶回王位！」

「真的？」公子光的眼睛一亮：「那太好了……不，我是說……那怎麼行……」

伍員笑了起來：「公子就別再矜持了，助你奪回王位，也算伍員報答您的恩情！」說完，便引薦了專諸給公子光認識。

那專諸是個孝順的兒子，公子光每日遣人送上布帛粟肉，對專諸的母親，照料得無微不至，令專諸感激涕零，對公子光道：「專諸以一介村野小人，得蒙公子如此厚愛，這條命，就算是公子您的了。」

公子光乃將他原本應當繼承王位的事告訴了專諸，必須除掉吳王僚，才能讓他正位。專諸吐了一口氣，淡淡說了一聲：「我知道了。」頓了頓，又問：「王僚有什麼嗜好？」

公子光道：「他喜歡吃，尤其愛吃魚！」

專諸點點頭：「給我三個月的時間，然後，公子可以請王僚來府上吃魚。」他努力學習烹飪，三個月後，學得了一手燒魚的好功夫，公子光便邀請吳王僚來府上作客，告訴吳王說最近請了一位異地來的廚師，擅於烹調，燒出來的魚與平常所吃的大不相同。吳王僚雖對公子光有所猜忌，卻耐不住嘴饞，於是帶了大批的甲士，前來公子光府上吃魚。

專諸事前就想到了這一點，他早就準備好了一把名叫「魚腸」的短劍，藏在魚腹之中。吳王僚的衛士怎麼也想不到魚肚子裡竟然暗藏凶器，搜了專諸全身，便讓他進獻佳餚。專諸乃趁機從魚腹內取出短劍，一劍刺死了吳王僚。衛士們看了大驚，一湧而上，將專諸砍死，公子光預先埋伏的甲士這時雖然也已經殺出，卻來不及救專諸的性命了。

公子光斂了專諸屍首，便在伍員等人擁簇下，入太廟，登大位，是爲吳王闔閭。

伍員幫助闔閭即位，立了大功，然而就在此時，楚平王去世的消息，傳到了吳國，伍員聞聽，痛哭流涕。闔閭覺得奇怪，問道：「那楚平王不是你的仇人嗎？爲什麼要爲他哭泣？」

伍員哭著道：「我並不是爲他哭泣，而是恨我不能親自砍下他的腦袋啊！」

後來，吳王闔閭重用伍員爲國相，納他的意見，在長江南岸姑蘇山東北之處興建姑蘇城，並且遷都於此。此地形勢險要，易守難攻，又富魚鹽之利，可以帶給吳國豐富的收入。

伍員就是伍子胥，是吳國賴以強盛的最大功臣，此外，大夫伯嚭，將軍孫武，都是吳王闔閭的得力助手。那孫武善於用兵佈陣，更擅長領導統御，寫過一部兵書，一直流傳到現代，就是那赫赫有名的《孫子兵法》。

公元前五一二年，養精蓄銳的吳國大舉伐楚，攻陷了楚國的好幾座城池，吳王闔閭備進攻郢都。孫武道：「還是先等一等再說吧！」

第二年，吳又伐楚，這次他們取得了六、潛兩地，孫武仍然不願與楚國正面衝突。又過兩年，楚國派了公子囊瓦率軍前來攻打吳國，闔閭則以伍子胥爲帥，在豫章（今江西南昌）迎擊，將楚國打得大敗而回，還趁勢取得了楚國的居巢之地。

「這下子，讓楚國元氣大傷，可以攻打郢都了吧？」吳王闔閭問。

「不行。」孫武道：「還不是時候。」

對孫武，闔閭完全信任，孫武說不是時候，就不是時候，闔閭從不多問。

就在這時，楚國的兩個屬國，唐國和蔡國派了使者前來姑蘇，請求吳國興兵相助，使者說道：「先前我們兩國君主前去楚國朝見，可是那楚國令尹公子囊瓦貪得無厭，先向唐成公索取駿馬，又向蔡昭侯勒索玉珮、貂裘，要不到，就在楚昭王面前說他們私通吳國，把兩位君侯扣留起來，後來逼不得已獻出了寶物，那公子囊瓦才肯放人。蔡昭侯生氣了，想借晉兵伐楚，這件事被囊瓦知道，於是興師伐蔡。蔡國陷於存亡的危機，便與唐侯約了一同向吳國請兵。」

孫武在一旁聽了，悄悄對吳王闔閭道：「這下子，是時候了。」

這對闔閭來說，正是求之不得的事，遂拜孫武為大將，伍員、伯嚭為副將，興師六萬，渡過淮水，攻打楚國，沒過多久，便將郢都攻下，楚昭王棄城而逃。原來那孫武用兵，講究天時地利人和，天時地利吳國皆已具備，唯獨人和尚缺，唐國與蔡國使者轉達的事情，顯示人和也已經來臨，一旦用兵，自然能夠攻無不克，戰無不勝。

伍子胥歷經了這麼多的苦難，終於回到了父親與兄長埋骨之所，不禁悲從中來，掩面哭泣。當時，所有的文武百官無不歡天喜地，慶賀他們幾乎消滅了楚國的豐功偉業，只有伍子胥一人哭泣，闔閭便問其故，伍子胥答道：「當初，臣曾經立誓，要親自砍下仇人的首級，可是楚平王已死，他的兒子又逃走了，臣父兄的大仇，尚未報於萬一啊！」

「你打算如何？」

「臣乞大王允許，臣將親掘平王墓，開棺斬首洩恨！」

闔閭暗想這樣也未免太過殘忍，嘆了口氣道：「如果這樣會讓你覺得好過一些，你就這麼做吧！」

伍子胥找到了楚平王的棺木，將楚平王的屍首拖了出來，屍身因為用水銀收斂著，尚未腐爛，伍子胥便拿著九截鐵鞭，親自在平王屍首上打了三百鞭子，一面數落著楚平王生前的不是，一面將他的頭砍下來，懸掛在城牆上示眾，身體曝屍荒郊野外，任憑鳥獸摧殘。

這一仗幾乎將昔日強盛的楚國給滅亡了，多虧楚國賢臣申包胥前往秦國，在秦廷之前哭了七天七夜，令秦哀公動了惻隱之心，乃發兵協助楚國重新建國。

吳國強大了，可是背後的隱憂卻也漸漸興起，位居吳國南方的越國，與吳國向來水火不容，自從重用了晉國來投奔的兩位賢臣范蠡與文種之後，國勢日漸強盛，絕對不容吳國忽視。

可是，闔閭卻忽視了，當他出兵伐楚之際，越王句踐興兵來犯，闔閭只好倉促回師，與越軍交戰於檇李（今浙江嘉興之南），吳軍失利，闔閭中箭受傷，不得已只好撤兵，回到姑蘇，傷勢越來越沉重，難以醫治，臨死前，將太子夫差叫來榻前，對他說道：「夫差啊！你會忘記句踐殺你父親的仇恨嗎？」

「不會忘！」夫差的眼中噙著淚：「孩兒這一生決不敢忘！」

夫差即位之後，時時將父親的遺言銘記在心，日夜練兵，只為報仇雪恨。

句踐在越國聽說了吳王夫差立志報仇的事，認為應當先下手為強，攻其不備，大夫范蠡道：「稟大王，我國現下國力尚未充足，應當準備充足，方可伐吳。更何況目前吳國新逢國喪，其子夫差復仇之心熾烈，舉國上下更是團結一致，不宜攖其鋒銳。此時伐吳，實在不是明智之舉。」

句踐聽不下去，便率了大軍，往姑蘇進發。

夫差聽說句踐來攻，便傾全國之兵，迎戰越軍於太湖附近。吳國將士都受到了夫差的影響，同仇敵愾，視死如歸。句踐萬沒料到吳軍竟然如此驍勇，一戰過後，越國潰不成軍，只剩五千殘兵退守會稽。夫差大軍追了上來，將會稽團團包圍。

句踐這時候才後悔了，對范蠡說道：「當初不肯聽你的意見，現在……唉！現在該怎麼辦呢？我的大業，就這樣完結了嗎？」

大夫文種道：「從前商湯被囚禁在夏臺，文王被拘禁在羑里，公子小白避居莒國，公子重耳逃亡到狄國，後來，他們不是成王，就是稱霸，主公此番際遇，也許能因禍得福也未可知啊！」

范蠡道：「爲今之計，只能卑辭厚禮，放下身段，先求得一時之平安，日後再圖謀大舉了。」

「也只有如此。」句踐派了文種前往吳軍陣營，先行買通了吳國太宰伯嚭，再與吳國約定日期以臣子之禮晉見。文種跪在地上，對夫差再三叩首，說道：「我主誠惶誠恐，後悔無比，不能善事上國，方致圍城獲罪，命小臣前來晉見大王，我主願爲大王臣子，願大王不念舊惡，收我越國爲吳國附庸。」

伯嚭收了好處，在一旁替句踐說話：「大王，臣以爲，還是饒了句踐吧！大王饒了他，他將以越國的金銀財寶獻給大王；如果不赦免他，只怕那句踐，將率著五千死士，與會稽城玉石俱焚，這樣，並非我吳國之利啊！」

伍子胥在一旁聽著伯嚭的話，知道他收了越國的好處，忙道：「大王，夏朝時，有過氏在少康衰弱之時，沒有殺了少康，終於被少康所滅，現在，吳國不比當年有過氏強，句踐的勢力，卻遠大於流亡時的少康，如果大王寬容了句踐，必定會是吳國的禍害，願大王明察。」

伯嚭又道：「大王赦了句踐，不但可以得到越國的進貢，還能夠博取寬厚的好名聲，實至名歸啊！如果不赦免，那五千不怕死的將士衝殺過來，我軍就算獲勝，只怕也傷亡慘重啊！」

夫差聽從了伯嚭的話，赦免句踐，准許他投降。

句踐晉見吳王，以臣子之禮，卑躬屈膝。夫差有意試探句踐的忠誠度，便命令句踐隨他前去吳國，讓他當個宮廷之中的奴僕，住在吳王闔閭陵寢旁邊的石室裡，替吳王養馬，清理馬糞，每當夫差駕車出遊之時，句踐即替夫差執鞭，如同他的近侍一般。以一介國君之尊，這些粗活，句踐都忍氣吞聲地做到了。後來在伯嚭的幫助之下，句踐終於獲得夫差的信任，同意他回到越國。

回國以後，句踐時時不忘復興越國的大志，他決定以自己做榜樣，凡事力求簡樸，以節省開支，增強國力。他身穿粗布衣，住在破舊的茅舍之中，睡在鋪著席草的柴薪上面，三餐只吃些青菜豆類，決不吃肉，還在自己的臥榻前懸了一個苦膽，不時嚐嚐那種苦楚的滋味，讓自己不要忘卻當年的恥辱。

越國的內政，交給文種處理，軍事則由范蠡負責，勵精圖治。經過戰爭以後，越國的人口大量減少，句踐採取了獎勵生育的政策，男子到了二十歲，女子到了十七歲，若不成親，他們的父母就要受罰。他還鼓勵農桑，親自下田與農夫一同耕種，並讓王妃親自織布，帶動全國的婦女養蠶織布的風氣。

對外方面，則採取范蠡、文種的計謀，結交齊國，親近楚國，依附晉國，表面上則對吳國百依百順，避免吳國的攻伐，以爭取時間讓越國強大起來。

伍子胥在吳國聽說了越王的種種，心生警惕，對夫差道：「句踐在越國做的這一切，全都表示他胸懷大志，大王，如果您再不除掉句踐，他必定是我國的心腹大患！」

「胸懷大志？」夫差笑了笑：「胸懷大志不錯啊！那句踐可是本王忠心的臣子呢！當初他替我養馬，可養得不錯。」又道：「相國您太多心了。」

此時的吳國上下，已逐漸呈現出一股驕奢之氣，越國連年進貢奇珍異寶，腐化吳王夫差的志氣，還進獻了西施與鄭旦兩名美女，迷惑了夫差的心智，整天飲酒作樂，朝政日益敗壞。

伍子胥經常進諫，夫差卻從來不願意採納，反而覺得這個老頭子越來越討厭。相對之下，伯嚭就可愛多了，往往順著夫差的心思，要他往東，不敢往西，夫差心想，忠臣，就是應該要這個樣子。

伯嚭就趁著夫差與他親近起來的時候，不時的說著伍子胥的壞話，讓夫差對伍子胥越來越疏遠，見著他就覺得討厭，便派去出使齊國。

臨行前，伍子胥嘆著氣對兒子道：「我屢次規勸大王，大王總是不聽，眼看著，吳國就要滅亡了。兒啊！你與吳國俱亡無益，不如隨我一起到齊國去吧！」便將兒子託付給齊國大夫鮑氏。

伯嚭對夫差道：「大王您看，那伍員仗著自己是先王舊臣，如今不受大王重用了，就心懷怨恨，與齊國交好。當初，他爲了讓自己活命，可以棄父兄於不顧，這種豺狼心性，實在狠毒，將來難保他會做出什麼對不起大王的事啊！」

夫差越想越覺得不對，疑心益盛，恨恨說道：「這老頭處處與我作對，原來還包藏禍心！」等伍子胥出使齊國回來以後，夫差賜了一把劍給他，意思很明顯：請你自我了斷吧！

伍子胥長嘆一聲，臉上的表情說不出是悲傷還是失望，緩緩拿起了那把鋒利的鐵劍，對左右親信們說道：「我死了以後，把我的眼睛挖出來，懸在姑蘇東門，讓我親眼看著越國入城滅吳！」語罷，劍刃往脖子上一抹，登時氣絕。

夫差事後問起伍子胥自刎時的情況，左右照實答了，夫差大怒，吼道：「把那老賊的屍首，丟進江水之中！哼！我看那老賊怎麼妖言惑眾。」

長江沿岸的吳國百姓，對於伍子胥畢生從事改革建設，使他們衣食豐足，感念萬分，聽說一代賢臣竟然落得如此下場，萬分感傷，便在江邊，替伍子胥立了祠堂祭拜，香火不絕。

夫差的怒氣仍未止歇，「那齊國包庇我國奸臣之後，用意實在可恨！」他下令道：「眾將聽令，立刻隨我揮軍北上，我要攻打齊國！」

那時齊國仍然是個強國，只不過在弭兵之會後，中原諸侯之間大體維持了一段相當長時間的安定，許久未曾交戰的情況下，行軍作戰的本領都已生疏，所用的武器，也大多是老舊的青銅器，難以和吳越地區的鐵製兵器相抗衡，遇上了久經戰陣、鋪天蓋地而來的吳國大軍，哪是對手？還沒有交戰，便已投降，吳國的勢力與聲望，頓時達到了巔峰。

「哈哈！連齊國也懼怕我國的威勢，當今天下霸主，捨我其誰？」夫差得意萬分，便在第二年，號召天下諸侯，大會於黃池（今河南省封丘西南）。吳國的精銳，全部出動，那聲勢果然驚人，諸侯見了，無不震恐，便共尊夫差爲霸主。

其實，夫差的稱霸，是十分勉強的，爲了大會諸侯，他幾乎調集了全國所有的軍力北上，留在國內的，只剩下老弱殘兵，范蠡與文種認爲機不可失，便勸句踐興兵伐吳，越王句踐便在這時，徹底與吳國翻臉，帶了精兵五萬，直搗姑蘇城。當時留守在城中的吳太子，倉促地與越軍交戰，沒多久就被盡數殲滅，太子本身也難以倖免。

「什麼？」得知此事的夫差，大驚失色，顫聲問道：「那……那句踐眞的造反？」

慌忙趕來報訊的使者，驚魂未定，語調之中還有著幾許哀悽：「是啊，大王，句踐的軍隊一個個像銅皮鐵骨似的，我們留在姑蘇的兵，根本沒辦法和他們打，只怕……只怕……」

「只怕什麼？」

「只怕大王帶出來的精兵，也不是越國的對手。」

「胡說！」夫差喝令：「將這擾亂軍心的傢伙，拖出去砍了！」

他這麼做，確實只是擔心士氣受到影響，可是莫說士氣，就連他自己的意志也動搖了，然而，黃池大會在即，他必須先處理完眼前的事情，才有辦法回國。因此他草草地解決了歃血為盟的儀式，由諸侯公推為霸主之後，便立刻帶了軍隊，火速趕回。

那時諸侯還不知道越國襲吳之事，只覺夫差的舉動，透著說不出的古怪，如此匆匆而來，匆匆而去，實在有失霸主的風範。「除非……吳國國內生變！」其中一人猜測。他的猜測與事實相去不遠，而黃池大會，對諸侯而言，甚至頗感失望，他們並沒有看見一個齊桓公、晉文公那樣的霸主出現，只看見了一個憑藉武力，窮兵黷武的梟雄。他們對夫差，並不是打心裡服氣的。

吳國軍隊尚未歸國之前，家園遭襲的消息已經傳遍全軍，疲憊不堪的軍士們，心中又遭逢如此重大打擊，哪裡還能作戰？夫差這幾年雖然被美女西施迷惑得有點糊塗，可是還不至於看不清楚這一點，只好請求與越國講和。

「怎麼辦？」句踐問范蠡：「夫差主動求和呢！」

范蠡道：「我軍此番突襲吳國，令吳國上下肝膽俱裂，可是，吳國精銳猶存，還不到滅吳時機，夫差如今已被中原諸侯推為霸主，以夫差的性格，絕不會讓他的軍隊閒著，應當再等幾年，吳國力量削弱，一鼓作氣，盪平吳國。」

「不錯！愛卿與孤想法一致。」

句踐於是接受了夫差的請求，班師回越。

後來夫差果然如范蠡所料，爲了中原諸侯之間的紛爭，疲於奔命，國內壯士，大多死於齊、晉之間，不但如此，吳國境內，又遭逢連年饑荒，百姓怨聲載道，士氣低落，此時，范蠡才說道：「時機成熟了！請大王統帥精銳，臣等願以必死決心，一戰平吳！」

公元前四七三年，越王句踐盡發國中精壯，大舉伐吳，城中百姓送著大軍來到郊外，涕泣訣別道：「這一戰，如果不能消滅吳國，誓不相見！」

越國大軍如排山倒海之勢，撲向姑蘇，夫差倉皇迎戰，屢戰屢敗，最後被圍困在姑蘇山上。

「眞是風水輪流轉啊！」夫差黯然道：「當年，我軍勢盛，不也曾將句踐圍困在會稽城嗎？」

他派了使者公孫駱前去越軍陣營求情，公孫駱言詞謙卑低下，跪著求道：「我家主人當年曾對大王有所不敬，願大王念在會稽之事，饒恕我主，我主願意犬馬相報！」

公孫駱不提會稽還好，一提會稽，反而刺痛了句踐的傷心往事。那公孫駱的用意，原是想讓句踐想起會稽之圍，夫差曾經饒他一命，可是句踐所想的，卻全不是那麼一回事。

「會稽之恥，寡人一天也沒忘記過！」句踐冷然一笑：「夫差饒我，使我能有今日，我若饒夫差，可不敢想像他以後會怎麼待我啊！」

公孫駱垂頭喪氣回去覆命，夫差聽了，慘然失笑，仰天長嘆道：「伍相國，當初寡人不聽你所言，如今落得這般下場，想必你在九泉之下，也會嘲笑寡人吧！」越軍這時鳴起了戰鼓，準備衝上姑蘇山，將夫差等人殲滅，夫差自知絕望，舉起了佩劍，準備自刎，轉念一想道：「我有何顏面去與伍相國相見？」拿了一塊黑布，蒙住了臉，橫刀自刎而死。

句踐大軍進入姑蘇，佔據吳王宮室，安葬了夫差，處決了亡國之臣伯嚭，正式併吞吳國，成爲一個地跨江、淮、錢塘一帶的東方大國。他請求與他共患難，並幫助他復國的范蠡、文種幫助他完成霸業，但是，范蠡卻功成身退，不告而別，飄然遠行。文種留在越國，沒過幾年，就被人誣告謀反，被迫自殺。

原來范蠡知道句踐個性，可以共患難，不能同享福，他曾想勸文種也一同離開，但沒能成功。後來，范蠡隱姓埋名，在齊國經商，成爲一代鉅富，就是赫赫有名的陶朱公。

越國滅吳後幾年，句踐帶領大批人馬，渡過淮水，在徐州（今山東滕縣）大會諸侯，周天子還正式派人賜給句踐祚肉，表示承認他的霸主地位。爲了長期爭霸，句踐還將國都從原本的會稽，遷往琅琊（今山東諸城縣），橫行於江淮之間，成爲春秋戰國之際最強大的國家。句踐死後，越族諸子爭立，國勢衰頹，後來被重新強盛的楚國併吞。

吳國與越國的爭霸，充滿了血腥暴力，沒有尊王攘夷，只有武力炫耀，動輒滅人國家，毀人社稷，戰爭的型態，已不復見春秋初期的道德信義，觸目所見，皆是不擇手段的突襲、屠殺與兼併。

一個更爲混亂的局面，即將來臨。

第四章：亂世的智者——孔子、老子、墨子

東周，漫長，紛亂，卻多采多姿。

這是一個亂世，長達五百多年的亂世，先有春秋，後為戰國。

這個時代，「爭地以戰，殺人盈野，爭城以戰，殺人盈城」，「強凌弱，眾暴寡，智詐愚，勇苦怯」，是一個「父子不相見，兄弟妻子離散，老弱轉乎溝壑，壯者散而之四方」的時代，更是一個一面「庖有肥肉，廄有肥馬」，一面則「民有飢色，野有餓莩」的時代。

這也是個思想家綻放智慧與謀略的時代。

階級的流動，使得學術不再屬於貴族，任何飽學之士，只要能夠說服一國之君，得到君王的賞識，拔擢任用，他的長才，便得以發揮。

於是，這些充滿智謀的才俊，便利用他們的獨到眼光，與掌握政權的國君們合作，將這片四分五裂的大地，玩弄於股掌之間。

憂心忡忡的孔子

春秋末年，陳蔡之間。

由於前方不遠處爆發了戰爭的緣故，使得孔子一行人被困在這兩個小國之間的荒野，前不著

村，後不著店，沒有東西可以吃，只有幾個弟子，從山澗溪流取來些清水，勉強湊合著。

年邁的孔子，靠著自己心中的理想，支撐著他的身體，與弟子們閒聊打發時間。有弟子擔心老師年紀大了，再這麼餓下去後果不堪設想，急得像熱鍋上的螞蟻，反而是孔子笑著安慰他道：「什麼樣的苦我沒吃過？這些年來跑遍天下，在匡、在宋、在鄭，哪一次不是差點連命都沒了？不過是餓個幾天，我這把老骨頭還撐得過去！」

周遊列國歷經十多年，只是為了實現自己的政治理想，匡正日趨惡化的社會風氣，讓這混亂的局勢，回復到那一切井然有序的西周時代，然而，孔子的目的並沒有達成。

沒有一個國家的君主，願意聽信孔子的諄諄教誨，用仁義、禮教治國，建立一個上下有禮，君臣合度的封建理想國。可是這種論調現在有誰會相信呢？就像當年孔子前往齊國之時，齊國大臣晏嬰便毫不保留地表示自己的反對意見：「孔丘這一套，哪裡能夠治國？繁瑣的禮儀，就連王公貴族都學習不來，又何況是人民？如果讓孔丘在齊國為政，只怕有害無利！」

原本齊景公還很願意相信孔子的，可是聽了晏嬰的這一番話以後，便開始對孔子疏遠起來，有什麼事，也不再向孔子請益了。

孔子並不怨恨晏嬰，他知道，晏嬰之所以如此表示，有他的出發點。晏嬰是以富國強兵作為治國考量的，當然不會相信孔丘的話。這位大政治家，辯才無礙，一心為國，替齊國爭取了許多利益，維持齊國的國際地位，功勞極大，像這樣一位有才學、有實績的政治家，正是孔子內心深深欽慕的對象，當然不會怨恨他，孔子擔心的，是整個時代的道德淪喪。

「臣弑君，子殺父，那些應當爲人表率的貴族，擅權的擅權，亂倫的亂倫，幹的淨是些喪盡天良的勾當。」孔子蒼老的臉上，盡是悲傷與焦慮，他搖著頭道：「上行下效，百姓也有樣學樣，搞得全天下一團混亂，當年周公制禮作樂的一片苦心，完全白費，這教我怎能不難過，怎能不憂心哪？」

每個沉淪的時代，都需要一兩個清醒的人，大聲疾呼，企圖喚醒世人。也許，他的論點聽起來有些不合時宜，也許，他的舉動並不能爲自己帶來任何利益，也許，他所期望的，永遠沒有達到的一天，然而，這樣的情操，絕對不會被歷史所遺忘。

孔子，正好就是這樣的人物。

多少年後，他的地位，被捧得比神還要高，成了中華文化的精神象徵，成了聖人，成了圖騰。可是，當他在世之際，卻從來沒有一天眞正的快樂過。

孔丘，字仲尼，公元前五五一年，誕生在魯國的一個沒落貴族家裡。從他的家庭背景，看不出造就他日後胸懷理想與抱負的原動力，三歲喪父，家境貧困，母親含辛茹苦地拉拔他長大，說實話，在這種環境下成長，實在難以看見光明璀璨的未來，可是說也奇怪，孔丘竟然特別的知書達禮，這大概是天性所造成的吧！據說他從小就對宗廟祭祀活動特別感興趣，經常模仿著當作遊戲，長久的耳濡目染之下，成長以後便特別用心鑽研，因此對周代的禮儀制度與傳統典籍無不瞭如指掌，年僅十七，在魯國便已經十分有名。

魯國的大夫孟僖子臨死之前，便對兒子懿子說道：「那位孔丘，聽說他是聖人的後代，古書上不是說，聖人的後代裡，必定會出現才德顯世的偉大人物嗎？孔丘如此年輕，便如此好禮，我想，他應該就是那位才德顯世之人吧！」後來，懿子就去向孔子學禮。

既然這麼年輕就享得大名，孔丘要做官自然十分容易，而且，慕名前來向他學習的門生也越來越多，不過，他的仕宦之途並不是十分順利，在魯國公卿季氏門下當了幾年的倉庫官員，也做了幾年人事官，卻因爲看不慣季氏在魯國的跋扈囂張，悖亂禮法，因此離開魯國，到各地遊歷，一方面增加見聞，一方面尋求仕宦的機會，展現自己的長才。

這是他年輕時代的第一次周遊列國，過程頗爲艱辛，到處受到排斥，最主要的原因，是因爲他的脾氣太硬，難以和人相處。不過，好學的他仍不忘了把握機會學習，在齊國，他向齊國的太師學習韶樂，令他沉醉在音樂之中，久久不能自已，據他自己表示，這次經驗令他「三月不知肉味」，果眞已經達到渾然忘我的地步。

不過對孔子而言，收穫最大的，莫過於結識了隱居在成周洛邑附近的一代奇人老聃。這位老聃年紀到底多大，沒有人清楚，只知道他名叫李耳，字伯陽，曾經擔任過東周的守藏吏，管理書籍，因此極有學問。有人說他已經一百歲了，也有人說他已經兩百歲了，大家爲了敬他年高德劭，便尊稱他爲老子。

孔子帶了幾個弟子去拜見老子，老子也對他頗爲敬重，雖然，他們對於人生的看法、政治的理想均有所不同，卻能夠相談甚歡，教學相長。孔子在洛邑盤桓了幾日，向老子請教了許多問題，老子問孔子讀什麼書，孔子說他在讀《周易》，並且說聖人都讀這本書。

老子不假辭色道：「聖人讀它可以，你爲何要讀它？這本書的精髓是什麼？」

「精髓是宣揚仁義。」

老子笑了笑道：「所謂仁義，惑亂人心，就像夜裏的蚊蟲一樣惱人。你看，那鴻鵠不用每天洗浴羽毛就自然雪白，烏鴉不用每天染墨而自然漆黑，天自然就高，地自然厚實，日月自然放射光芒，星辰自然就是排列有序，草木生來就有區別。你如果修道，就得順從自然存在的規律，自然就能夠得道。宣揚哪些仁義之類的有何用，那不和敲著鼓去尋找丟失的羊一樣可笑嗎？」

「先生所言甚是，只不過，不去宣揚的話，人們只怕難以自然知道。」孔子說道：「我研究《詩經》、《書經》、《周禮》、《周樂》、《易經》、《春秋》，講述先王治國之道，因此我深明周公、召公的治國理想，以此，我謁晉了多位國君，但他們都不願意採用我的主張，您說，這是爲什麼呢？」

老子道：「你那『六藝』全都是些陳舊歷史，說哪些又有何用呢？你的主張也都是些陳陳相因的舊東西，順著前人的腳印去走，哪能走出不同的道路？」

盤桓數日，孔子問禮，問義，問道，老子給了他一番全然不同的觀點，臨行前，孔子向老子深深一揖，敬道：「打擾數日，承蒙先生教誨，在下受益良多，感念萬分！」

「你要回去啦？」老子用那洞悉世間事的深邃雙眸看著正值盛年的孔子，說道：「假如我沒猜錯，你這次回魯國，應該有機會受到重用，這你應該已經有心理準備了吧！」

「嗯！」孔子毫不隱瞞，點點頭道：「其實，我的門生早已在國內替我打點妥當，魯君已經願意用我。」

「雖然我不大贊同你去當官，不過，人各有志，我也不強求，只在你離去之前，送你幾句話。」

「孔丘洗耳恭聽。」

「你呀！畢生鑽研的，多半是古人的東西，這些古人死了，連骨頭都不知道腐爛到哪裡去，只留下一些話、一些言論，你不能把這些言論看得太死，必須活用。」老子悠悠然道：「作為君子，時機合適了就可以出來做官，沒有機會就隱居起來，重要的是審時度勢。」

孔子默然不語。

老子續道：「一個高明的生意人，應該很善於把他最寶貴的貨品隱藏起來，等待最好的價錢，方才展現。君子的道理也是如此。有德性的君子，不要太急切於展現自己的才學，應當大智若愚，方能虛懷若谷。」他停頓片刻，看著孔子的表情，說道：「現在你的神色裡，盡是難以掩飾的驕矜，眉宇之間透著你的野心，彷彿急切地要展現你的一切才華，這是不對的！要鋒芒內斂，收起那份驕傲和野心，因爲它們對你無益！」

孔子依舊默默無語。

「現在和你講這麼多，無異於廢話，我知道你很難聽得進去，但是，時間久了，你自然就會明白。我要說的，就只有這些，希望你能夠好好體會。」

拜別老子之後，孔子一直不發一語，門生們以爲老師遭到了羞辱心情不好，想要安慰他，看著他臉上陰晴不定的神色，也就不敢開口了。

回到魯國以後，孔子果然不出所料受到任用，起先受命爲地方官中都宰，治理得十分有政績，第二年，孔子即轉任魯國宮室的司空、司寇等要職，身受魯定公的賞識。魯定公十年，公元前五〇〇年，是孔子展現政治才能最爲耀眼的一年，這一年，齊國與魯國在夾谷會盟，商討軍政與邊界的事宜，由孔子擔任司禮官員。

會盟尚未開始，孔子就嗅出了異常的氣氛，那齊景公不安好心，帶了大批人馬，前來參與這次帶有談判意味的會議，顯然想要樹立威勢，甚至想要以武力脅持魯定公，以遂其目的。幸好孔子早有準備，也讓魯定公帶了許多兵馬，駐紮在會場之外，讓齊國的陰謀無機可乘。

夾谷之內，鐘鼓齊鳴，香煙裊裊；會場之外，金戈鐵馬，劍拔弩張。兩國向爲近鄰，此次會盟主要討論的議題，主要便是兩國之間的攻守同盟和邊境問題，會後，必須交換盟書，齊國人私自在盟書之中加上了一條：日後齊國出兵他國，魯國必須以兵車三百乘跟隨。

此爲一單方面的要求，不但對魯國不公平，而且大有貶低魯國爲齊國附庸的意味。糊裡糊塗的魯定公本已打算同意盟書，但眼尖的孔子一眼就看出齊國人動的手腳，於是在己方國書之中也加上一條：「魯國願與齊國訂定攻守同盟，然齊國若欲獲魯國相助，須將日前侵占魯國的汶陽之地歸還，同盟方可成立！」

「豈有此理！」齊國大臣憤憤不平，對孔子咆哮道：「汶陽之地歸齊多年，此事早已成爲定局，哪有歸還的道理？魯國實力不如人，就要承認！」

「齊國的確強大，魯國的確弱小。」孔子不卑不亢：「強大的齊國出征，又何需弱小的魯國派三百輛車跟隨呢？我們魯國一向以禮治國，絕不妄動干戈，軍力雖弱，禮法猶存，反倒是你齊國，一味兼併強大，用人只重才幹不重品德，搞得公卿擅權，尾大不掉，當年太公望與周公旦之語，只怕就要應驗！你們自己的問題先解決了，再來要求魯國不遲。」

當年周武王分封周公旦於魯國，姜太公於齊國，兩人曾經就治國理念有過一番對談，周公決定以禮義治國，姜太公認爲這樣國家強不起來，決定以才能之士治國，周公覺得這樣國家遲早會被權臣所奪。

如今，兩者都已經應驗，魯國始終是個弱小國家，地位雖高，卻從沒強盛過，而齊國雖然強大，然而近幾年卻有大權逐漸旁落於公卿田氏的趨向。

其實魯國自己又好得到哪裡去？公卿專擅的現象，在春秋末年已經相當普遍了，晉國有六家，齊國有田氏，魯國也有三桓。只不過，孔子信手拈來皆典故的能力，已使齊景公大為折服，見屬下還想爭執，知道再鬥下去，絕非孔子對手，於是制止了屬下，對魯定公笑道：「貴國有如此賢才輔佐，還能強不起來，眞是難得！」

魯定公傻笑著：「是啊，是啊！」

孔子聽出了齊景公的譏諷之意，於是反唇道：「貴國全無賢才，還能要脅他國，眞是不可思議。」

齊景公仍舊維持著笑容滿面，內心卻知要在孔丘面前討便宜，實屬不易，於是整了整自己的衣帶，隨口說道：「算了，那三百輛兵車就免了，不過，汶陽之地對我國而言，乃戰略要地，實難輕易歸還，不若我另外歸還幾座城池，當作我展現誠意的條件吧！」又對魯定公道：「你我兩國今日立盟，值得慶祝，會盟之後，就由寡人作東，設饗禮款待在座的諸位。」

「此事萬萬不可！」孔子道：「此次會盟依禮法而行，會盟之後，另設饗宴，於禮不合，望君上自重！」

「好好好……，那就算了吧。」齊景公自討沒趣，非但沒有達到預先的期望，反而平白送出幾座城池，嘆了口氣，摸摸鼻子，帶著隨員回國去了。

魯定公不費吹灰之力得了幾座城池，還懵懵懂懂地不明究裡，待左右詳加解釋，這才了解孔子的才能和功勞，從此對孔子更加信用。魯定公十四年，命孔丘以大司寇暫代相國一職。

擔任相國之後，孔子終於有了施展抱負的機會，上任之後第一件事便是處置了擾亂國政的奸臣，接著致力於改革的工作，短短三月，便使魯國氣象煥然一新，商人不敢任意哄抬價格，四方旅客都能受到良好的照料，男女有別，路不拾遺，夜不閉戶。

這麼一來，隔壁的齊國就更擔心了，魯國如果強大起來，齊國必然首當其衝，這是齊國君臣上下最不願意見到的事情，於是挑選了八十名能歌善舞的美女，以及三十匹駿馬，送給魯定公，讓魯定公沉湎在女色和宴樂之中，再也不願意過問政事。

孔子一再規勸魯定公，曉以大義，並且點明了敵人的陰謀，說道：「主公千萬不可落入敵人的圈套，如果再這麼沉迷，只怕齊國的詭計就要得逞了，望主公明察！」

「什麼詭計啊？」魯定公左擁右抱，軟玉溫香，早已分不清東南西北，又何來明察可言？現在，在他的眼裡，一天到晚在他面前囉哩囉唆，煞他風景的孔子，只覺得說不出的厭惡，莫說是信任和重用了，連多看一眼，都覺得討厭，根本不想和他多說一句話。

「主公……」

「好了好了，別再說了！」魯定公道：「相國……呃……你是大司寇不是？退下吧，少說兩句，別來壞了寡人的興致！」

孔子心灰意冷，眼見魯國上下短短幾日之內，君臣醜態畢露，覺得難以挽救，也無法施展，一怒之下，毅然辭官罷職，帶著弟子，再度周遊列國，尋找實現自己政治理想的機會。

他心中仍存著一絲美好的希望，認爲總有君主慧眼識英雄，肯任用他，讓他一展長才，無奈當時的政治環境早已轉變，諸侯之間以謀略詐騙爲務，講求功利，爲的只是富國強兵，藉以侵占更多土地，滿足稱王稱霸的慾望，孔子講的那些忠恕仁義，絲毫無法引起各國君主的重視，往往遭到君主白眼，失望而去。

周遊列國十四年，讓孔子從一個壯年，變成一個白髮蒼蒼的老人，他的旅程倍極艱辛，先後經過了衛、陳、曹、宋、鄭、蔡、楚等國，除了國君不願意重用他以外，更有人想要加害於他。路過匡地（今河南長垣境）的時候，當地居民將孔子誤認爲楊虎，這楊虎當年權勢薰天之際，曾經百般欺凌此地民眾，居民們計恨在心，見到孔子，便將他們一行人包圍起來，整整五天，缺糧斷水，處境十分危急，幸好後來居民們知道孔子並不是楊虎，只是長得像而已，這才奉上衣食，道歉放行。

經過宋國的時候，宋國司馬桓魋聽說孔子賢德有才，擔心他搶了自己的地位，因此意圖謀害，趁孔子與弟子在大樹下休息時，竟派人將大樹砍倒，企圖壓死孔子。

在宋國，孔子和弟子們走散了，孔門弟子當中最爲武勇的子路一馬當先，帶著幾個較爲年輕的弟子四下尋找，行經鄉野之間，遇見一個挑柴的老者，子路忙著問道：「喂！老丈人，你看見夫子了嗎？」

「什麼夫子啊？」

「就是性忠恕，知禮義，明天理的孔老夫子啊！」

老者嗤笑一聲，說道：「你說的那些什麼禮義忠恕，我聽不懂，我只知道，四體不勤，五穀不分，算什麼夫子？夫子什麼的我沒看見，喪家之犬的話，前面不遠倒有一隻。」

子路懶得和他爭辯，急忙循著老者所說的方向前去找尋，果然尋見了狼狽不堪的孔子。

「眞是可惡！」子路向孔子轉述了方才所見所聞，怒從中來：「讓我去教訓教訓那個胡亂說話的老頭。」

「算了吧！」孔子制止了莽撞的子路，嘆道：「我所講的仁義忠恕之道，連公卿諸侯都不願意聽了，又何必去爲難一個鄉野匹夫？」說到這裡，他苦笑了起來，「說我五穀不分，未免有些太過，但是說我像喪家之犬，眞是挺傳神的啊！說得好，說得好！」

長年的顚沛塑造了孔子豁達的天性，使他遭逢困境之時，依然談笑風生，他雖常懷憂慮，卻憂的是天下大勢，對於自己的境遇，倒不怎麼在乎了。如今他被困於陳蔡之間，腹中空空如也，他卻仍然輕鬆自若，與弟子們暢談著自己的理想，並且說道：「如果哪個國君肯用我，只要一年！只要一年的時間，我就可以做出成績。」

後來，是愛徒子貢解了孔子一行人的危難。

子貢是個大商人，經營手法高明，據說富可敵國。他用大筆金錢買通了交戰國的將領，要求他們讓孔子一行人安然通過。

孔子嘆道：「我一生從不願與你們談論功利，想不到，最後救了我的，仍是利益！」他語重心長地對隨行的學生們說道：「回去吧，回去吧！魯國的家鄉，還有許多肯進取的年輕人，等待我的教誨呢！」

公元前四八四年，魯哀公十一年，孔子以六十八歲的高齡，回到了魯國，從此以後，他的人生態度有很大的轉變，不再繼續追求政治，從而專心致力於教育工作。「假如我死了以後，我所講述的道及身而止，這樣教我有什麼面目去見後世之人呢？」

於是，孔子開始進行兩件事。首先整理古代典籍，接著全心從事教育、作育英才。他依照自己的政治理念，將他長年鑽研的六部經典加以整理，作成《詩》、《書》、《易》、《禮》、《樂》、《春秋》六經，作爲向弟子們講授的教材。在教育方面，孔子特別重視學生的德行、言語、政事和文學，因此他設置了禮、樂、射、御、書、數六種課程，希望培養學生成爲允文允武的全才。

對於政治，孔子嚮往的是西周的封建制度，可是對於學生，他卻從來沒有階級的觀念。「只要有心學習，管他是貴族還是庶人，管他是貧賤還是富貴，我都有責任教導他！」秉持著這種態度，將學術普及於民間，孔子是史上第一人。

此外，孔子還提出了「因材施教」的觀念，他認爲，每個學生都是一塊璞玉，有著他渾然天成的秉性，好的教育者，應當順著這份稟性加以教導，才能讓璞玉雕琢得晶瑩剔透，散發出最自然最動人的光輝。

孔門弟子多達三千餘人，其中有七十二人兼通六藝，並且在各國之間均能夠有傑出的表現。這些弟子有的後來又收了弟子，將孔子的學說發揚光大，形成了日後中國最重要的一個學派——儒家。孔子一生的重要言行，這些弟子們一一記述，整理出一部《論語》，也成爲儒家的重要經典之一。或許，我們可以說，孔子之所以能在多年之後，益發彰顯出他在歷史上獨特而崇高的地位，就是這些弟子代代相傳、不斷發揚的結果。

道可道，非常道

孔子用教育來傳揚自己的道統，成效卓著，這是他在春秋末年的亂世之間，用以宏揚理想的方式，當然，也有不同的人，用不同的方式，立身於亂世。

不世出的奇人老子便是其中之一。

周遊列國之時，孔子本想再度拜訪老子，然而到了洛邑卻撲了個空，隨行弟子當中，有人當年曾隨老師前來，知道這兩位大思想家的理念頗有不同，臨行之前，孔子還被數落了一頓，當時，沒人敢問孔子究竟作何感想，如今事隔多年，就算再難堪，也該氣消了吧？於是有人向孔子提起這段往事，並且說：「那老聃我看也只是浪得虛名之輩，自己沒有才學，拿不出治國的辦法，還來數落老師的理想抱負……」

「不懂事別亂說話。」孔子厲聲制止：「你道我又來拜訪老聃，是為了尋晦氣麼？我是那種人嗎？」他悠悠長嘆，仰面向天，閉著眼睛緩緩說道：「當年老聃送給我的一席話，對我而言，正是最為缺憾的部分哪！從那以後，每當我想起他，在我眼前浮現的，竟然是一條乘風浮雲的龍啊！」

「龍？」

「不錯。我知道鳥兒能夠飛翔，我知道魚兒能夠游水，我也知道野獸能夠奔馳，這些眼睛見得到的事物，我不但可以掌握它們的行蹤，甚至可以把它們捉起來。可是龍呢？乘雲而來，御風而行，見首不見尾，捉摸不定，深不可測，永遠也不知道它的能耐，永遠也不知道它的底細，這老聃，我實在太佩服他了，他就像是人中之龍一樣啊！」

孔子很少如此這般毫不保留地讚賞一個人，在他的思想心性已臻成熟之際，未能與老子再度聚首，暢談胸懷，不能不說是一件十分可惜之事。

後來，孔子得知老子在許多年以前，就因為看不慣周室衰落，列強爭霸，各國之間的爾虞我詐盛行，因而西出函谷關，飄然遠行，從此再也沒有人知道他的下落。只不過，孔子並不知道，老子在出關之前，已將他那精練的思想，用寥寥數千之言，永遠流傳給後人。

本來，以老子這樣從不過問世俗的隱士個性，是不大可能主動著述的，將老子思想流傳後世的功臣，是函谷關的守城關令尹喜。他對老子素來景仰，知道老子即將出關，便在城門口等著，一見到老子，就對他說：「下官對先生所言十分敬佩，也不時前往先生處聆聽教誨，先生即將隱居，下官恐道之不傳，衷心期盼先生能爲下官留下隻言片語，好讓下官日後處世能夠有所依循。」

「我沒什麼可寫的。」

「先生鑑往知來，洞悉世事，若不願行文以傳諸後世，實乃天下人之大憾也！下官在此爲天下人請命，望先生不吝傳道。」

誠意感人，老子不便拒絕，當下便在城門口揮起筆來，寥寥五千餘言，將自己的人生觀和宇宙觀包羅其中，在他的觀念裡，「道」是一切萬世萬物的根源，開宗明義他便指出：如果「道」可以講得清楚，解釋得明白，那就不是「道」了，不能執著於語言文字來闡述，要靠心靈去領悟，而天地萬物初始之時，沒有物體，也沒有形象，此乃「無」的境界，後來，世間出現了蟲魚鳥獸、器械制度，萬物生成，此謂之「有」。因此，「無」就是「道」的本源，「有」則是「道」的作用，乃一體之兩面，最終都將趨於一體。

對他來說，世間的一切標準，如美醜、善惡、賢愚、禍福、強弱等等，都是人們主觀的判定，而且必然同時存在，缺一不可，沒有醜人，何以襯托美人？沒有惡人，何以彰顯善人的德行？凡事都是相對的，都是兩面的，兩面的背後，就是「道」。

所以老子並不贊成人們處處表現剛強，應當要清心寡慾，無我無爲，因爲柔弱，才能謙下不爭，愚魯，才能棄華取實。他重視精神生活，崇尚自然，對於政治，他主張無爲而治，小國寡民，每個人都過著與世無爭的生活，如此，戰亂方不至於發生。

他的主張，乍看之下是消極的，是後退的，可是最終主張，無非是希望建立一個祥和的理想社會，所以，仍然有他積極的一面。

「老聃與我，算是兩種不同的典型。」孔子道：「然而，我們所關懷的，追本溯源，都是天下蒼生的幸福啊！」

老子的這篇文章，內容涵蓋甚廣，經過後人整理，成爲道家的經典之作《道德經》，對於中國日後的哲學、政治、軍事、宗教和醫學養生之道，均有廣泛深遠的影響，而老子自然也被推崇爲道家的始祖，甚至數百年後中國大地上出現的道教，也將老子奉爲教主，尊號「太上老君」。

兼相愛，交相利

老子和孔子，一個成了神明，一個成了聖人，對於後世的中國，影響極其深遠，然而在他們有生之年，並沒有能夠來得及看見他們自己對後世所造成的影響。

公元前四七九年，魯哀公十六年，孔子去世，享年七十三歲，在他過世前不久，彷彿預言似地說道：「泰山崩塌了，樑柱摧折了，哲人凋謝了！」

他的死訊傳至魯國宮室，魯哀公很憂傷地說：「老天實在太不仁慈了，不肯留下這位夫子，讓寡人從此再也沒有學習的榜樣了！」

孔子的門生將他葬在魯國曲阜城北邊的河畔，在那裡種植了一片樹林，後人稱之爲孔林，象徵著孔子桃李滿天下，開創儒家學派，成爲至聖先師，永爲萬世所景仰。而他的弟子們，則繼續傳遞孔子的思想，讓儒家學派，得以繼續發揚光大。

孔子死了，老子不知所蹤，這時中國的思想界，又出現了一位極其神秘且奇特的人物，他就是墨翟，人稱墨子，墨家的創始者。

與孔子企圖從執政者而下進行改革的政治理念恰恰相反，墨子的做法，是由下往上，由平民百姓而達公卿諸侯的改革，這與他的出身背景有關。他是宋國的平民，在那個階級社會裡，墨翟的出身十分低微貧賤，然而他卻是個號召群眾的高手，他有一群對他矢志效忠的門徒，聽從他的命令，以嚴格的紀律組成一個嚴密的團體，號稱墨者，領袖稱作鉅子，具有絕對的權威，首任鉅子便是墨翟。

無論怎麼看，墨家的存在，都有著秘密會社的意味，而且這個秘密會社的聲勢頗爲浩大，門徒遍及中原諸國，似乎會對執政的君主們造成威脅，不過從墨家的主張來看，則不難看出他們主張和平，制止戰爭，企求黎民百姓得以安居樂業的最終目的。

墨子從功利思想出發，主張「兼愛」，不分彼此親疏，人人相親相愛，他認爲，只有社會上所有的人們都能「兼相愛」，才能夠「交相利」，相互扶持協助，互蒙其利，使飢餓者得到食物，寒冷者得到衣服，勞累者得到休養，如此一來，混亂的社會秩序，才能恢復祥和。

既然人人相親相愛，就絕對不能發生戰爭，所以墨家主張「非攻」，當時人們的心目中，對於戰爭的看法是有差別的，以有道伐無道，這樣的戰爭依然受到普遍支持，墨子卻一律反對。他全面否定戰爭的意義，認爲只要一發生戰爭，不論是不是大義凜然，一定會有搶奪莊稼、掠人財物、焚燒宗廟、屠殺牲命的事情發生，因此絕對不能發生戰爭。

戰爭發生的原因，就是諸侯之間的爭權奪利，因此，爲了達到「非攻」，墨子認爲天下應當不分彼此，一視同仁，成爲一個國家，並且選擇賢能之人作爲領導者，由他們來管理國家，只要賢能，「農與工肆之人」皆可當官，沒有所謂天生的貴賤貧富，人的階級，要靠後天努力所創造；一切在下者均必須對在上者絕對服從，使社會得到安定，這就是「非命」、「尚賢」與「尚同」的主張。

另外，墨子還認爲應當屏除一切奢侈浮華的生活，以免浪費社會資源，貴族們不論生老病死，花費均極龐大，徒然增加老百姓的負擔，而那套儒家最爲標榜的禮儀，墨家亦抱以反對態度，因爲種種繁文縟節，與禮儀之上的音樂，都是無用的，只會增加無謂的用度，所以墨子認爲要「節用」、「節葬」與「非樂」。

爲了讓自己的主張得以流傳，墨子提出了「天志」和「明鬼」，認爲天地是有意志的，鬼神是存在的，利用天地鬼神作爲恐嚇當時掌權者們的手段工具，替自己的學說製造輿論，成效十分卓著。

墨家的成員，大多出身自社會的中下階層，墨子本身，就是宋國的一名工匠，所以，他們生活簡樸，注重身體力行，穿著布衣草鞋，奔走各國，遊說國君們放棄戰爭。曾經有一次，魯國的巧將公輸般發明了新型的攻城雲梯，拿去獻給楚王，正好楚王有意攻打宋國，便決定在公輸般的幫助下，利用這種新型器械，發動戰爭。

墨家的組織嚴密，潛伏在楚國都城郢都的墨者，立即將這個消息往上呈報給鉅子。當時，墨子正在齊國，接到了通報，立刻命令弟子禽滑釐前往宋國協助，自己則兼程趕往楚國。從齊到楚，算是相當遠的距離，墨子日夜趕路，連續走了十天十夜，腳底磨出了水泡，水泡破了，又磨出新的，然而墨子並不畏苦，撕裂了衣裳裹在腳上，繼續趕路，終於在楚國發兵之前，趕到了郢都，求見楚王。

本來諸侯自恃於貴族身分，向來不大願意接見平民，可是墨翟的身分特殊，楚王不敢怠慢，奉墨子爲上賓，設宴款待，並且問道：「先生可有賜教於寡人乎？」

墨子道：「賜教二字，實不敢當，在下此番前來，只想向大王要一個答案。」

「什麼答案？」

「我在北方聽說大王想用公輸般造的雲梯，攻打宋國，請教大王，宋國何罪之有？大王何故伐宋？難道只爲了試試那新奇的器械麼？」

楚王的表情有些尷尬，乾笑了兩聲，說道：「雖然公輸先生替寡人造了雲梯，可是寡人不見得會攻打宋國啊！」

墨子直視楚王，那長年辛勞所鍛鍊出來的神情咄咄逼人，令人不敢直視，良久，墨子才冷冷說道：「只怕大王沒那麼容易按捺得住吧？」

楚王被墨子的態度惹得火了，「哼」地一聲道：「你說得對！寡人孩子般的心性，見了新奇的物事，就是按捺不住，就是要攻打宋國！有了公輸先生的雲梯，那宋國和先生又能奈我何？」

墨子笑了笑：「大王別那麼快發火，我今天來，是爲了告訴大王，公輸般的雲梯，根本是無用之物，大王若信任於他，只會平白損兵折將罷了。」

楚王不敢相信，魯班這等天下第一的巧匠，所做出來的東西竟然會是無用之物，「有這等事？」楚王吩咐左右：「快去請公輸先生來。」

那公輸般一聽說是墨子前來，便知道墨子是來制止楚王興兵的，如此一來，他的雲梯豈不是沒用了？於是他打定主意，一定要駁倒墨子，說服楚王出兵。他一見到墨子，便與他打招呼：「先生好啊？聽說您對我的雲梯有意見，不知道有什麼意見？」

「我來證明你的雲梯根本無法攻城！」

「哦？」公輸般的臉上掛著輕蔑的笑容：「我已試造一架雲梯，用郢都高大的城牆示範，楚國身經百戰的將軍們，全都束手無策，對我的雲梯讚譽有加。那宋國城池低矮，兵微將寡，以楚國大軍，配合著我的雲梯，豈有不陷落的道理？」

「是啊！」楚王在一旁連連點頭。

「那只不過是因爲守城防禦的方法不對。」墨子解下衣帶，立在面前的桌案之上，對公輸般道：「來吧！這就是城牆，案上的杯盤碗筷就當作你的雲梯，咱們來演練演練，就知你那攻城雲梯是不是有用。」

「這倒新鮮！」公輸般是一等一的工匠，拿起杯盤隨手一搭，就有了雲梯的樣子，他先試了最正統的攻法，將雲梯搭上城，結果被墨子所退，他再以左右兩軍保護雲梯，只以中軍攀梯，結果又被墨子所退。公輸般一共試了九種辦法，其間還變更了幾次雲梯的設計，全都被墨子給擋住了，後來，公輸般再也想不出攻城的法子，搖頭認輸，墨子道：「你的辦法用完了，我卻還有好多種辦法呢！」

公輸般十分氣餒，他從來沒有遭受過這樣的打擊，喃喃說道：「攻城的器械是死的，人卻是活的，只要能活用我那雲梯，我想應該……」

「公輸先生說得好啊！攻城器械是死的，人是活的。」墨子笑了起來：「戰爭乃活人與活人之間的搏殺，又怎能依靠死的器械？」

「哼！我就不相信！除了你，還有誰會那麼詭計多端。」

「怎麼？你想勸大王把我殺了？你以爲殺了我，宋國就沒人防守了？」墨子臉上毫無懼色，朗聲說道：「我的守城辦法，全都傳給了我的弟子禽滑釐，他現在已經率領了三百名墨者，前往宋國幫助。公輸先生，您的雲梯連我一個人守城都攻不破，還想要攻破三百個守城之人嗎？」

公輸般再也無話可說。

「唉！」楚王嘆道：「二位先生俱爲高才，寡人有幸得見你們的對談，也算增了不少見識。公輸先生，依寡人看，那宋國，還是別攻了吧！」

墨子成功的制止了一次生靈塗炭。

墨家以嚴密的組織和紀律，號召民眾互助互愛，一時之間，門徒甚多，與孔門弟子的師生傳承互相輝映，在春秋戰國之際，成爲兩大最爲興盛的學派，號稱「顯學」。

三家分晉

孔子希望撥亂反正，老子企盼無爲而治，墨子主張兼愛非攻，無非都是希望混亂的社會能夠恢復秩序，不要再有戰禍，可惜，他們的大聲疾呼並未能夠得到利慾薰心的諸侯認同，公卿擅權相互兼併的現象，從未有一天休止，反而越演越烈，各國當中，又以晉國最爲嚴重。

自晉文公以來，晉國始終是中原最強大的國家，可是晉國的大權旁落，也是從晉文公開始的，晉文公即位以後，爲了避免諸子爭立的情形再度發生，於是下了一道命令：從此以後，國君的家族成員，不得授與官職土地。自此，晉國沒有了公族，政權便逐漸落於功臣後代的手上。經過多年兼併，政權爲「六卿」所瓜分。

六卿當中，趙氏爲協助晉文公完成霸業的功臣趙衰的後代，韓、魏兩家亦爲立國以來的重臣之後；范氏乃景公時代將軍會武子的後人，中行氏與智氏則爲將軍荀林父之後，算起來都是晉國的拱衛之臣。然而當這些功臣之後掌握了實權，立刻毫不留情地侵奪晉國公室的土地與人民，到後來，晉國公室幾乎已經名存實亡。

弭兵之盟以後，諸侯國之間較少戰爭，晉國之內的六卿便開始相互爭奪兼併，結果，中行氏與范氏爲其餘四家所滅，公元前四五八年，智伯瑤、趙襄子無卹、韓康子虎、魏桓子駒四名當權者，聯手瓜分了原本應當歸還晉國公室的范氏、中行氏領土，視公室的權威如無物。

四家之中，原本地位最高的智伯，自然分配了最多的領地，成爲最強大的公卿，智伯那無可救藥的貪婪，使他想要獨吞晉國的所有權力，因此，他把韓、趙、魏三家的領導人找來，對他們說道：「想我晉國，向來是中原諸侯的霸主，尊王攘夷，以保華夏，可謂功不可沒。只是如今礙於弭兵之盟，長年以來沒有任何舉動，這才讓那剃髮紋身的蠻夷越國得以馳騁中原。我智瑤身爲晉國重臣，對這種局面難以忍受，所以，我已經向主公請命，決定興兵伐越，恢復晉國霸業！」

趙襄子默不作聲，韓康子與魏桓子則異口同聲說道：「智伯高瞻遠矚，令人佩服！」

智伯滿意地點了點頭，繼續說道：「可是如今晉國公室衰弱，難以養兵，至於爲何如此，也就不用我多說了。現在，爲了恢復晉國聲威，我奉國君之命，請三位每家拿出一百里土地，歸於公家。」

此語一出，三家立時知道智伯的詭計。所謂「公家」，根本就是「智家」，就算三家眞的把土地歸還給晉國公室，到時智伯再向晉國君要脅，說他護主有功，國君哪有不答應的道理？如此，智伯便可以名正言順地，不費吹灰之力，就得到了韓趙魏三家各一百里的土地。他們憤怒異常，卻又懾於智伯威勢，不敢立刻表態。

「怎麼？」智伯板起了臉孔：「你們不肯麼？」

三家面面相覷，趙襄子拚命向另外兩家使眼色，要他們聯合起來與智伯抗爭，可是那韓康子與魏桓子兩人都很膽小，唯唯諾諾地猶豫不決。

智伯走向韓康子，「韓虎，你怎麼說？」

「我……我……」韓康子偷偷瞄了趙襄子一眼。

「你不用看他！」智伯厲聲道：「我是在問你啊！」

韓康子被智伯的氣勢嚇得兩腿發軟，顫聲道：「智……智伯美意，韓虎哪有不從之理？」

智伯笑著點點頭，眼光又掃向魏桓子，冷然道：「你怎麼說呀？魏駒！」

魏桓子與隨行的宰相趙葭竊竊私語，趙葭低聲勸道：「韓答應了，魏不答應，這雖然贏了臉面，可是卻輸了裡子，到時候智伯一定會發兵攻魏，魏家可不是智家的對手！」

於是魏桓子打定了主意，不與智伯翻臉，躬身說道：「魏國願意獻地百里，只願晉國強盛，稱霸中原！」

「哈哈哈！很好，很好！」智伯伸手拍了拍魏桓子的肩膀，以示嘉許，道：「晉國就是需要你這樣的賢臣，國勢才會強盛。」他走向趙襄子，眼睛斜睨著他：「你呢？」

趙襄子已被韓魏兩家的軟弱氣得一肚子火，倏地站起身，拱了拱手說：「智伯這項要求，未免太過！土地是我趙國先人的產業，趙無卹哪敢輕易宋給別人呢？還是請智伯另作打算吧！」

「什麼？你不肯？」

「智家權勢薰天，量不至於貪圖趙國這區區百里之地。」趙襄子道：「不錯，無卹恕難從命。」

「趙無卹，你好大的膽子，難道就因爲這區區百里之地，你情願葬送趙家百年基業？」

趙襄子冷哼一聲，道：「趙無卹有以待之！」語罷，拂袖而去。

智伯氣得臉色一陣青一陣白，回到桌案前，端起酒盅，飲了一大口，卻岔了氣，嗆得直咳嗽。韓康子與魏桓子想要上前安撫，卻被智伯屏退，道：「你們先回去吧！到時候……到時候自然會找你們的。」

兩人退出殿外。

在門外恭候多時的韓康子隨員段規問起了方才之事，韓康子一一告知，段規沉吟片刻，道：「主子這般決定其實甚好。智伯這個人，向來記仇，如果主子和趙襄子一樣不答應的話，到時候智伯必定發兵來攻韓。現在的情況對主子有利，主子允諾給地，讓智伯把主子當作自己人，趙襄子不肯給地，智伯一定會攻趙，我們韓國就可以靜觀其變了。」

此番說法，並未讓韓康子覺得好過，一想起自己方才受到智伯威脅時的窩囊樣，韓康子就氣得說不出話，心中暗恨智伯仗勢欺人。

魏桓子那邊的情況，也是如此。

至於智伯，屏退了三家卿相之後，怒氣稍熄，卻並未立即打道回府，而是帶了幾名隨從，驅車前往郊外。

此地本為中行氏所有，現已為智伯所得。

郊外，有間茅草房屋，屋裡，住著一位俠士，智伯來此，就是為了要拜訪這位俠士。

俠士的名字叫做豫讓，他曾經先後臣事於范氏和中行氏，智伯吞併中行氏領地之時，親眼看見豫讓手持長劍，在亂軍之中殺進殺出，保護主家，驍勇異常，因而對他印象深刻。後來，豫讓終究不敵智伯軍勢，失敗被擒，智伯起了愛才之心，對豫讓十分禮遇，不但沒有責他以兵刃相向，還替他安排了住處，派人定時問候，使得豫讓大生知遇之感。

原來豫讓在臣事范氏和中行氏之時，因為他恃才傲物，向來不大與人交往，給人一種冷漠驕矜的感覺，因此始終未曾受到重用。智伯說：「恃才才能傲物啊！壯士高才，自然是鶴立雞群。那范氏與中行氏，必是被奸人所蒙蔽，以至於未能看清壯士之才。」

「智伯過獎。」豫讓嘴上只是淡淡地這麼說著，實際上內心還是頗受感動的。

「那趙襄子也眞可惡，今天居然和我翻臉，我看，我免不了要和他打一仗，唉！這豈不又將使晉國陷入戰亂嗎？」

「你要我去殺他？」豫讓直視智伯道。

智伯本想答應，然而看見豫讓的神色，方才嘆了一口氣道：「我想你不會願意這麼做的。我要和趙襄子光明正大的決鬥，暗殺這種小手段，我如果做了，雖然你也願意幫我，但是你一定會瞧不起我。」

豫讓沒有說話。他的神情，讓人看不出他的心思。

智伯辭別了豫讓，驅車回府。豫讓一個人在屋裡，喃喃自語道：「女爲悅己者容，士爲知己者死。我豫讓今日能得智伯知遇，死而無憾，死而無憾啊！」

車輪軋然一聲停住。

趙襄子回到自己的府中。

家臣們一見他臉上神情，就知道他今日去見智伯，必然沒有什麼好結果，誰知他一回到府內，便對眾臣宣佈道：「各位將身邊細軟收拾收拾吧！我們必須另尋根據地了。」

眾人大驚，問其故，趙襄子道：「那智伯逼人太甚，我今日必將與之決戰，所以才要另尋根據地呀！」他語氣一轉，道：「你們說說，趙家領地裡，哪裡當根據地比較合適？」

左右七嘴八舌地提議見：「長子這個地方不錯，距離近，城池才剛剛修復完成，可以抵禦智伯來襲。」

「不好。」趙襄子搖頭道：「我與智伯的戰爭，必定會是一場艱苦的戰鬥，如果得不到百姓支持，必定歸於失敗。那長子城百姓才剛剛完成浩大的工程，已經累得精疲力竭，要他們替我賣命守城，我想他們不會那麼傻。」

「那邯鄲怎麼樣？那裡倉庫充實，必定可以支持。」

趙襄子點點頭，說道：「不錯，我也認爲邯鄲是個好地方，將來趙家想要強大，就得以邯鄲爲都。」

謀臣張孟談卻表示了反對意見：「邯鄲爲什麼會府庫充實？那是因爲地方官員剝奪了人民財富啊！如今我們再去剝奪人民的性命，主子覺得邯鄲的百姓，就會這麼傻嗎？」

「依孟談之見，該遷往何處？」

「臣以爲，晉陽是個好地方。」張孟談道：「晉陽是趙家常年以來的老根據地，當地歷任的守城官員董安子、尹鐸等人，對待百姓又十分寬厚，民心必然與我們認同。」

「不錯，孟談之見有理。」

於是，趙襄子和家臣們便直奔晉陽。

此地雖爲趙家舊有的領地，但是趙襄子卻從沒來過，到了晉陽一看，發現晉陽城池窄小，倉庫之中又沒多少存糧，府中沒有甲兵，守城器械也不足，不免有些擔心。張孟談道：「聖人治理國家，不是靠府庫充實，而是靠民眾支持。只要得民心，必定昌盛。」

趙襄子這才決定堅守晉陽。

其實，趙襄子之所以言詞拒絕智伯提出的要求，主要的原因，還在他年輕時代曾經與智伯起過衝突之故。

那是公元前四六四年，晉出公十一年的事，當時，趙家還由趙襄子的父親趙簡子當政，只不過趙簡子年事已高，又臥病在床，所以由趙無卹代行政事。當年，晉國出兵伐鄭，智伯為主，趙無卹為副，大軍包圍鄭都新鄭。

眼看僵持不下，智伯乃對趙無卹道：「你帶兵先攻進城去。」

趙無卹知道智伯不安好心，先攻入城者，必有先被擊斃之憂，於是說道：「主帥在此，何不身先士卒！哪有叫副將先攻的道理？」

智伯大怒，罵道：「哼！看你長得那副尖嘴猴腮的樣子，又那麼膽小，將來成得了什麼大事！」

趙無卹當眾受辱，卻隱忍未發，部下們氣得想要冒死殺了智伯，卻被趙無卹攔住，說道：「我父親之所以願意讓我繼位，並不是因為我的長相，而是因為我能忍哪！」這件事終究在他心裡埋下怨恨的種子。

後來，智伯多次勸說趙簡子另立後嗣，趙簡子沒有答應，乃於公元前四五八年傳位於趙襄子。

奔赴晉陽之後，趙襄子就算是和智伯徹底翻臉了。果不出所料，不久之後智伯便聯合了韓魏兩家，合力往晉陽進發。

起初，趙襄子還對堅守晉陽不大有信心，張孟談對他道：「主子，先軍當年早就爲您設想好啦！您看，這晉陽的宮室，不用華麗雕琢，只以竹枝爲頂蓬，灌銅爲樑柱，您道這只是爲了節省麼？」

「對啊！」趙襄子恍然大悟：「先父高瞻遠矚，我眞是萬萬及不上他啊！」遂命令士兵將宮殿給拆了，以銅與竹枝造箭數十萬枝，以備長久奮戰之用。

智、韓、魏三家聯軍水洩不通地包圍了晉陽城，那晉陽雖非什麼牢不可破的城池，卻是群山環繞，地形險要，再加上趙家軍民上下一心，三家聯軍雖然勢盛，可是每向晉陽發動攻擊，總是折兵損將而回，一時之間，無可奈何。

晉陽之圍，一圍就是一年多，智伯經常審查地勢，突然心生一計，晉陽城東，有座山名叫懸甕，汾水正好流經此地，智伯命令兵士以石塊土包將汾水河道堵住，河水改道，盡數流向晉陽。

晉陽守軍與百姓見狀，立刻在城牆四周築起隔板，以防止那滾滾洪流侵入城內。大水越淹越高，距離城頭僅有三塊木板的差距，沒有灌進城去。百姓的爐灶都被大水沖得塌陷了，街道上到處都是魚蛙，百姓們甚至易子而食，悲苦莫名，然而民心士氣十分堅決，沒有人願意投降，甚至有人苦中作樂，將洪水帶來的魚蛙拿來加菜，以化解城內嚴重缺糧的危機。

對三家聯軍來說，這樣的戰術相當成功，從遠方看，晉陽城四周都成了水鄉澤國，波浪滔天，那小小的城池如同汪洋中的一葉孤舟，遲早會被洪水吞沒。智伯帶了韓康子與魏桓子與一班隨員在高崗上巡視，眼見自己的計謀就要得逞，喜孜孜地說道：「我到今天才知道，原來用大水就能滅亡他國！」

韓康子與魏桓子悄悄用手肘頂了一下對方，相互之間交換了一個眼色，他們所想的都是一樣的事：這條分水流經全晉，汾水可以淹沒晉陽，汾水一樣可以淹沒魏家的根據地安邑、韓家的根據地平陽。

回營以後，智家謀臣絺疵偷偷警告智伯：「晉陽陷落就在旦夕之間，本應值得高興，可那韓魏兩家卻神色有異，想是擔心日後主公對他們如法炮製，主公要提防他們倒戈相向！」

智伯不願意相信，第二天，便將這句話告訴韓魏二人，兩人同聲喊冤，指天發誓道：「智伯您可千萬別受了趙家的反間計啊！您想想，要是您懷疑咱們兩家，就會費心防備我們，鬆懈了對晉陽的攻擊，這對誰有好處？我們再傻，也不會放棄就要手到擒來的趙家領土，去幹這種蠢事。」

「嗯！」智伯道：「我相信你們。」

等兩人告辭出去，正巧這時絺疵走進來，與兩人打了個照面，兩人快步離去。絺疵看了他們背影片刻，便轉頭質問智伯道：「您是不是把我的話告訴他們了？」

「你怎麼知道？」

「他們二人貴爲卿相，看到我這一介謀臣，卻眼光閃爍，好像做了什麼虧心事。」絺疵道：「主公，他們是擔心我把他們看穿了啊！您一定要明察。」

智伯還是不願意承認自己錯誤。

絺疵則爲自己擔心起來。他已經得罪了韓魏二人，現在智伯又不肯聽他的話，無論他的猜測是否正確，以後他也別想在晉國立足。於是爲求自保，過了幾天，他便以出使爲藉口，逃到齊國去了。

晉陽城內，原本就已精瘦的趙襄子，此時經過幾年的艱困守城，更是累得形同槁木，不成人形。謀臣張孟談對他說道：「智伯向來不能容人，臣估計，那韓魏兩家經過這些年與智伯相處，多半已生異心，不如讓小臣前進他們營帳之中，與他們會談，勸他們倒戈。」

趙襄子有些遲疑：「這……萬一事跡敗露，對你不是太危險了？」

「就算如此，晉陽也不能再這麼撐下去了！小臣一人安危算得什麼？趙家基業，才是要緊的。」

「好吧！你千萬要小心。」

張孟談趁著夜色，悄悄溜出城外，到了敵方陣營，成功地見到了韓魏兩家君主。他陳言道：「二位明鑑！所謂唇亡齒寒，趙家滅亡之後，接著就是你們兩家了。」

這句話一下子敲進二人心坎。韓康子道：「我們何嘗不知這點？只是智伯耳目眾多，萬一事起還沒有發動，消息走漏，就要大難臨頭了。」

「這件事只有我們三人知曉，只消我們不說，又怎會走漏？」

「好得很。」魏桓子道：「我們忍受智伯已久，既然你這麼說，我們就和你約定，趙襄子那裡有什麼需要，韓魏二家一定配合。」

張孟談便和二人約定起事日期，並且詳細規劃了戰略。

盟約定妥，張孟談回晉陽覆命，他後腳才踏出帳外，智伯使者智果的前腳便踏了進來，嚇得韓魏兩家一身冷汗，還以爲事跡敗露了。

「智伯見晉陽陷落在即，心情歡悅，設下酒宴，命我前來邀約二位，月下共飲，共祝我軍昌盛！」智果與智伯是同族，他和絺疵一樣，認爲韓魏兩家不可信賴，但他的態度卻十分謙恭。

二人鬆了一口氣，魏桓子笑道：「智伯可眞是閒情雅致啊！」便和韓康子二人赴宴。

酒足飯飽，二人辭別智伯回營休息，席間，智果一直觀察兩人的神色，這時才來對智伯道：「我看他們懷有二心之事，已是毫無疑問了！剛才我去邀約他們之時，見他們鬼鬼祟祟不知幹些什麼，見到我來，驚惶萬狀。酒席之間，與他們談起滅趙事宜，他們也言詞閃爍，舉措不安。我看不如趁他們還沒發動叛變，就先將他們了結掉吧！」
智伯冷冷道：「你想害我罵名天下是不是？陣前殺害同盟，這種事你說我做得出來嗎？」
「要不然智伯與他二人達成協議也行。」智果道：「不管他們之前和趙家做了什麼約定，智伯只消以利誘之，便可防止二人倒戈。」
「怎麼做？」
「魏桓子有謀臣趙葭，韓康子有謀臣段規，他們都能影響君主決策，智伯不妨和他們訂約，言明滅趙之後，將分封給他們每人萬戶，這樣，他們必定會在韓魏兩君之前陳言，不使他們叛變。」
「我們三家平分趙地，本來能分到的地方就不多，現在如果再分封家臣，先例一開，只怕到時候獲利最大的，便是閣下你吧！」智伯道：「當初我父欲傳位於我，反對最力的人就是你，老實說，我擔心你還比擔心韓魏兩家多一些！」
「你……你說什麼？」
智果氣得全身顫抖，拂袖而去。他認定自己的看法沒錯，覺得智家已經沒有前途，於是離開智家，另立族譜，改姓爲「輔」，從此不過問智家之事。
到了約定之日，趙襄子派出部分精兵，佯攻智家陣地，誘使智伯出戰，自己則親率主力，突襲智伯留守堤防的士兵，堵住晉陽方向的堤防，挖掘河道，將洪水引向智家大軍。眼見大水撲來，智家兵荒馬亂，軍心動搖，韓魏兩家部隊，依約倒戈，從兩翼夾攻，智家軍隊被殺得大敗，趙襄子則從堤防之處趕來，奮勇向前，生擒智伯，立即將他斬首。

「為免除後患，智姓家族，一個不留！」

趙襄子得勝之後的第一件事，便是展開殘酷的復仇行動，屠滅了智家全族，還把智伯的頭顱砍下晾乾，上了漆之後當作夜壺，只有那智果因為改了姓，故而逃過一劫。

豫讓聽說了智伯的下場，感嘆萬分，趙襄子大肆屠殺智伯門下臣子食客，豫讓便逃往中山國，藏了起來。他並不是貪生怕死，而是另有所圖：「我豫讓這一生，就只有智伯一個知己，若不能替他復仇，怎配稱得俠士二字？」

他隱姓埋名，喬裝成一個雜役，混進百廢待舉的晉陽城，偷偷躲進趙襄子專用的茅廁，伺機而動，待趙襄子來如廁之時，忽然看見了這個神情古怪的雜役，心中已生警覺，豫讓還來不及出手，就被左右衛士給逮捕了，從他身上，搜出一柄匕首，衛士長立刻要處決豫讓，被趙襄子攔住：「且慢，查查他的底細再說。」

「我為報智伯知遇之恩，誓殺趙襄子！」豫讓昂然說道。

弄清楚豫讓的身分以後，趙襄子嘆道：「好一位義士啊！智伯的後代都被我殺光了，他的臣子卻想為他報仇，這種精神，值得佩服。」對左右說道：「放了他！」

趙襄子放走豫讓，使得豫讓的義士之名流傳四方，也讓他自己的聲望大增。

豫讓並不在乎他自己是不是成名，一心只想報仇。檢討失敗的原因，他覺得必須讓趙襄子認不出他來才行，於是在身上塗了漆，使皮膚過敏潰爛，長滿膿瘡，又吞了木炭使聲音變得嘶啞，衣衫襤褸地在街上行乞，等待良機。

某一天，他的一個朋友認出了他的面目，還不敢相信，問道：「你是豫讓嗎？」

「正是。」

老友難過得流下眼淚：「豫讓啊！以你的才能，想在趙襄子手下謀得一官半職，絕非難事，到時候再趁機下手，不是容易多了嗎？何苦把自己弄成這樣？這樣報仇，簡直不可能成功啊！」

「如果我投效了趙襄子，就成了他的臣下，以臣弒君，這是不忠！我決不當個不忠之人。」豫讓啞著嗓子道：「我知道目前所做的事很難成功，但是，我要讓後世那些不忠之人，感到慚愧。」

再過幾日，趙襄子外出視察，豫讓便藏身在趙襄子必經的橋下。

車陣將到橋頭之時，趙襄子的馬兒突然驚嘶起來，機靈的趙襄子，直覺地想到有刺客，命令左右侍衛至橋下搜索，逮捕了一名乞丐。

「他應該是豫讓才對啊！」趙襄子凝視著眼前這個又臭又髒、全身長滿爛瘡的乞丐，覺得他有點像豫讓，又好像不是，只好命人替那乞丐抹了抹臉，這才認出豫讓的眞面目。「天哪！你的報仇之心，眞的這麼強烈嗎？」那副慘不忍睹的模樣，趙襄子看了都於心不忍，說道：「你曾經侍奉過范氏和中行氏，智伯把他們都滅了，怎麼你就不替他們報仇？」

「范氏和中行氏以一個普通人待我，自然我以普通人的態度回報。」豫讓說道：「智伯以國士之禮待我，我必以國士之禮回報。」

「你說得這麼好聽，可是，爲什麼智伯生前，你不以國士之禮待他，阻止他趨向滅亡，反而等他死了以後，你才想到要成爲一名國士？」趙襄子對豫讓自殘身體的做法很不認同：「你現在說什麼都太遲了。先前我已經放了你一次，讓你贏得國士之名，現在，我不能再放你了。」語罷示意左右侍衛拔劍包圍豫讓。

「請等一等。」豫讓雖然衣衫襤褸，卻仍掩不住那英雄氣概：「今天的事，我知道自己不可能活著離開，只不過在我死前，有一事相求。」

「說吧！」

「請你把衣服脫下來，讓我刺上幾劍，以成全我復仇的願望，讓我在九泉之下，有臉面去見智伯。」

「胡說八道！」侍衛大怒，立刻便要殺了豫讓。

「且慢。」趙襄子攔住侍衛，他感慨萬分地說道：「這樣的時代，這樣的忠臣，難得，難得！我多麼希望你是我的臣子啊！」他知道那不可能，於是脫下外袍，交給侍衛：「拿去，給他！」

豫讓用匕首在袍子上刺了幾回，大喊一聲：「智伯，我替你報仇了！」說完倒轉匕首，劃破喉嚨，登時氣絕身亡。

「眞是一位義士啊！」趙襄子吩咐道：「厚葬！」

晉陽之戰後，晉國的大權落入三家之手，瓜分了智家的領地，晉國公室對此束手無策，過了十幾年，到了公元前四三八年時，晉國國君晉哀公死去，幽公即位，趙襄子、韓康子和魏桓子更加肆無忌憚，瓜分了晉國其他的所有領地，此後，趙、魏、韓三家便稱作「三晉」，成爲獨立的政權，晉國國君只能依附在原本的臣子之下，還得一家家地朝見他們。

晉國實際上分裂成了三個國家，晉國國君對此毫無辦法，而那早已成了空殼子的周王室更是束手無策。公元前四〇三年，周威烈王二十三年，周王室將早已成爲事實的局面賦予法理上的地位，正式冊封趙、魏、韓三晉爲諸侯。後來中國的歷史學者，多半將這一年，視之爲戰國時代的開始，宋朝司馬光所編修的史學巨著《資治通鑑》，也是從這一年開始記載。

國家圖書館出版品預行編目 (CIP) 資料

被消失的中國史 : 開天闢地到亂世智者 / 白逸琦著 . -- 二版 . --
臺中市 : 好讀出版有限公司 , 2022.01

面 ; 公分 . -- (中華文明大系 ; 1)

ISBN 978-986-178-575-2(平裝)

1. 中國史 2. 通俗史話

610.9 110017900

好讀出版

中華文明大系 1

被消失的中國史：開天闢地到亂世智者

作　　者／白逸琦
總 編 輯／鄧茵茵
文字編輯／莊銘桓
封面設計／鄭年亨
行銷企劃／劉恩綺
發行所／好讀出版有限公司
台中市 407 西屯區工業 30 路 1 號
台中市 407 西屯區大有街 13 號（編輯部）
TEL:04-23157795 FAX:04-23144188 http://howdo.morningstar.com.tw
（如對本書編輯或內容有意見，請來電或上網告訴我們）
法律顧問　陳思成律師

線上讀者回函
獲得好讀資訊

讀者服務專線／ TEL：02-23672044 / 04-23595819#230
讀者傳真專線／ FAX：02-23635741 / 04-23595493
讀者專用信箱／ E-mail：service@morningstar.com.tw
網路書店／ http : //www.morningstar.com.tw
郵政劃撥／ 15060393（知己圖書股份有限公司）
印刷／上好印刷股份有限公司
如有破損或裝訂錯誤，請寄回知己圖書更換

二版／西元 2022 年 1 月 15 日
定價：280 元

Published by How Do Publishing Co. ,LTD.
2022 Printed in Taiwan

ISBN 978-986-178-575-2